JN135471

万人に文を

橋本義夫のふだん記に至る道程

橋本　鋼二

はじめに

色川大吉

私が橋本義夫さんの家を初めて訪問したのは、「困民党《こんみん》と自由党」（一九六〇）という学界登場のきっかけとなった大論文を書く前のことであった。まだ早稲田大学の学生だった沼謙吉さんに連れて行ってもらった。橋本さんは早く「困民党」という論文を『歴史評論』（一九五〇）に発表されていたからである。橋本義夫が挫折を繰り返していた苦難の時代であった。

一九六八年から橋本さんは「ふだん記」という庶民のための文章運動を始められた。それに心ひかれて、今度は椚國男さんに同行してもらって、再度自宅を訪問した。この時「文章は万民のものである」。それを一部の特権層から庶民の手に取り戻すために、開かれた発表機関を各地に作らなければならない。それが『ふだん記』だと宣言された。私は驚いて、出たばかりのガリ版刷りの小冊子に光り輝くものを見出し、当時担当していた朝日新聞の文化欄のコラムに取り上げた。それが深入りしてゆく機縁となったのである。

その後も橋本家を何度も訪問し、資料を借り、インタビューを重ね、百枚ほどの「ある常民の足跡――橋本義夫論」（『中央公論』、一九六九）に発表した。そして「ふだん記」誌などを印刷・発行していた清水英雄さんや協力者の四宮さつき、大野弘子・聖二さんらと知りあった。

この後、「ふだん記」運動は橋本さんの予言通り、全国に広がり、一九八〇年代には「ふだん記全国大会」を八王子で、大阪で、旭川で、青森でと、続々開かれるようになり、一大業績を残し、一九八五年八月に病死された。八十三歳であった。

晩年、彼は人々に慈父のように慕われ、平穏な幸福を享受するようになった。だが、この人の前半生は、人には知られぬ逆境と苦難の連続であったのである。

この度、ご子息の橋本鋼二さんが、永い研鑽の末に完成された本格的な橋本義夫伝は、そこにいたる道程を詳細に究明され、記述された労作である。私もこの労作によって初めて、苦難に満ちた橋本義夫という先覚者の闘いの前半生を詳しく知ることができた。

本書を橋本義夫先生を慕う全国の読者に、ぜひ読んでいただきたいと思う。版元は『ふだんぎ』創刊以来のゆかりの深い揺籃社（清水工房）である。

（日本近代史家・東京経済大学名誉教授）

まとめるにあたって考えたこと、感じたこと

はじめに

橋本義夫は多くの人に文を書き、やがてはかけがえのない各自の人生を本にまとめよと勧めた。しかし、自身は断片的にその生き様や時代を文にしているが、生涯を通しての「自分史」をまとめることはなかった。

義夫の息子として、戦後尾羽打ち枯らしながらも、文化運動に力を入れる姿を見て、高校生の頃には、共感するところはあったが、反面教師として眺めてもいた。私自身、十八歳で八王子の親許を離れ札幌で学び、その後も八王子に定住することなく四十年余を過ごした。ふだん記運動が始まる前は、八王子の家に戻るたびに、父の話の数少ない聞き役として、一定の役割を果たしたとは思っているが、その後は、普通の親子の会話に止まった。

義夫が亡くなった時には、技術協力の専門家として韓国の水原にいた。親の死に目にも会えず、翌月任期を終えて帰国した。残された資料の整理と管理は必要であり、私しかできないと思い、新居を構えてからは、多くの文友の方々のご喜捨により、「橋本義夫記念資料庫」を庭内に作り、資料の点検・整理を始めた。そこで生まれたのが戦前戦時の日記手記などをまとめた『暴風雨の中で』（一九九四）である。

その後、紆余曲折を経て、ふだん記運動に関わりを持つようにはなったが、幾つかのふだん記誌に書く私の文の多くは、義夫の残した記録や文書の紹介にあてられた。こうした作業の中で、残された様々な生活・活動の記録を拾って整理し、ふだん記運動に至る軌跡を残しておくことが、親不孝の私のできる最後の仕事かと思えるようになった。

ふだん記に至る道程を探って

取りまとめ方については、義夫の書いた自分史的な文章をそのままつないで、〝自分史的な資料集〟とするか、私の文として書き下ろす〝義夫の人生記録〟にするか迷ったが、どちらにも長所短所があり、その折衷案として、生涯をつないだライフヒストリーとし、義夫の残した文章を引用する形を残してまとめることにした。

戦前の資料は、一九四五年八月二日の八王子大空襲時に焼失したり、一九四四年十二月治安維持法による逮捕・拘留の際官憲により押収されほとんど戻らなかったので、限られている。一方、戦後は手帳やノート類、いろいろな印刷物など参考資料は豊富であった。また図書・雑誌類に書き込みをするのが義夫の性癖で、その中に注目されるコメントが見つかったりすることもあった。不慣れな理系人間の私には、資料の取捨選択に悩んだ。こうした中での作業なので、いたずらに時間がかかり、一貫した流れで書くことはできず、不揃いな作りとなってしまった。

本人の書いた類似テーマの文章でも、長い時間的隔たりから、スタイル、文体、内容に揺れを生じている場合もあり、部分引用あるいは要旨という形を取る難しさもあった。この点、本人がある期間内に生涯を振り返ってまとめた自分史とは大きく異なっている。

義夫は晩年、ふだん記に至る道程を〈探求五十年、実験十年、普及五年〉という言葉でまとめている。この言葉を具体的に当てはめてみると十五歳から八十歳に至る六十五年で、当を得ている。探求五十年は生家を出て農林学校の寄宿舎に入った時からふだん記創刊に至るまでの様々な活動であり、試行錯誤の期間でもある。実験十年は、ふだん記運動の始まりからの十年で、絞られた目標の中での試行期間、普及五年は普及期に入ったふだん記運動の時期で義夫の晩年に当たる数年である。本書は、この中の探求五十年と実験十年に力点を置いて取りまとめている。

青年期に受けた心の焼印

橋本義夫は二十世紀初頭に生まれ、明治、大正、戦前、戦後の昭和と激動の時代を特異な生き方で貫いた人である。
その心根を探ると、義夫が二十五歳の一九二七年秋、校友会誌に「真理を求めようではないか」の題で〈自己の虚偽を知り、それを葬り、新らしく生れようではないか〉と呼びかける文に行き着く。義夫はこの文を三十五年後に読み返し、六一年七月地方紙に「心の焼印」を書いている：

大正時代に青年期をおくり、ロマンチシズムやヒューマニズムの影響を強く受けたが、この文にはきなくさい煙を感じる。青年期にこの焼印を捺された青年が地方にあって、いかに悪戦苦闘したか、戦争を経て戦後となり、愚かしくもドサクサを利用せず、曲りなりにも筋を通すことをやって来た。そのやったことは殆んど成功せず、貧乏と孤独が結果のようにも見える。

三十五年前に書いたことの反対に虚偽が栄え、真実が敗れたようには見える。だが三十五年前の焼印は文章ばかりでなく、今の胸にもはっきり残っている。この焼印は墓場で朽ちるだろうか？

この記事は、さらに義夫が書いた地方紙掲載記事を選んで本にした『時の魔術師の手のひらに』（一九八〇）の「自分」の章に載録されたが、そこでは〈どもり時代、文もどもり型。青年期の激しい情熱といったものを感じる。七十八歳の今、中身の底にある情熱は変わらない。「三つ子の魂百までも」と言うがどうしてこんなに続いたのかしら。たぶん不遇という不完全燃焼のおかげかもしれない。80・1・15〉と付記している。
「ただ仕事の一生　バカな実験」も同書に載録された記事である。ここでは〈非職業的人生〉ではあったが〈何もしなかったわけではなかった。趣味道楽として楽しんだわけでもない。青年期からやったことは一貫していたと思う。ただそのとき、そのおりに必要だと思ってやった。名誉にも利益にも無縁の仕事だった〈60・8・26〉と書いている。

義夫は、青年期に受けたロマンチシズムやヒューマニズムの「心の焼印」を生涯消すことのなかった希有の人だったと思われる。

ふだん記運動の源流

大正ロマンチシズムの強い影響を受けた義夫にとって、一九二四年からの農村文化運動は、村の青年達を巻き込み、短いながらも光芒を放つもので、八王子市内に書店を開いたのも、運動の流れとして捉えていた。ふだん記運動の源流を辿れば、この時代に至ることは、晩年義夫自身も認めている。

その後、地方紙に多くの文を投じた一時期を経て、教育科学研究会の少壮学者らとの交流から二度目の活動期に入る。短い戦争協力時代を経た後、反戦的人物として治安維持法による逮捕・拘禁と八王子大空襲で経営する書店の全焼という戦争被害に遭う。

戦後はいろいろな選択肢があったはずだが、時流に乗らず、自分や家族のためにも動かず、定職を持たないまま国や地方の復興策などを考え、時を費やす。地方文化研究会を作り、徒手空拳、建碑運動を進める様は尋常ではない。また、無報酬にもかかわらず地方新聞に寄稿を続けた時代もあった。取りまとめながらも、心の痛むことの多い時代であった。

やがて、義夫の活動に温かい目を向ける人達が増えてくる。万人に文を書かせたいという方向が見えてくる。一九六八年九月、ごく親しい友人達によって開かれた『詩集　雲の碑』の出版祝で、「生きていて良かった！」「来年を言う」と宣言したとノートに記している。長年厭世で過ごした義夫にとっては画期的なことであった。ふだん記創刊の年である。

進路を決める出逢いの数々

義夫の生涯を辿ると、幾つかの重要なポイントとなる時期と出逢いがあった。その時々の鍵となる人々がいなければ、万人に文を書かせるふだん記運動への展開はなかったと考えている。(以下敬称を略す)

少・青年期の吃音は性格形成に大きく影響した。加えて、厳しい親許を離れての寄宿舎生活中に大正のロマンチシズムにふれ、文学青年となり、白樺派やトルストイの作品を読むまでになった。吃音矯正で上京中に賀川豊彦や内村鑑三の説くキリスト教の空気にふれ、やがて、内村の思想に傾倒するようになった。

農村の青年達と教育・文化運動に力を入れ、一定の成果をあげる中で、書店揺籃社《ようらんしゃ》の開店へと転回した。ここでは父が反対する中で、母春子が資金を調達、井上栄蔵、岸清次らが動いて開店にこぎ着けた。揺籃社の経営・発展には妻定子の才覚と弟重能の実直な働きがあった。

戦前の地方文化運動では、運動の同志松井翠次郎、教育科学研究会の留岡清男、東京日日新聞の山崎安雄らが大きな役割を果たした。

戦後の地方文化運動は持田治郎、鈴木龍二、椚國男らの多面的な支えがなければ、成果はあがらなかった。橋本義夫を広く知らしめ、活動の場を拡げることに貢献したのは色川大吉だった。ふだん記運動の開始から定着までは大野聖二・弘子夫妻の様々な形での支援・協力と四宮さつきの献身、印刷所清水工房の清水英雄の同志的対応があった。そして、戦後の暮らしを支えた妻婦美の働きがなければ、義夫は活動できなかった。

さらに、この数倍、あるいは数十倍の支援者や助演者がいなければ、最晩年の達成感や幸福感は持てなかったであろう。父義夫の人生の長い道程の中で鍵となった方々、支援して下さった方々に、息子として深く感謝する。

本書中の引用などの表記について

引用は、原文を尊重しつつも、要旨として取りまとめた場合が多い。旧かな遣いの引用文でも、すべて現代かな遣いに統一して表記した。印刷後、自身で訂正・補筆している場合は、それに準じている。はっきりした誤字脱字などは訂正した。漢字は原則として当用漢字に替えているが、一部で古い用法をそのまま残し、書いた時代の雰囲気を残すようにしたものもある。

まとまった文章を引用する場合は、インデント設定した。また、短文を文中に入れる場合〈 〉で引用し、理解を助けるための補筆は〔 〕で示し、本人が使っている（ ）と区別した。また、日記・手紙などの短文引用では◇を頭にして列挙した。

年代表記は一九四五年八月の敗戦後は西暦、それ以前は和暦と西暦を併用した。義夫は文末に年月日を入れることが多いので、戦前戦時は本人の書いたものに従うこととしたが、戦後はすべて西暦表記とした。

目次

第Ⅱ部

資料編

第Ⅰ部

第1章　生まれ育った家と村、少年時代のこと

念西庵と“お能の松”
念西庵は義夫の生家に近く、敷地内に橋本家歴代の墓地がある。農村文化運動では、念西庵を“教育の家”と呼び拠点とした。いわば、ふだん記運動の源流の地である。当時の面影を色濃く残していた昭和12年に撮影したもの。念西庵は八王子大空襲で焼失し“お能の松”も往年の面影はない。現在はこの左上を中央高速道が通る

この章では橋本義夫の生まれた村のこと、家の歴史や両親、縁者のことなどにふれた後、義夫の幼少年時代を辿る。資料としては『伽羅の木のある家　附　明治の末』、両親のことを書いた『村の母　橋本春子のこと』、『橋本喜市のこと』、少年時代については未完成の自分史的記録『丘の荒野』[#1]に含まれる「幼少年時代の性格」、「少年期の本好き[*1]」、「小学校時代」、「姉の通った塾」の四篇が主要なものである。本章はそれらをベースに編集し、引用する形はとらなかった。

1　伽羅の木のある家とその歴史[*8]

橋本義夫の生まれたのは八王子にほど近い村で、町まで十町強（二キロ）、八王子駅まで一里（四キロ）、「東京日本橋から十二里」の東京府南多摩郡川口村楢原（現在の八王子市楢原町）である。

楢原は江戸時代には「楢原三字」といわれ、「本村」、「荒井」、「佐貫」の三部落からなる「村」だったが、明治二十二（一八八九）年から川口村の大字となった。義夫の育った明治後期〜大正時代の楢原は六十戸余りの小さい大字で、その「本村」は「本村二十軒」といわれ、江戸時代から大して増減もない部落であった。

この楢原本村は、浅川の北岸続きの低い土地に雑木林や水田があり、楢原台地は畑地や桑園であった。この低地と台地との境の南面傾斜地に家が建ちならび、東端には神明神社の森が、西端には鹿島神社の森があった。

義夫は、この楢原「本村」の「上」組の「おもて」という橋本の本家に生まれた。土蔵の白壁に長屋門がつづき、道一つをへだてた傾斜畑の真中には大きな柿の木があって、秋になると柿の実がたくさんなった。浅川の南岸や恩方（陣馬）街道からでも、この台地とその真中に絵のように家敷が見えた。

生家は長屋門と土蔵が外囲いとなって、庭をへだて母屋が建っていた。この庭に土蔵と母屋との間の庭の西半分を伽羅の木が占めていた。刈込んで半球形をしており、一年中深緑で、奈良の大仏様の頭髪のようだった。真中に一本幹があって、これから枝が密生、主幹の目通りの太さは、直径三尺（九十センチ）にもなっていた。半球形の半径は三間半（六メートル）位あった（次頁写真参照）。

十六世紀末に初代六郎左衛門がこの地に居を定めてから八王子大空襲で家が全焼し枯死するまで、およそ三百五十年橋本家と共にあった。

義夫はこの木に愛着があり、先祖、生家、村のことを書いた著書名を『伽羅の木のある家』とした。一日としてこの「名木伽羅」を忘れたことがない、「植物の戦争被害者」とも言っている。

八王子千人同心から農業に精を出す家に[*8]

武田家が攻め滅ぼされ、甲州落人となった橋本六郎左衛門が家族らを伴って、楢原村を選び土着したのは新しい八王子の町割りが決まる前の文禄年間か慶長年代の初め（一五九〇年代末）らしい。その頃多摩の中心地だった元八王子の諏訪宿や四ツ谷に近くて、住み良いところを物色した。飲み水を得るのに便利で水害の無いところ、水田あり、畑あり、しかも南面傾斜のところを探して奈良原（楢原）村に土着した。義夫はこれだけ恵まれたところを見つけたのは、移住が比較的早かったからだと推理している。

　橋本の家には、明治になるまで「正月三ケ日」に「ヒバ粥のこと」という年中行事があり、大根の葉を乾して貯えた「ヒバ」を食した。籠城の苦心や浪々の身の苦心を忘れないためだったという。

生家と伽羅の木を背に両親、姉、兄嫁と子どもたちとともに（昭和12年撮影）
写真嫌いの義夫は伽羅の木の右木陰に立っている。右から二人目が鋼二

　万治二（一六五九）年「（八王子）千人同心[#2]」となり、十二俵一人扶持で中村彌佐衛門組に入った。その後不運が続き、居宅を売ってしまい、門だけ残るといった時期があった。

　橋本本家十代目類八重能（一七六六～一八三〇）は中興の人となった。「千人同心組頭」となり、寛政年代（一七九〇年代）から文政七（一八二四）年頃までのいろいろな記録を文書にして残している。

　類八重能の倅三八郎吉照（一八〇二～一八三四）が十一代目で、学問があり、文が書ける、優れた人物だった。読書が好きで食事の時も本を放さなかったという。文政三（一八二〇）年十八歳の時に湯島の聖堂（昌平坂学問所）へ行き吟味（試験）を受け、植村駿河守から御褒美として白銀二枚を貰っている。橋本家に残されていた価値ある文書で三八郎吉照の書いたものが少なくない。残念なことに、父類八が死んで五年後、三十二歳で若死にしてしまう。

　十二代目の陸之助吉継（一八〇四～一八七七）は三八郎の実弟である。維新の変革期を体験した。老いの身に、女手ばかりの家で、幕府に召集され、御上洛は文久三（一八六三）年、御進発（第二次長州征討）は慶応二

（一八六六）年、諸警衛等に絶えず動員され、その揚句に敗者の憂き目を見た。明治三（一八七〇）年「（千人）同心の株」から足を洗うという不幸な人であった。

十三代三郎兵衛（一八三二〜一九〇七）は旧由木村東中野（現八王子市の東郊）の大澤家[#3]から婿入りした。妻ふく（一八三一〜一八九三）は十一代目三八郎古照の一人娘である。三郎兵衛はすこぶる働き者で、八王子千人同心流の怠け百姓気質を一掃し、裏作に麦を栽培するなど楢原に東方の農法を導入したという。この家を本当の百姓にした人で、借金を整理し、家を改繕し、土蔵を建て、家計を堅実なものにした。

三郎兵衛は子が二人、長男喜市は十四代目で義夫の父、弟が由木村の小谷田家に入った彌市（洞水）で叔父になる。義夫は祖父のことを『橋本喜市のこと』で一項を設け書いている。〝剛直な性状の遺伝と教育〟が父喜市に引き継がれ、自分達もこの性質が伝わっているのだろうという。

三郎兵衛の妹は自由民権運動でも活躍した林副重[#4]の母である。林副重は地方政治家として、あるいは経済人として活動した。

2　両親のこと[*5]

父喜市は明治五（一八七二）年、母春子は翌年の生まれで、明治二十五年に結婚した。江戸時代の中頃川口村で千人同心を二人出していた家は橋本と井出だけだったというが、当時の橋本家は幕末から不幸続きで貧しく、井出の本家は絹織物の製造業と仲買業で成功し盛大であった。喜市の父三郎兵衛が井出家に直接出向き、次女の春子を嫁に欲しいと熱心に頼んだという。春子の父茂平治は「あの息子は見込みがある。村長くらいにはなるだろう。行くがいい」といったと伝えられる。

父喜市[*4]

喜市の父は三郎兵衛、母はフクである。フクは橋本家十一代目三八郎の一人娘だが、三歳で父親に死に別れ、不幸続きの中に生き、喜市結婚の七ヶ月後に亡くなっている。温順だが芯は強かったという。橋本家の文書や昔の物の保存はフクに負うところが大きかった。

明治三十二（一八九九）年、三郎兵衛が治水「川除」工事の責任者となったが、実際に施行したのは二十七歳頃の喜市で、やがて土木建築請負業をやるようになった。喜市は水利を開いたり、水田作りが好きで、堤防や護岸工事、

橋本義夫の両親、喜市と春子

道路工事などをした。だんだん事業は発展し、南多摩郡では指折りになったという。明治四十三年、浅川大洪水の後の応急工事を契機に仕事が伸び、浅川にかかる萩原橋や松枝橋、八王子と五日市を結ぶ小峰トンネルの建設関連工事などに関わったことが少年時代の義夫の記憶に残っていた。

義夫が小学生当時、父母は村の有力者だったが、わが子が「学校の子供」らにいじめられても一切不干渉だった。いじめられて泣いて家へ帰れば「意気地なし」といわれ叱られるから、涙をふき素知らぬ顔で家に入ることにしていた。「子供に白い歯を見せるな」という厳しさが守られていた。子供を褒めたことが無く、仕事もしつけも厳重であった。

喜市は二十歳代から村会議員となり、義夫の少年期には南多摩郡郡会の議員だった。役人嫌い、政治話が好きであった。明治中期における多摩地域を背景に展開した過激な自由民権運動では、地元川口村からは三多摩壮士といわれる行動的な青年達が多数活躍し、名ある「壮士」もいたらしい。多摩出身の村野常右衛門や北村透谷の友人だった大矢正夫が服役した明治十八年の大阪事件など、政治的動機によって行われ犯罪とされた「国事犯」のことを義夫は幼い時からしばしば聞かされた。そして子供心に「自分も国事犯にでもなりたいな」と思ったと書いている。

農業は親譲りの筋金入りで、生やさしいものではなく、義夫は父と一緒に百姓仕事をするのはいやだったという。喜市の話す田植えの心構えは、まず身仕舞をただしてから始まる。稲の苗の植え方について、苗と苗との間隔が縦横同じ正方形に植える〝正条植〟を何十年も貫いたのを、父の性格としてとらえている。土建業をやり、郡会議員を務めた頃はもちろん、府会議員になってからも、ボロ洋服を野良着にして農作業をした。

義夫が書店を開く時、生家はその頃金が少なからずあったにもかかわらず、父は資本を出さず、母があっちこっちで工面して集めてくれた。

このような父には親しみが湧かず、長い間取り上げて書くのに躊躇した。昭和十四（一九三九）年十月に狭心症で倒れ、そのまま亡くなった。父の真っ直ぐな性格はつかめそうでつかみにくい。つかむのに死後二十年の時間がかかった。表面には見えないが、多くの「曲」とのたたかいが内在していたことを知り、正直で、性格が剛直、気品のようのものがあったという感慨を持つに至る。

義夫が書いた『橋本喜市のこと』（一九六一）の本人用の一冊に「親父の教訓　タダ酒の禁」という地方紙寄稿記事が貼り付けられていた。加えて、「タダメシを食うな」の見出しで東大大河内総長の卒業式の送別の言葉が載る朝日新聞記事の切り抜きが挿入されていた。

私も喜市が家族に繰り返し語った教訓の幾つかを義夫から聞かされ覚えている。「他人のものに手をふれるな」「ただ酒を飲むな」「寄り合い仕事は人より先に行け。いつでも後れていくような者は指導者にはなれない」「用なき人に用あり」……

喜市は義夫にとって、教師としてと反面教師としての両面を併せ持つ存在であった。

母春子[*5*7]

春子の父井出茂平治は川口村の旧家で名村長といわれた坂本登名蔵の家から婿入りし、当時としては珍しく封建的な気分のない事業家で慈善を好んだ。母モトは美人で女らしく、静かな人柄だった。春子は茂平治の性格を多く引き継いだらしい。

春子は貧しかった橋本家の家運挽回のため力を入れた。嫁入りして持ってきた衣装を売って地所を買ったという。農家の妻として養蚕に力を入れ、さらには、出身の井出家の応援もあって、小屋を建て撚糸水車をまわして生糸に撚りをかけ、太さや強度を調整し織物用にする撚屋を始めた。

喜市の妻として、土建業や選挙などの地方政治活動の裏方としても活動した。選挙ではわが家の関係のみならず、衆議院から村議まで関係した。女弁護士ともいわれ、やっかいな争い、喧嘩の仲裁などにも出かけた。

世話好きで、貧しい人、差別されている人達にも分け隔てせず接し、手を差し伸べることが少なくなかった。近くの念西庵という僧のいない庵寺を仮の宿にした人々に衣食を運び、面倒を見た。義夫が少年の頃は、家は豊かではなく粗末な着物を着ていたが、それさえも、いつのまにか他人がその着物を着ているのを目にした。

親同士が決める「話し合い婚」のみならず、「出来てしまった婚」の始末も含め、様々な形での結婚の手助けをした。生活困難な家から豪家まで選り好みせず世話をした。親戚、遠縁、知人で生まれた子供に「春」を名前に入れた人が幾人もでた。媒酌といってもただの頼まれではなく、生活の立つように努め面倒を見た。多くの仲人をした家から盆暮れに届く「ソーメン」や「鮭」に義夫は辟易し、嫌いになったという。

　子供を甘やかせてはいけないといわれた時代であり、わが子達には厳しかった。義夫は兄と姉、弟と妹という〝中ッ子〟なので、当時は長・末子に比べ疎略に扱われることが多かったらしい。父のみならず母も親しみの持てぬ怖い存在であった。

　義夫が母親の愛情を感じるようになったのは二十歳頃からといっている。小遣いといっても必要最小限だったし、甘い顔はしなかったのが、農村での文化運動をするようになると資金は母が出してくれた。いろいろなことを企てたが、干渉せず保護者となってくれた。当時は異端だったキリスト教でも、異思想であった社会主義でも同様であった。

　母の理解の下で、自立への道を歩み始めた。義夫の性質は母によく似ているといわれるが、本人も「母にあやかりたい」というのが夢といっている。思慕の念は没後一層強まった。

　春子の亡くなったのは昭和十四（一九三九）年一月、通夜が三日に及び、第二夜は群馬県から僧侶が来た。戒名はそっと付け替えられ「大悠院貞淑篤情妙春大姉」となった。だんだん人が増していき、多くの人が世話になった春子を偲び感謝しているのを見て驚き、母の素晴らしさを再発見した。この時「母を葬る」[*5]という文を書き、通夜三日目に朗読した。

　義夫は戦後母の思い出を三度冊子[*2*5*7]にしている。「良妻村（損）母」として、世の中のために、殊に貧しい人や不幸な人に愛情を示して飽きることがなかったため、何かしてやりたい気がした。親不孝者だった罪滅ぼし、と刊行の動機を書いている。

3　幼・少年時代[*8]

　義夫は二十世紀に入ったばかりの明治三十五（一九〇二）年三月十三日に生まれた。母屋のある台地から少し下がった下の水田に水車を動力とする自営の撚糸工場（撚屋）を建設中で、棟上げの日だったという。

小学校時代は明治の末年[*8]

早生まれの六歳で、隣部落の犬目にある「陶鎔尋常小学校」、通称「犬目の学校」に入学した。小学校令が改正されて義務教育年限が四年から六年に延長された年である。義夫が通学した頃は、生徒は総数百二十人くらいだった。復式授業で、一教室に二つの学年、約四十人が入り、校長を含め三人の先生が二学年ずつを受け持ち交互に教えた。

　学校へは、読本に石板、石筆、石板フキ、ブリキ製の筆入れ、これをメリケン粉の袋で作った風呂敷の〝横っしょい〟（斜めに背負い）で学校へ行った。学用品などといっても、ウス黒い読本と細長い手本、これに修身の本くらいのもの、帳面といえば、薄っぺらな藁半紙が一冊くらいであった。「学用品」などとしゃれた名はなく、「学校の道具」といっていた。

「方」の字のつく時間が幾つもあった。「読み方」は国定教科書「読本」で国語を習い、「書き方」は細長い「お手本」があった。墨に硯、毛筆で、半紙や藁半紙に真黒になるほど字を書き、白い半紙に清書し、先生が見て朱筆を入れ等級をつける。「綴り方」は今でいえば作文で、これは教科書がない。言文一致ではなく古風な文を書かせられた。

　農村はどこの家でも五人以上の子持ち、「貧乏で子沢山」につきているようだった。傘さえもなかなかまわりつかず、大雨の日は学校へ行けない子が相当いたし、弁当の無い子もいた。寒中でも足袋の無い子が少なくなかった。教室はハダシであったし、風呂だって村に軒並にあったわけではないから、身体は垢で真黒だった。着物は垢で黒く光っていた。

　義夫の家は中農で撚屋工場をやり、土木建築業をやり、父が郡会議員を務めていたが、それでも貧しいものだった。

　学校が嫌い、先生が嫌い、本が嫌い、みんな嫌いだった。ことに修身などは大嫌いだった。忠孝だの勤勉だのが書いてあり、行いもしないことを教えるので、馬鹿馬鹿しくて仕方がなかった。式で教育勅語を読む時、わざと外のことを考えていた。第一、忠義だの孝行などということが、ウソたらしくて仕方がなく、楠木正成と二宮金次郎はその頃から嫌いだった。「孝行しろ」と父親がいったので、孝行はしまいと思った。

　算術もやる気が起こらなかった。興味もないことはやりたくなかった。体操がまたひどく嫌いだった。

　小学校時代に新聞にも大きく取り上げられ、体験としても記憶に留まる大きなことが三つあった[*9]。

　一つは明治四十三（一九一〇）年のハレー彗星の大接近である。彗星の尾の中を地球が通過するということで、子供心に聞き、恐ろしさも感じた。身辺だけでなく、世界中が不安になったという。五月に最接近した日は家人に起こされ、目をこすりながら、山なみの上に白く尾を引いている大きなホーキ星を見た。義夫は最接近の日の全天にかかるような光の帯と、その七十六年の周期について晩年になっても繰り返し語っていた。

第二は同年八月の大水害である。関東・東海・東北地方で大雨が降り、各地で浸水被害が発生した。東京府で浸水十八万五千戸の記録が残る。大水となり、近くを流れる浅川の堤防はほとんど決壊し、橋は一つを残し皆落ちた。生家が営む水車を動力とする撚糸工場は台地下の水田の中にあった。大水が押し寄せ、建物の中に浸水、水車が流されそうになった。生家では土建業もしており、家で雇っていた作代（作男）や撚糸の職人が「急派工事」（洪水対応の応急工事）のための空き俵買いで大わらわだった。

第三は明治四十五年明治天皇の「御大葬」とその前後のことである。「明治天皇御不例（病気）」となり陶鎔小学校では、先生が学童一同をつれて、「鹿島さま」と「お熊ン（熊野）さま」の両神社へ天皇の平癒祈願をしたことにはじまり、九月の「御大葬」の深夜、軍艦から打つ大砲の音を聞いた。そして同年秋には、陶鎔小学校の五・六年生が初めて汽車に乗り、東京へ行った。その頃は「遠足」もなければ、「修学旅行」もしなかった時代である。青山葬場殿やら、いろいろなところを見た。ほとんど誰も東京を見たことはないし、汽車にも乗ったことのない連中である。汽車に酔って「ヘド」をもどす子もいた。

村の高等小学校から漢文と習字を学ぶ塾へ[*8]

大正三（一九一四）年に尋常小学校を卒業した。当時の八王子町・南多摩郡にある上級学校は町村の二年制高等小学校か五年制の東京府立第四高等女学校（明治四十一年開校）だけで、八王子が誘致に失敗した五年制の府立第二中学校（明治三十四年開校）は北多摩郡の立川村にあった。また、高等小学校を卒業してから入る三年制の実業学校は八王子の府立織染学校（明治三十六年府立移管）か西多摩郡青梅町にできた府立農林学校（明治四十三年開校）だけであった。

生家から五日市街道を一里弱歩いて、川口村の高等小学校に二年間通った。ここもやはりつまらない続きであった。小学校八年の間は全く無為無感覚、何一つ興味もなく、何にも義夫の気を引き立てるものがなかった。教室でも、運動場でも、放課後の遊びでも、子ども達の遊びでも、友達にも全く無感興だった。消極と仕方なし、ただ「お役」で行ったにすぎず、勉強しようとか、ほめられようとか、そういう意欲は全く起きなかった。

大正五年、高等小学校卒業後には姉が通った漢学と習字を学ぶ「斯文学院」という塾に入った。狭い教室、漢文の旧式な朗読、全く時代離れのしたバカバカしいものだった。無感覚に一年辛抱した。

明治四十年代自転車は珍しいものだった。親類で金持ちの坊ちゃん栄一叔父は新しい物好きで早くから自転車に乗った。荒物屋を始め、貸自転車もあった。その当時自転車に乗れる人は少なかった。日本製はよく故障し、常用に耐えるのは「舶来」で、英国からの輸入物だった。「和製」と「舶来」という言葉が子供心に植えつけられた。

生家にはスイフトという英国製の自転車があった。[*6] 義夫は明治四十四年、四年生頃から自転車に乗るようになった。以後亡くなる年まで、自転車の愛用者となった。

大正元（一九一二）年、父喜市が盲腸炎で重病になった時は、八王子から野口君平医師が自転車で往診した。義夫が八王子八幡町の野口医院へ薬取りに行き、帰りに夕方本郷横町交番の前を「無提灯」で通り、巡査に呼び止められて調べられ、人だかりが出来たこともあった。東京府では、自転車乗りは下駄履き、すねのむき出し、傘さし、夜間無提灯が禁物となっていた。

4　新聞・雑誌に興味を持つ

明治末から大正初め頃、義夫の暮らした農村では新聞を取っている家は極めて稀であった。一部落に三部くらい、全村でもせいぜい二十部くらいのものであった。生家ではずっと政友会で終始したにも関わらず、明治から、大正の初め頃までは『報知新聞』を取っていた。大正の頃『国民新聞』に変わり、『朝日新聞』に変わり、大正が終わった。

学校も読本も先生もみんな好きになれずじまいだったが、不思議に新聞だけは小学校時代から好きで早くから読んだ。潜んでいた知識欲が新聞に向けられたのだろう。これには七歳年上の姉ショウが新聞・雑誌好きだった影響が大きい。[*9] 新聞の続き物を読み、やがては姉が手にする雑誌を、見よう見まねで読んだ。村井弦齋の「子宝」は記憶に残ると書いているが、この小説が『婦人世界』に連載されたのは明治四十五＝大正元年（一九一二）頃なので、十歳ということになる。

姉と二人で八王子へ本を買いに行ったこともたびたびあった。新派の「生さぬ仲」の芝居が八王子の関谷座にかかった時も、二人で見に行き涙をこぼした。これは新聞連載されていた柳川春葉の「生さぬ仲」が大正二年に劇化されたものである。

こんなことから本好きで小説を読むようになった。義夫の場合は立川文庫の講談本よりもこちらが先だった。

姉ショウは明治四十（一九〇七）年に小学校を卒業し、八王子にあって著名な漢学者奥津雁江の開いた「斯文学院」に入り二年通った。義夫は姉がもっと負けず根性があり積極的だったら、翌年八王子に開校した第四高等女学校に進学したかもしれない。環境はそれを許したろうにといい、おとなしい姉には派手な学歴は似合わないとも書いている。

義夫は、昭和四十六（一九六一）年に姉を訪ね、自身の新聞・雑誌好きの遠因となる姉の新聞・雑誌好きのきっかけを聞き書きしている。

義夫達の生家は「本家」といわれ、その東隣に「隠居」と呼ぶ橋本の別家があった。「隠居」は昔からこのあたりの豪家で経済力もあった。幕末の頃、この家に信州の十河家からシズという人が嫁した。この人は松代藩士で幕末の著名な兵学者・思想家佐久間象山の墨すりをしていたといい、有能な女性で、すこぶる能筆だった。

シズの子供達は田舎には珍しく優れていた。そのなかでもマキはすこぶる利発な子で、小学校時代に藤村の小説やその頃の文学者の作品を愛読し、二歳下のショウにいろいろと物語を話して聞かせた。ショウは、隣家へ入って本などを読む機会にも恵まれた。これが姉の新聞・雑誌好きの原因らしい。兄弟では姉と妹と私の三人が本好きだった。

新聞が学校[*8]

当時の新聞から得た知識、情報をあげて書いている。新聞は義夫の目を外に向け、知識欲を育てることになった。

明治四十二（一九〇九）年、伊藤博文がハルビンで暗殺されたことも新聞で知った。当時の新聞は皆ふりがな付きであった。「暗殺」の意味は分からなかった。学校では「国葬」の式をやった。二教室を打ち抜き　正面の大きな紙に大勲位公爵……筆太に書かれていた。小学二年生である。「国葬」も何のことか判らず、ただ「コクソー」という言葉だけが耳に残った。

明治四十三年の「日韓併合」、「潜水艦の沈没」などは新聞で読んだ。徳川大尉日本初飛行を知ったのも新聞知識である。

明治四十四年の「大逆事件」では幸徳秋水や、菅野スガが死刑となる。仲の悪い兄（吉茂）が義夫のことを秋水の本名「傳次郎」と言ったので、本名まで覚えている。政治家の名も新聞で覚えた。この年、桂太郎が総理大臣をやめ、西園寺公望が内閣を組織したあたりでは、「西園寺公望」と大きい活字で印刷してあったことが頭に残った。

明治四十五年、五年生の時であった。「明治天皇御不例」、七月三十日「崩御」。当時の騒ぎは大したもので実状をつたえる方法がない。明治天皇が亡くなられてからは「諒闇」中ということで一年間黒枠をつけて発行された。「今上天皇」、「御不例」、「崩御」、「明治天皇」、「御大葬」等々の言葉はみな新聞から得た知識で、英国の王族で国王代理として大葬のため来日したコンノート殿下の名前や、御大葬の夜に乃木大将夫妻が殉死したのも新聞情報が最初であった。姉が明治天皇崩御関連の新聞を丹念に綴じて保存するのを手伝った。

第1章　注

#1　一九五〇年代後半から六〇年代初め頃にまとめようとした未完の自分史的原稿集。原稿のカバーに『丘の荒野青年期報告書』とあり、見出しとしては五十篇ほど、原稿用紙三百枚を超える。内容はメモにとどまるものや図書、百科事典、年表などからの抜粋転写、自身の日記や手紙文からの抜粋や心情を綴ったものまで様々である。時代は少年期から壮年期まで混在するが、記録文として比較的まとまっているのは十篇ほどで、以下4章まで参考あるいは抜粋・引用した箇所がある。

#2　徳川幕府の命により甲州口防備などの目的で設けられた千人の半士半農の集団。

#3　祖父三郎兵衛の実家。明治十六（一八八三）年に自由党入党、二十二年由木村初代村長となった大澤信重が出ている。その長男昌寿は在米十七年の後大正十二（一九二三）年帰国、義夫とも交流があった。

#4　明治二十一（一八八八）年神奈川県県会議員、明治三十二年東京府会議員。一九三五年没。義夫は名利を離れ人のために倦むことを知らなかったが、晩年は寂しく死んだ彼を「多摩の世話人」と評し、記録を残すべく努めた。地方文化資料「林副重」[*3]（一九六〇）をまとめたほか、戦前、戦後に地方紙執筆記事がある（第5章、10章参照）。

第1章　参考・引用文献

*1　橋本鋼二、橋本義夫の自伝的原稿から「少年期の本好き」「三冊の本」、ふだん記雲の碑8：136～、二〇〇一

*2　橋本義夫、村の母　一家庭主婦の生涯、地方文化研究会、一九五四

*3　橋本義夫、林副重――多摩の政治家――、地方文化研究会、一九六〇

＊4　橋本義夫、橋本喜市のこと、地方文化研究会、一九六一
＊5　橋本義夫、村の母　橋本春子のこと、八王子文化サロン、一九六六
＊6　橋本義夫、庶民の記録、ふだん記グループ、一九七一
＊7　橋本義夫、村の母　橋本春子のこと、ふだん記全国グループ、一九七四
＊8　橋本義夫、伽羅の木のある家　附　明治の末、ふだん記全国グループ、一九七六
＊9　橋本義夫、姉・桶菊、ふだん記全国グループ、一九八一
＊10　八王子事典の会、八王子事典、かたくら書店、一九九二
＊11　松岡喬一、年表に見る八王子の近現代史　明治元年〜平成十二年、かたくら書店、二〇〇一

第2章　青年期 ――吃音が人生観を変えた――

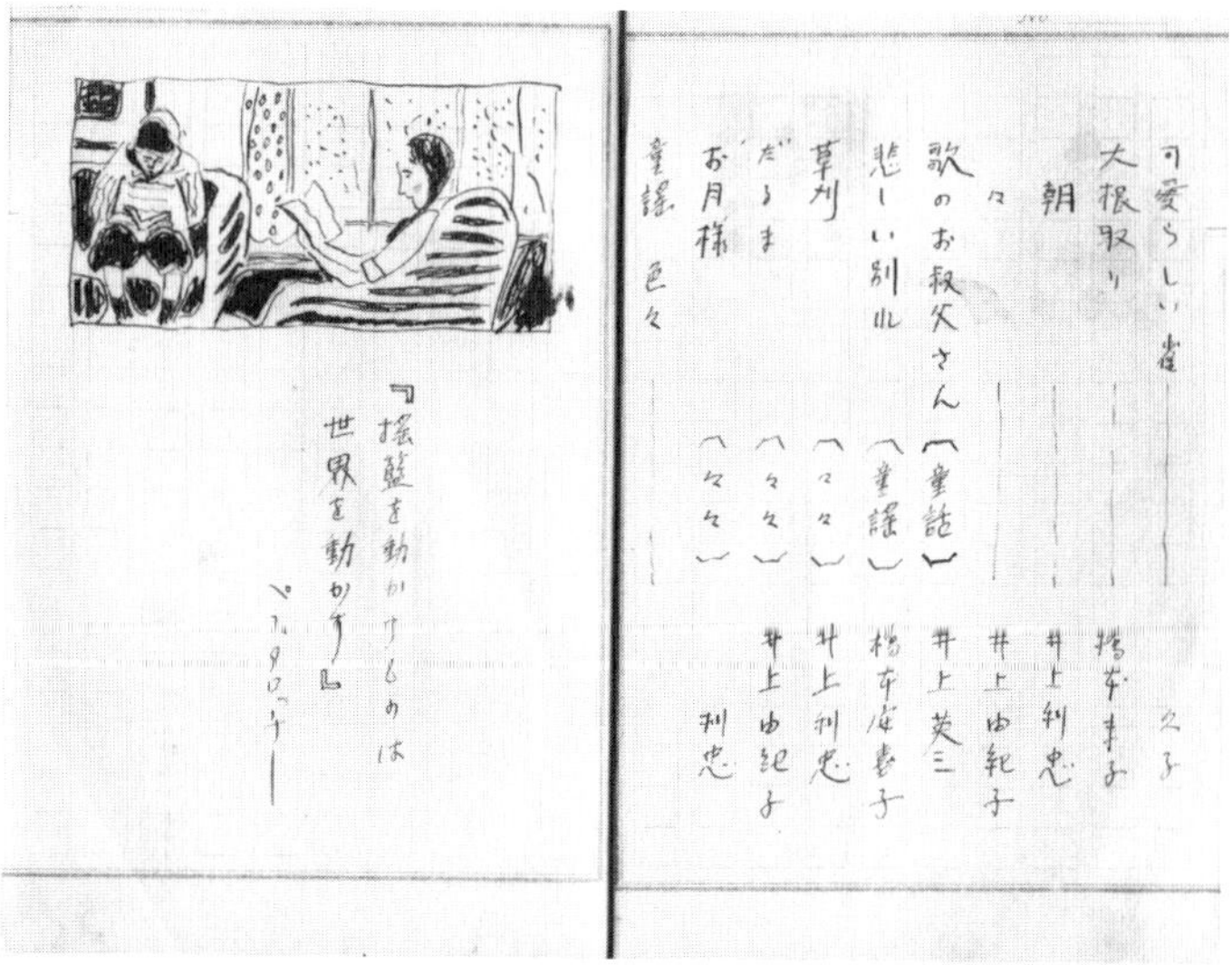

回覧誌「自然人」Ⅳ号目次から

この章は橋本義夫が家を離れ寄宿舎生活を始めた大正六（一九一七）年から生家に戻り青年文化運動を進め、さらに八王子に出て書店を始める直前までの十一年で、彼の人格形成に大きな影響を与えた変動期である。第一次世界大戦の末期から戦争が終わり、大正デモクラシーを謳歌した時代であった。

義夫が自身の青年期について書いているものは、東京府立農林学校時代のことを『商工日日新聞』に連載した「寄宿舎物語」（一九六四）ほか数篇、謄写印刷の地方文化資料『丘の雑木』[*12]（一九六〇）中の「青年壮年二十年記」と、後年『ふだんぎ』誌などに散発的に同時代のことを取り上げたものなどである。また、大正十二（一九二三）年と昭和二（一九二七）年に心情を綴り校友会誌に投じた二篇が残っていた。加えて、前章の[#1]で注記した自分史的原稿集『丘の荒野』から「青年禁酒運動」他四篇である。

幸いなことに、青年文化運動関係の資料や手紙など、この時代の活動の跡を探るために参考となるものも残っていたので、それらで補完しながら取りまとめた。

1　農林学校に入学

―― 寄宿舎生活で自分の世界を作る

大正六（一九一七）年、小学校の高等科を終えてから一年後、十五歳で青梅町（現青梅市）にある東京府立農林学校に入学した。二年制の高等小学校を終えるか同等以上の修業年限で入学資格が得られる甲種実業学校である。開校当時周辺部の尋常小学校から高等小学校へ進学する生徒は学級で二、三人、さらに上級学校へ進むのは五年に一人といった状態で志望者が少なかった。そこで東京府は異例の処置として、「全国公募」に踏み切った。[*5] その結果数年は、他府県からの入学者の方が多くなった。「全国公募」は続き、大正四～七年入学者中他府県から毎年十～二十六名、全体の三割程度もいた。[*18] 義夫の在学した頃である。

当時は、八王子郊外の生家からの通学はむずかしく寄宿舎に入った。農林学校時代は特記していない場合「寄宿舎物語」[#1]から引用した。

吃音で少年期の夢は消えた

どもり始めたのは十四歳頃からで、生家を離れて寄宿舎生活を送ることになった時には、吃音の症状は進んでいた（要旨）：

私のドモリははじめの音の出ない難発性といわれる症状であった。ドドドド……というのは連発性といって症状がよくわかるが、難発性吃音は、傍目にはわかりにくく、内向的なだけに悪質である。

言えないという自責の念が強く強迫観念がある。これが、商店で買う時商品の名を言えない、車掌に停留所を言う時、相手に聞かれるとあわてる、ますます出ない。自己紹介、朗読、答え、すべて駄目なのである。その苦痛は悪循環となる。それが終わった後の不愉快さはこれを経験しなければわからない。

言えない音、言えない場所、場合をちゃんと知っている。知っているから益々言えなくなるのである。「ドモリの鼻唄」といって歌を歌う時やひとりごとや大勢と一緒に朗読する時にはどもらないのが普通である。

青年期からヒドイ吃音になって、夢がめちゃめちゃになってしまい、全く憐れなものだった。もともと欧州や米国に行って線の太い生活をするか、政治家にでもなって男性型な生活をしようという少年の日の夢は、このひどいドモリのために泡の如く消え失せてしまった。このために、暗い、陰気な、内省的、厭世的な人間になってしまった。[*12]

宗教だの、文学だの、思想だの、正義だの愛だの……

というものは、ドモリからきた脇道の無理に食わされた道草だった。有難迷惑なことだが、いうならばドモリこそ「第二の母」だったわけである。

このどもりが無かったら、農業の学校へなど行きもしなかったろうし、たとえ行ってもそれから上の学校へ行っただろう。そして私の性質では、恐らく反抗運動に参加して、治安維持法にでもふれて、長い牢獄生活でもして死んでしまったと思う。

「貴君は何故さらに上の学校へ行かなかったのですか？」という問いに、「私は大学へでも行っていれば、牢獄生活で今ごろは生きているか死んでいるかわからないよ。大学なんど行かなかったことが安心して生きていられるわけですよ」と答えたが、今でもそう思っている。

寄宿舎は「私の学校」

学校には背を向けていたが、寄宿舎生活は義夫にとって学校そのものだった…

交通機関といえば汽車と人力車と自転車の時代だったので、寄宿舎には全校生徒の半分くらいが入っていた。何しろ教育程度の低い時代だった。生徒は東京府全域から、伊豆七島からも多勢来ていた。神奈川、埼玉、千葉はもちろんのこと、関東、九州、朝鮮……至るところから集まっていた。全国から集まっている連中で若い者の共同生活のために、私には寄宿舎が別天地であった。通学本位の時代になると、同じ地方の連中ばかり揃って面白くないが、各地から集まると異質になる。この頃は生徒の年齢も幅が十年くらいあった。通学生にとっては同

農林学校時代の義夫（大正９年、18歳）
和服姿で首を曲げ、本を小脇に挟んだ義夫の異様な風体は、並の生徒ではなく、１人群から離れた姿を連想させる。卒業時に撮ったものであろう。同学年の生徒数は入学時55名、卒業したのは46名、ほぼ半数が寄宿舎にいたので、寄宿していた生徒達であろう

級が思い出の種だろうが、寄宿生は学年を越えて全寄宿生と交渉がある。

寄宿舎は自分の世界を築くための必要条件であり、「私の学校」だった。

きびしいばかりで甘さのすこしもない父親のところから離れたのは寄宿舎のおかげである。いうならば「私の大正ロマンチシズム」はこの寄宿舎において始まったのだ。

吃音が引き金になり〈青年期の学校は読書〉というように、十六歳頃から文学好きになり、創作、詩歌を手当たり次第読んだ。

第一次大戦が終わり、戦勝祝賀の旗行列に義夫は参加している。武者小路実篤らにより、『新しき村』が創刊され、宮崎県で「新しき村」の建設に着手したのもこの年で、文学好きになった義夫は〈心を燃やし行きたかった〉と言う…

徳富蘆花の『自然と人生』、『寄生木』……、『有本芳水詩集』、石川啄木の『一握の砂』、竹下夢二の『山へよする』、若山牧水の歌集、与謝野晶子、北原白秋、生田春月、武者小路実篤らの詩歌集、文集が素寒貧の私の荷物にもたまってゆく。新潮社発行の本がたまり出す。文芸誌『新潮』は一冊十七銭だった。後々まで愛読したトルストイの作品に触れたのは十七歳頃であった。

学校の本は嫌いだったが、短歌、詩文学が好きになった。帰省した後小遣いがあっても、その次の日にはもう本を買って一文無しになっていた。

その頃学校では文学本を読むことは悪事だった。蘆花の『自然と人生』を読んでいて、舎監にとり上げられたことがある。教室でも私の教科書の下には文学本がいつもひそんでいた。寄宿舎の自習時間でも同じことで、教師が来ると教科書が文学本の上にのるという仕掛である。成績表をみると、操行「丙」である。「丁」は退学処分だ。「丙」は最低である。一般に学則〈違反〉で停学処分を受けても「丙」であった。学則にふれず、処分されることをせずに操行「丙」は私だけだったらしい。文学本を愛読して暮らした。

キリスト教徒の上級生や、教会に出かけた寄宿舎仲間について触れた文もある…

福音教会には、漢学者のような牧師井上活泉がいた。学校の行事に出席し、自作の漢詩を朗読した。この井上活泉は日本のキリスト教界でも有名だったし、土地では尊敬されていた。彼は良い意味で青梅の名物だった。そして同時に明治の美しい風格のある人物だった。

御嶽神社の御師の子黒田がキリスト教にひかれて井上

活泉の教会へ行ったことがあった。この時に私は黒田を引き止めたい衝動にかられた。

同室の上級生にクリスチャンの家の倅がいた。彼が持っていた黒表紙で赤く本の小口が塗ってある『讃美歌』が気になった。彼は時々讃美歌を歌った。

反抗の鎌首はもちあがり、キリスト教には好意は持たなかったが、文学本を読んでいくうちに、だんだん好意的になった。

十七歳の春、友人の小川精一[#2]の生家がある小金井村へ花見に出かけた。悪太郎時代で同年輩十余人と大酒を飲んだ（その頃は未成年者飲酒禁止時代ではなかった）のを最後に戦後まで三十五年間位酒を飲まなくなった。

母から学校内義夫宛の手紙が一通残っていた。修学旅行を前にしたものとみられる：

義夫さん　今回の郡議〔選挙〕も実に大勝利でした。〔中略〕つぎに神経衰弱と聞きしが、気分悪しければ、一先ず帰省し静養するもよし。大切にせよ。旅行費は二十九日に送金しました（三〇）身体の悪い場合には旅行は見合わすがよかろうと思います。自分の気まかせするがよし。父の意見も本人の心まかせ、金はやると申し送金しました。何れも返事をせよ。

島吉〔作男〕にハガキを読めるように書いて送れ。お前の書は少しもわからないから能く書きて送れ。〔大正八年〕十月二日　　春子拝

義夫どの

稲荷　昨日大祭　この葉は神様の玉串ですから身につけてくれ。夫れからお前は何だか此頃は不勉強のように見えるが両親の身を考えておくれ。それだけは忠告します。

修学旅行には参加したが、本屋に立ち寄り、文学の本を買い一文無しとなり、土産は何一つ買えなかったと書いている。

農林学校時代を総括し学校では何も学ばなかったと書き、数学はさっぱり判らなかったがやっておけばよかった、国語はへんな先生でかえって嫌になった、林業も農業も学ぶ気が無かったと続く。英語は高等師範出の先生だったらしいが、これも否定的なコメントである。ただ、御嶽山の御師の家に泊まって演習林の作業をした二十日間は楽しさがあったらしい。

大正九（一九二〇）年、十八歳で曲がりなりにも卒業した。〈形式的な卒業式はなんにも印象に残らないが、寄宿舎と別れるのが私の卒業式の実態だった。布団、こうり、本などをまとめ、人力車に引かせて駅に行き、切符を買って思い出の駅を離れるまでは、幾度も幾度も涙が出た〉と

記している。

2　生家に戻ってからの五年

未完の自分史的原稿集『丘の荒野』中の「結核」「武者小路」「叔母の話」「妹の日記から」から二十歳前後の義夫の姿を覗く。

生家に戻って間もなく、頭痛と微熱が続き、かかりつけの医師に診察をしてもらったところ、結核の症状といわれたが、一ヶ月ほどで健康が回復した。不摂生になった青年期を振り返るとともに、母親の愛情と庇護を意識するようになった。「結核」から抜粋：

元来頑健で幼少年時代には薄着し、コタツぎらい、朝は早く起き、まめであった。割合骨太であるらしいが、生理的青年期から神経過敏になっていき、殊に吃音になったため益々その傾向が強くなった。在学中からはじまった読書好きが昂じ、十八歳の頃は夜半に読書するようになってしまった。

この年、母と小金井の桜見物に行った。母はそれ以前まで気丈な人として通し、子供のことなど考えるような態度は示さなかったが、この頃から私に好意をよく示し以後、よき保護者となった。

大正十二（一九二三）年に徴兵検査を受けた。「第二乙種騎兵第弐番、南多摩郡川口村楢原　橋本義夫」と記された紙が残る。兵役には就くことはなかった。

「武者小路」から抜粋：

手元に武者小路実篤著『耶蘇』新しき村出版部発行、大正九年十月再版が残っている。これは私が十八歳、十九歳の頃武者小路が好きで武者小路の本は殆ど集め、雑誌を買い、その果ては新しき村に行こうかとさえ思ったことのある遺物である。

武者小路の手紙を保存したり、写真を引き伸ばしたりするほどの熱の入れ方であった。そして文章さえも真似したものである。私の武者小路ファンは一九二二（大正十一）年頃で終わりを告げ、むしろ有島武郎などの方に行き、社会主義的な方向に進んでいた。またキリスト教の方向に進んでもいた。武者小路の『耶蘇』はいかにもつっこみの浅い文学感情本意のものでとても満足などすべくもない。

トルストイには実践とたたかいがあるが、武者小路にはそういうものがない。私のような生か死かというところの瀬戸際にたたされたものには、彫刻とか歌とかいうような鑑賞の世界のものではとても満足どころではなかった。

「叔母の話」から抜粋：
秋十月頃のこと、姉さん（私の母）が八王子の町を歩いていたら、はるか向こうの方を白い絣の着物を着て本らしいものを抱え足早に歩いてくる若者が目に入った。近づいたのでよく見たら何とわが子。この話を聞いて、私は母に大いに感謝した。秋十月絣のゆかたを着て歩いているわが子を「みっともない」「人が笑う」などたしなめたり、叱ったりせず、自分でひどく驚いていながらも、子供の自由を許し、顔にも示していないのには感心した。その後も変わった生活をしたが母は少しも批評せず、私の自由を許し、微笑しながらよい保護者になってくれた。

「妹の日記から」では、大正十（一九二一）年二月警視庁から特高警察の警察官が義夫の全状（あらましということらしい）について調査に来たが物腰が柔らかく、感心したとある。義夫は山林の仕事で出ており、家人から「調べに来た」ことを聞いただけだった。〈自由主義華やかな時代、短くはあったがロマンの花咲き盛った頃で、将校が背広服で営門に入り、軍服に着替えたという時代でもあった〉と感想を記している。

校友会誌に投稿

大正十二（一九二三）年六月発行の『東京府立農林学校校友会誌』に「小さな希望」[*10]の題で、当時の文学青年らしい思いの丈を千字ほどの文にしている。注目されるのは、後年まで続く文章や考え方の特徴が既に出ていることである。誤字脱字の指摘より芸術そのものの本質を捉えていることが重要、国語国字はわかりやすくという姿勢、とりまとめた年月日を文末に西暦で入れるスタイルは、その後も引き継がれていく。義夫が書いた現存する一番古い印刷物と思われる。その要旨：

慶応文科の講師小島某氏は文壇で盛んに誤字の指摘を専門にして読者層の嘲笑の的になって居る。武者小路実篤氏の創作は誤字と非美文で殆ど書かれて居る。のみならず崇拝者が少なくない。後者は芸術そのものの本質を握って居るのだ。

有島武郎氏が北海道の農場数百町歩を雑誌『新潮』に「宣言一つ」を書いて全部小作人に与えられた。農村問題全盛時代の今日、自分たちは何物かを考えさせられずには居られない。

自分は在校当時耶蘇を極端に嫌った。今はその偉大さに頭が下がる。聖書の中に耶蘇は躍動している。自分は仏陀、孔子を尊敬するとともに耶蘇を信仰せずには居られない。

ミレーを愛する。「種蒔く人」「アンジェラス」「鍬に倚る男」「夕暮羊を伴いて帰る牧者」その他総てミレーの画は愛さずには居られない。〔中略〕文化生活などの言葉で奢侈を極めて居る世の中の人々にあの美しいミレーの作品の美点を味わわしてやりたい。（23・3・30）

自殺願望と宗教への執心

大正十二（一九二三）年の七～九月頃自殺願望が強かった。自身の生きてきた道筋を直截簡明に書いているメモ[#3]と『丘の雑木』（一九六〇）中の「青年壮年二十年記」に記述がある。要旨：

神経衰弱が極度に昂じ絶望的な人生観となり自殺の気持ちがしきりに起き、七月二日家を出てネコイラズを持ち小田原、国府津の海岸をさまよう。生きようとする本能と死のうとする精神が戦い、死ねずに家に帰る。然し自殺の気持ちは変わらず、十一月中旬まで続いた。この時これを転回したのはポールケラスの『仏陀の福音』だった。キリスト教的な仏陀であって、いわば倉田百三式の仏教だったと思う。この本で自己を捨てることこそ生きる道であることを知り、小康状態となった。これから宗教への執心がはじまった。

義夫が手にした大正九年発行の『仏陀の福音』は現存する。橋本蔵書の印が押され「文第七〇号」とある。文学書の七〇番と言うことであろうか。

関東大地震とその後

通信吃音矯正を土蔵の中で実習中に関東大地震が起きた。大正十二（一九二三）年九月一日のことである。義夫は四十年後にその思い出を「大正の大地震」[*9]という文にしている。一部抜粋：

西の土蔵の壁が落ち土ぼこりがあがる。家の中も壁が落ちた模様、昼時だったのでかまどに火が有る。今にも倒れそうな主家の中に飛び込み、崩れたかまどに水をかけた。他の者はいろりの大きい鉄びんを火に直接のせ、再び庭の真ん中に出る。馬を馬屋から外に出し、竹やぶにつなぐ。裏庭の大きい木は揺れる、馬は驚いて飛ぶ。〔中略〕

朝鮮人騒ぎも一応おさまり、親類の者と共に自転車にのり、後ろの荷台に米だの当座の入用なものをつけて、母の弟一家救援に横浜へでかけたのは九月七日だった。峠道はここかしこに地割れがしていた。原町田は震源地に近かったのか倒壊家屋がここかしこにあった。保土ヶ谷を出る頃は、倒壊家屋が一杯だった。横浜市街は震火災にあい、全くの廃虚になっていた。桜木町あたりも通る。多くの死者を出した正金銀行はまだかすかに煙をあげていた。道路はいたる所に焼死体がころがり火ぶくれに膨れあがっていた。毎日の暑気でくさり、死臭とほこりがひどく手ぬぐいでマスクをしていた。小旗を立てて、これに人の名を書き捜している者が多かった。正金銀行正面入り口には焼死体が多く重なり合っていた。

どこをどういったか叔父枝太郎の先導で着いた。光三一家の避難場所は焼け堺からひっこんだところで小さい神社があり、その神楽殿が傾き高い床はカタカタしながらも残り、そこにいた。〔後に妻となる〕十四歳の長女定子はほほを少し焼けどしていた。コンロに火などおこして救援にきた者をもてなしていた。

大正十三（一九二四）年になるとより多くの足跡が、メモや残された資料などからわかる。

三月には薫心会[*17]という八王子の文化団体が主催した賀川豊彦の「人間殿堂の建築」と題する講演を聴いている。義夫より六歳若い従兄弟で当時府立第二中学三年生の小谷田清の日記抜粋[*15]を見ると、彼も聴講している。早熟で兄小谷田隼人とともに義夫の仲間だったらしい。若い義夫の姿が浮かんでくる一文がある：

楢原の橋本義夫さんが来る。兄貴と三人で、永林寺の「精神作興講演会」へ行く。永林寺の坊主の話は、思想界がどうして動くか、危険思想がどうだか、少しもわかっていない。〔中略〕「日本の革命も十年にせまっている。」と義夫さんが言う。そんなに早いものだろうかと驚いた。僕には未だその準備ができていない。

将来を期待されていた清は、四ヶ月後無医村の由木村（多摩ニュータウンに近い八王子市東郊）にあって、腸チフスで急死した。義夫が無医村解消運動を起こす十六年前である。

九月には〈八王子雄弁倶楽部の森田喜一郎[#4]らと商業学校講堂で初めて演説の真似をした〉とある。次第に積極的、活動的となっていく義夫の姿を想像する。吃音が多少なりとも改善されたのであろうか。また大正十四年には、救世軍山室軍平の講演会が所属の軍楽隊も加わり桑都公会堂で開かれ、義夫も傍聴しており、青年運動の進め方にヒントを得たものと思われる。

吃音矯正で上京

吃音矯正法の創始者伊沢修二は近代日本の音楽教育の第一人者といわれる。吃音の末弟のために、その音楽的素養から矯正法を考案し、楽石社を設立して矯正事業に尽くした。義夫は楽石社の通信吃音矯正をやっていたことに触れているが、完治はしなかったらしい。母の賛成を得て大正十四（一九二五）年三月上旬、東京小石川にあった楽石社へ行き、三週間にわたり吃音矯正を受けた‥

戦災前の小石川のこのあたりは、震災にも助かりお屋敷町であった。近所はみんな日本で立派なお歴々のお屋敷ばかりであった。竹早町辺に大きな下宿屋があった。明治大正型のものだ。ここに寝泊まりして楽石社に通った。

教室には大きい油絵で描いた創始者伊沢修二先生の像が真ん中にあった。修二先生は亡くなっていたが、老夫人は幾度か目に触れることがあった。

この矯正法は口形をしっかりさせ、深呼吸をさせ、そこでゆるゆると発音練習をする。それから朗読や演説の練習をする。ハァヒィフゥヘェホォの練習を大声で深呼吸とともに、あわせてする。朝早くから夜間までなので随分近所迷惑であったと思う。

信州、甲州、群馬、豊橋など各地の人がいた。女の人は二人。私は何処へ行っても意見があって従わぬらしく、矯正者の中に東京外国語学校の学生がいたが、あまりいばるので、実力論をやって批判してやった。当時は良い気持だったが、今考えると我ながらあまり感心しない。

浜本氏は熱心な指導者で東京の各地を案内し「一寸ものをお尋ねしますが」と実地練習をやらせられた。尋常一年坊主の読本のような堅くて桃色の表紙をした、中には口の形だの、カタカナばかりの文字の書いてある、一年生の使うような吃音矯正書という本を二十何歳にもなる私が持ち歩いて通う姿は想像するだに滑稽である。

農林学校在学中の弟重能宛に、小石川区同心町第二常磐館から義夫が出した、大正十四（一九二五）年三月十日付けのハガキが残る‥

もう試験も直ぐに終わるでしょう。大いに勉強してください。僕は今度吃音矯正のために楽石社へ入って二十五日頃まで下宿生活をやっております。〔中略〕皆朝六時から夜十時まで一時をも休まず、真面目にやっております。日曜も何もありません。君も本気になって学校生活の終わりをして意義あらしめて下さい。僕はどもりを直して大いに雄弁になって第一線に立ちたいと思います。

矯正後の活動への意欲が感じられる言葉である。農村青年が村から離れ、都心で生活をしたのも貴重な体験であった。

3　青年グループを組織し農村文化運動に力を入れる

青年グループを組織しての活動は、農村青年及び児童に良書を読ませ、個性を伸ばす「教育の家」と　悪習慣打破、中でも排酒運動が二大テーマとなった。

大正十五（一九二六）年一月、義夫は青年会の役員改選で生家のある楢原の青年会支部長となったが活動は地元だけにとどまらなかった。〈楢原は青梅五日市街道の分岐点なので普及に便があった。東隣は小宮村上中野で、ここの青年井上英三〔栄蔵〕、井上金治、井上助次郎ら、楢原では岸清次、小山常次ら、八王子では佐々木政視らが参加した。それが由木村に飛び火し、小谷田隼人、細谷末吉らも加わった。大澤昌寿の家や永林寺でも会合を開き、我々も出張した。〉

三月末には、東京での吃音矯正を終え、四月には東京府社会教育（青年団幹部養成）講習会に参加するなど社会活動がさらに活発になっていった。

教育の家

義夫は一九八三年に「上中野と楢原」の題でこの頃の活動を回顧している（一部ようらん社物語から補筆）。要旨：

悪習慣打破がもとで始まり、地方文化運動や教育運動となった。始めは生家の屋根裏や、井上栄蔵君の家の二階がそのたまりで、毎夜のように集まり読書会などを開いた。[*1] やがて、念西庵という楢原の小さな庵寺に移り、「教育の家」と称し日曜学校を開き、楢原や中野の小学生達が多く集まった。近村の青年子女も集まり、読書をし、歌などを歌い、文を書いたり、書かせたりした。ゆ

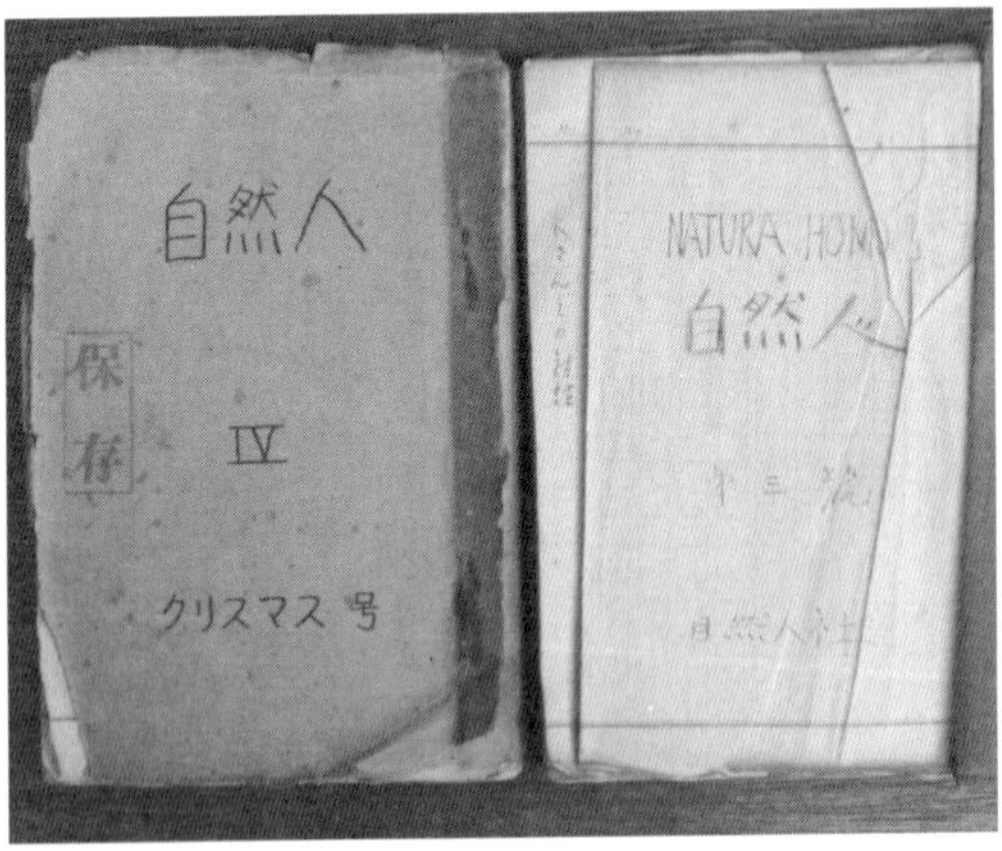

回覧誌『自然人』（大正15年）
若者や子供達に文や詩などを書かせて作った回覧誌。３号にはエスペラント語の誌名もつけていた

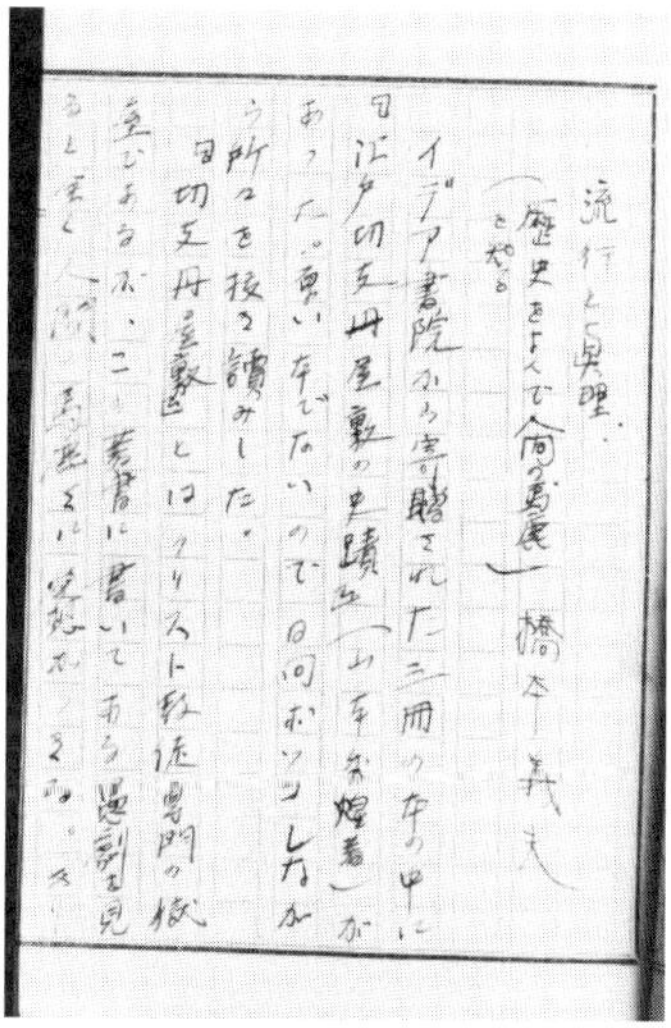

現存する最も古い手書き稿の一つ
（大正15年）

くゆくは農村図書館をつくり、そこをセンターにしようと目標を立てた。大正十四年、大正十五年とだんだん伸びてゆき、地道な教育運動となった。井上栄蔵、井上金治、井上助次郎の三人はわけても熱心であった。

　昭和二年には青年その他子供等の集まりのために、小宮村上中野で井上栄蔵君を中心に「教育の家」が始まり、由木村では小谷田隼人君が中心に「教育の家」を始めた。

　ここで青年や子供等に文を書かせるために回覧誌なども出した。『自然人』は小型原稿用紙を各自が書いて綴じた回覧雑誌で、大正十五年十月頃創刊した。『自然人』三号と四号、それに『揺籃』創刊号が戦災を免れて残っている。表紙の文字は八王子小門の電気屋の息子佐々木政視君の字だ。『揺籃』をみると勿論私がつけた名前だが、井上栄蔵君が殆ど全力を傾けている。

　政府の提灯持ちもしない。偉い人や有名人、政治家、指導者、そうゆうものを先に立てたりしない。全く無名、無力な田舎青年、そのものが必要なりと心に浮かんだままを一生懸命やっていたのである。

　『自然人』四号の巻末をみると、「自然人社講座開設」の梗概と青年等の講座受け持ちがのっている。それから「編集室だより」がある。「いよいよ一九二七年が終わり、新しい年が来る。身も魂も新しくして目的に向かって進めましょう。先ず「教育の家」の建築と書店（本屋）をすることです。これが出来ればしめたものです。本気になってやりましょう。「自然人」誌も一つ物ばかりでなく、色々何でも出して試みましょう。将来は「自然人」が出版されて売れるようにしたいです。

　来年こそは、生き甲斐のある年にしましょう。小さくても、本当のことをしましょう。

　一月二日早々「自然人講座」を開きます。自分等は何も知らないけれど、行わなければなりません。青年の意気あるのみです。ご参会下さい。

　昭和二（一九二七）年には当時百二十円もしたオルガ

ンを購入、さらに拡充すべく募金の趣意書を印刷している。また、『教育の世紀』(昭和三年二月号）に井上助次郎が「自然人教育の実態」[*2]を発表。青年達が開いている日曜学校のことを紹介し、集めた少年達の作文ものせている。

昭和二年に出した「自然人社の教育」（参考資料1）並びに「募金趣意書——「教育の家」と「農村小図書館」と其の建築なぞについて——」という活版印刷の文書が残っている。

「教育の家」と「農村小図書館」建築の募金活動はうまくいかなかった。趣意書を刷ってからおよそ四十日後に、八王子市内で書店を経営し、良い本をみんなのために提供したいという方向に進んでいった。

一九八三年、義夫が往時を回想した「上中野と楢原」で「教育の家」の運動を総括している：

この回覧機関誌をみて驚いたのは、今やっている「ふだん記」（十一章、十二章参照）と殆ど同じことだ。万人（みんな）に書かせる、競争しない、劣等感を与えない、上手だ下手だと言わない。来るものを問わず、去るものを追わない。もとより、それを利用して何か得をしようという考えがない。

半世紀以上前に普通庶民青年が自分等の意思で社会の必要に向かって実行を試みることは今考えてもよくやったと思う。

青年禁酒運動、悪習慣や迷信の打破

運動が始まった頃を『丘の荒野』中の「青年禁酒運動」に書いている：

各地の青年会が修養、社会奉仕、体育と言うが如き内務当局のお題目によって修飾されているが、その内容は夜遊び、飲酒の教習所である。我が青年会もご他聞に洩れなかった。大正十五年一月十一日にいたって青年会総会は開かれ選ばれて会長になった。此の日例によって例の如く酒のために論議が始まり、閉会後夜になって飲酒は続き、果ては喧嘩が始まり巡査まで必要になった。

自分は深く考えた。此の時だ！　翌十二日にビラは印刷所に依頼された。一月十五日此の日だ！　青年排酒運動の爆発が始まり雄々しき戦闘の幕は切って落とされた！　ビラは出来た。楢原青年は団結が出来た。若い婦人にも宣伝をした。青年はビラを散布に駈け走った。

二十日の夜役員会に於いて青年は公会に於いて飲酒せざる事という申し合わせをした。続々として同志が加わった。かくて一月二十八日高幡不動尊に行き、路傍宣伝をしてビラの配布を始めた。二十九日　青年排酒同盟会の名が生まれた夜、青年研究会を開き街頭演説の練習やら禁酒の歌を習った。

意表にでて演説をやり、近村を動かし、八王子市で演説をやり、三里も五里も若者を連れて行く。署名簿を作って若者が近村近郷に行く。青年等の事だから勇気があって何処へでも行く。小宮村、五日市、東秋留、西秋留、由木村、元八王子村、八王子市等で街頭演説をやる。[*1]丙午の迷信打破、生活改善運動もやる。小学校等もまわる。宗教運動（キリスト教）、読書運動を始める。

それが新聞を賑わし、世を驚かす。街道に看板がでる。あまり例の無いような活動である。これは実はキリスト教の伝道から学んだのである。（このキリスト教伝道はアメリカに起こって伝播したものである）それが八王子は勿論、西多摩郡、北多摩郡にも拡がっていった。朝日新聞全国版に取り上げられ、各地から視察に来たり通信があった。愛知県では県で取り上げ、群馬県からは視察者が来た。地方から多くの参加者が現れた。

愛知県の依頼を受け、橋本義夫が書いた「青年排酒運動について」という四頁の文が『愛知之自治』（大正十五年四月号）に掲載された。その要旨：

団結は強い。排酒者を団結せしむるためには近きより遠きへ。小より大へ。少年より青年へという如き順序を踏んだ。第一に飲まざる者を団結せしめ、第二に好まずして飲む人の酒杯をなげうたしめた。以上の人を家に招き読書や弁論を修得せしめんとして一週に一度日曜日に研究会を開いた。漸次夜遊びの如き悪習慣を去らしめ高尚なる楽しみに満足させしめ、智識の向上を計り、飲酒者をして同盟会員の向上に驚き覚醒せしめ、競争心を起こさしめて飲酒を排すべき原因をつくるべく努めた。

「千九百二十六年　青年排酒同盟会」と毛筆で表書きされた帳面二冊が現存している。

「重要日誌」と「会員名簿」である。義夫がリーダーとなって活動した記録としても注目される内容を含んでいる。青年排酒同盟会の活動は当時の八王子と周辺町村にとどまらず会員を拡げ、単に酒を飲まない運動というのではなく、悪習慣の打破といった社会改良の意識が強かったことである。

「重要日誌」を見ると橋本義夫は会の主事、宣伝部の理事となっており、会の維持費として、父喜市の名前で総収入の三分の一に当たる五十円を寄付させている。

注目されるのは排酒運動のみならず悪習慣や迷信の打破に目を向けた活動だったことである。同年三月二十二日に、〈丙午《ひのえうま》という如き迷信によって束縛せられ死刑の宣告を受けつつある九十余万の同胞[#5]を救い、将来此の如き種類の迷信を徹底的に駆逐する事を目的とする〉丙午迷信打破同盟会を組織した。会則に〈会員は自分自身にて結婚を進みてなすがもちろん同情心によって行動してはならぬ。学校、青年団及び家庭に於いて常にかかる種類の迷信を打破せしむべく努力する事。講演会及び野外宣伝をなして白熱的に行動する事〉などが入っている。

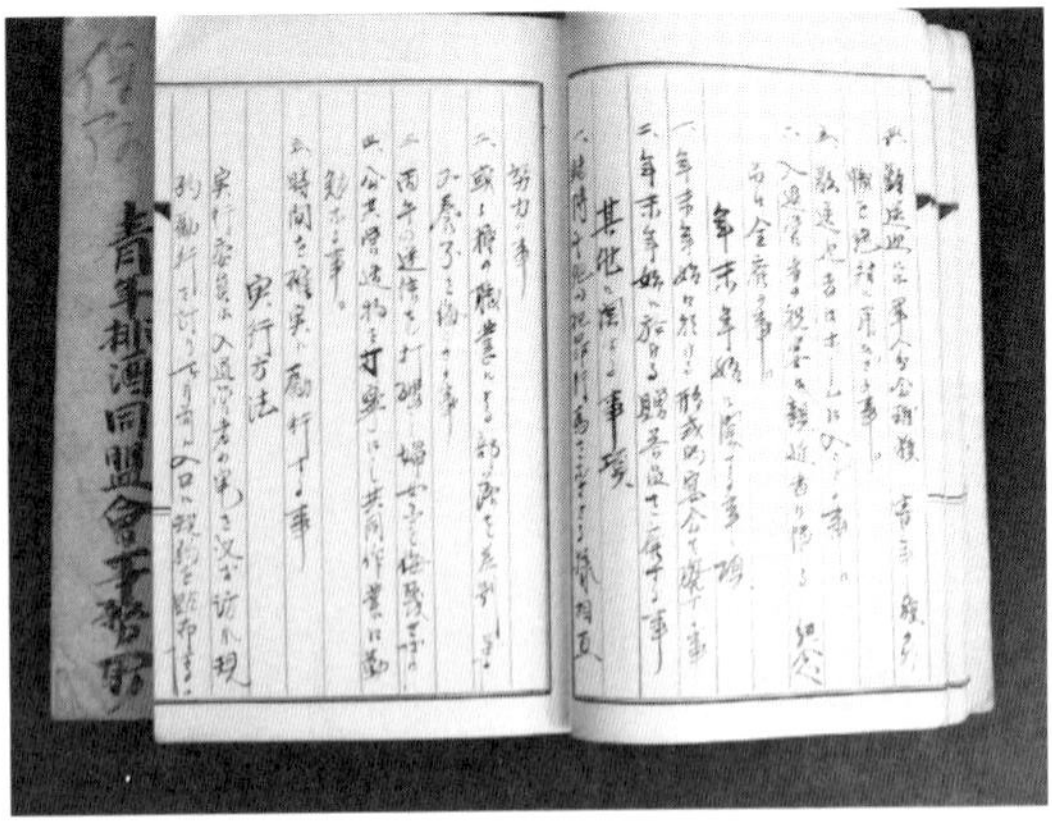
青年排酒同盟会「重要日誌」の悪習慣打破について記している部分

農民問題研究会

義夫は『商工日日新聞』に「困難な農業問題」（1961・6）と題し、大正十五（一九二六）年に農民問題研究会の立ち上げを計ったが反応は鈍かったことを書いている（抜粋）：

手許に私たちが作った印刷物が一葉残っている。小谷田隼人、井草市郎両氏と私とが企画した「農民問題研究会」である。大正十五年の夏、小谷田氏と私とで由木村松木の井草氏を訪ねた。井草氏が趣意書を書き、私が南新町の田口印刷所で刷らした。

井草市郎氏の文は「政府当局のお役目的政策や都会の学者の気まぐれ的研究に委し、農村に与えられた運命を甘受するだけではならぬ。我々は進んで農民独自の権威ある研究団体を創設したいと思います」と書き結んでいる。

この研究会は九月十二日八王子寺町「桑都公会堂」の小室で行われた。

戦前の農民運動を指導、戦後は思想・文化運動や著作に力を入れた渋谷定輔[#6]の『農民哀史』に橋本義夫との接触・交流の様子が記録されている。大正十五（一九二六）年五月、義夫は下中弥三郎、大西伍一、渋谷定輔らの農民自治会の会合に出席、翌年の全国連合委員に名を連ねた。

農民哀史[*3]から抜粋：

大正十五年五月三日私が軍隊に入った日の担当者であった岸清次伍長に紹介された橋本義大君から手紙が来た。「「自治農民」偉いものが生まれた。生まれるべくして生まれた。僕はだれか作るだろう、だれか作るだろうと思っていた。僕は非常にうれしい。砂上楼閣の倒壊するときは来た。都会文明という幽霊を倒すときは来た。貴兄のお宅を訪問します。僕もある種の貧しい運動をやっている関係上、一市三郡にわたって同志を少し集められるかも知れません。またいずれ……」私は手紙を読み終わって感激した。岸伍長の紹介の手紙によると、橋本君は地主の息子だそうだが、真に〝農民自治〟の立場から、農民自治会の趣意・綱領・規約に賛成するものは、地主だって結構だ。もはやもてるものは、もたざる者のための力となるときがきたのだ。

橋本君の手紙には次のようなリーフレットが同封してあった。「青年は先駆者だ！　知識や、良心や、愛で充てる青年諸君に訴う。「土百姓のくせに」「無学のくせに」「貧乏人のくせに」「女のくせに」「ジャップのくせに」とののしられて怒る人は、他人を侮蔑してはならない。牛馬を殺す人を侮蔑するなら、殺人道具を持っている人はより侮蔑されねばならない。皮の製造にいそしむ人が卑しければ、人糞尿を取り扱う百姓はより下等でなければならない。手工業によって生きる人の血統が汚れているなら、刀を二本腰に差した血統はより劣等だ。青年よ！　若き婦人よ！　科学と道徳と愛を基調として因習と戦え！」「ヒノエウマがいかに多くの若き婦人を自殺せしめ、あるいは堕落せしむるかは新聞で君は知っているだろう。何の科学的根拠で九十万の同胞を苦しめるのだ！　何の基礎あって彼女に死刑の宣告を与えるのだ　考えよ！　この馬鹿らしき迷信を打破せよ！　この馬鹿らしき迷信を！（丙午迷信打破同盟会[#5]）橋本義夫君のこういう社会運動が、農民自治会の運動への共感の根拠にあるのだろう。

4　手紙に残る活動と交流の跡

岸清次から義夫宛

義夫より一歳若い同郷の岸清次[#7]が入営先から「八王子市外　川口村　楢原　橋本義夫兄」の宛名で送ったハガキは十通残っている。兵役を終えてからも手紙は続く[*7*8]。その頃の義夫は農村文化運動に力を入れだした時期で、彼らの熱情が感じられる。その一部から部分抜粋した。

◇いま代々木から帰ったところです。早速御たよりを拝見

農村文化運動時代の岸（左）と義夫
（大正15年）

致しました。街頭宣伝、街頭演説、実際痛快です。大分同志も出来たようですが、そうならなければうそです。（大正十五・二・十三）

◇兄にお知らせしたい一人の男があるのですが。来週の日曜には行けると思います。（二・二十三）

◇青年排酒同盟　橋本義夫兄宛：益々兄弟の活動の必要を感ずると共に兄弟に対する迫害を思わぬ訳にはまいりません。時節柄自重して益々ご活動の程祈ります。（四・六）

◇今日「自治農民」一部をお送りいたしました。若し御閑が御座いましたらお読み下さい。渋谷兄〔前節　農民問題研究会参照〕は今年まだ二十二歳前途有為の青年です。兄と進む道はあるいは違うかも知れませんが、その意識など兄を喜ばすに充分な人だと思います。若し語るにたるとお思いでしたら直接埼玉の方へお願いします。（私に手紙を書くときには渋谷を赤土と代えて書いて下さい）その後の兄の活動ぶりなどをお知らせいただければ幸いです。（四・二十六）

◇二伸　既にお読みになったかも知れませんが、渋谷兄の詩集『野良に叫ぶ』一度は読んでおいていい詩だと思います。一読を薦めます。……返信無用（八・十）

◇自然人社　橋本義夫兄宛：二十円借りてきてやっと現在の家に移ったのは昨年の昨日でした。その上、会社の方は容易に入れず暮れは迫る相当に苦しい時でしたが、兄から贈られた聖書を読み耽り不安の内にも父なる神の摂理を思い平安は与えられました。一週間を兄の家に厄介になり、その上兄弟の小遣い銭まではたいて帰ったのは既に一ヶ年前……。兄の事業にも必ず多くの障害はあり又迫害さえある事と思いますが義のために責められる兄は幸福だと考えます。（昭和二・十二・六）

義夫が在学中の弟重能に出した手紙から

義夫は『丘の荒野』中に「書簡　弟の教育」と題し、五歳年下で農林学校在学中の弟重能に宛てた十通の手紙を書き写している。その中で、大正十三（一九二四）に出した

当時の義夫の思想・信条がわかる最も長文のものから‥

（前略）新聞をよくご覧なさい「今度の総選挙と農民」「政治と人生」この二つの問題を考えてご覧なさい。

　先日の文をちょっと批判を許されよ。どうも文章は平仮名で縦書きがいい。横はどうも日本の字は親しみがわかない。句読訓点の付け方を習いなさい。やりつけると大変いいようです。文の材料をいい気持ちで見ました。だんだん苦心すれば作れましょう。

　塩井式の形容は七、八十年前のものですから、新しい文学をのぞこうとするものには、大いに注意する必要があります。例えば春は心が躍り秋はもの寂しいとか、又は夜はさびしいとかいう風に簡単にさびしいとか悲しいとか直接に書くことなく、君が自然に、正直に感じたことを赤裸々に書けば立派な文となる。例えば桜花の散るは塩井式の昔の人がいうように決してさびしい物悲しいものでもないし、蝶が夜露にしめっているのは、必ずしも勧善懲悪式にならなくてもいいと思います。君自身の心に正直にうつった姿を赤裸に書けばいいと思います。だから今画にしろ歌や詩にしろ、文章にしろ、個性というものが叫ばれています。個性とはその人自身にひっついた特異性とその美を表現するその人固有の方法をいうのです。

　社会主義や共産主義でもいたずらに恐れずに読んだり、研究したりすることはきわめて必要なことです。危険思想だなんて言ってしまって研究しないのは馬鹿の骨頂です。軍国主義や資本主義や今の政治家たちもそれ以上危険物です。

　君が田園生活をしたいのなら田園美学を独学したまえ。理想的な田園生活を君と共同で理想的な思想で実行したい。

　勿論現在の家では駄目だが腰弁当になってもいい兄貴たちの馬鹿に命令されるよりは技術員でも小学校教員にでもなる方がずっといい。兎に角あまり大きな理想は現実には力が無いことだけは承知したまえ。

　現在の日本の家長制度（家族制度）もよく研究し給え。それから男女平等問題や農民の事なぞ。

　何でも流行語も知らなければならない。ブルジョア、プロレタリア、ボルセビキー、エクスターシー、虚無主義、偶像破壊、社会政策、とか総て文学雑誌や中央公論、改造なんかにある言葉はよく覚えていなければ駄目だ。

　外国文豪、トルストイ、ドストィェフスキー、シェクスピア、ユーゴー、ホイットマン、ツルゲーエフ、ゲーテ、ハイネ、

哲学者ではプラトン、ショッパンハウワー、カント、リッケルト、なぞ、

画家ではセザンヌ、ミレー、ゴッホ、ロダン、ミケランジェロ、フラ・アンジェリコなぞ。その他思想家のクロポトキン、バクニン、レーニン、ラッセル、なぞ。

又日本の有名な政治家、思想家、画家、作家、詩人、社会主義者、労働運動家など皆知らなければならない。こうゆうことは一つのノートに書いて自ら覚えねばならない。

毎日新聞を見て一事を覚え、雑誌を見て感激するのは、植物が滋養分をとるようなものである。勉強することは多すぎる。

日曜にはまんじゅう屋や野球テニスにつっかからず、一冊の本を持って山に行って読み、ペンをもって歌文章を作れば、どのくらい有益か知れない。一つうんと勉強して欲しい。小説だって、詩だって歌だって、新聞雑誌を読むのも教科書を読む以上の勉強である。出来たら二人で田園生活を理想的にやろう。宗教的生活もある。何でもある。数学や科学はあまりに研究しつくされた。まだ人生や文学や思想は研究されていない。それらは形式的に上級学校へ行くことでは無い。自分の真面目さと勉強次第だ。

兎に角、兄貴たちや姉たちに負けてはならない。彼等はあまりにお愚鈍だ。忍従も道徳だが、反抗も道徳だ。不正にはあくまで反抗せねばならない。今度八月の休みまでうんと勉強したまえ。勉強して死ぬのは少しも後悔するところはない。

真に或る真剣な勉強のためなら、学校なんかいくら怠けても落第しても恐れることはない。かえって非常に喜ぶべきものだ。今度は家族主義の非を書いてよこし給え。其の他何でも意見があったらガムシャラに書いて呉れ給え。ゆき〔妹〕も大変よろこんでいる。

また書きますよ。御返事を待つ。お身体大切に。それから私に寄せる手紙に敬語なんかいらない。自然のままでよい。

5　東京で過ごした三ヶ月

残されたメモと手紙から、二十五歳の義夫が農村から離れ、東京郊外で過ごした時の行動を探ってみた。ほとんど資料はないが、在米十七年、アメリカ帰りの親類大澤昌寿の下で、田舎育ちの若者は学習もし、挫折も味わったのであろう。また、内村鑑三や賀川豊彦の説くキリスト教に直に接する機会が出来たのもこの時であろう。

『ニール河の草』の中に挿入してあったメモに[#3]〈一九二七年二月、大澤昌寿氏に招かれ[#9]〔四月末まで〕『カルチュア』発行の手助けをした。これは全く冷汗もの。東中野上ノ原大澤氏宅に泊まっていた〉とあるが、十分期待にこたえられなかったようで、五月中旬生家に戻った。義夫が始めた排酒運動同志会の会員名簿に大澤の名前が顧問として記されている。

〈友人岸氏は玉川電車に勤めていたので、時々中野へ来た。〔生家に〕戻る前「世田谷の岸氏の家に十五日くらい住んだ〉と交流を記し、〈後に岸が大澤から「カイロプラクチック」技術を学び、生業となった〉と書いている。若い義夫や岸が大澤の土産話を聞いたことは想像できる。

この東京滞在中に〈人も若干訪問したり、見物もした〉とメモで簡単にふれている。

義夫は五月中旬頃村に戻った。〈再び郷土運動に加わったが、不在の間でも同志の進歩は目覚ましく、キリスト教から漸次社会主義的になった〉と記している。

賀川豊彦の講演会に参加

義夫が東京東中野の大澤昌寿方にいた時に弟重能（東京府立農林学校在学中）宛に出した手紙は住所の後に自然寮と記している。詳細は不明だが、大澤が導入したカイロプラクチック療法の研修生向けに用意した寮で義夫が命名したのかもしれない。手紙の要旨：

賀川先生[#10]の講演会がありました。二十四日夜参りました。随分大きな――日本一の――教会ですが一杯に溢れていました。私たちも大声で百万人運動の歌を、教会も割れよと叫びました。帰宅したら歌いましょう。私はいよいよ本物のクリスチャンになりました。イエスの友会員に申し込みをしました。〔中略〕先日禁酒同盟からお送りしたビラ二千枚は寄贈品ではなく僕が買ったもの、出納簿へご記入下さい。なお、賀川先生の百万人運動のリーフレット「神と日本の更正」を一千枚。〔中略〕宗教的な愛国的な講演会も講師はいくらでも頼めます。（下略）昭和二（一九二七）年二月二十六日

6　二十五歳頃に書いた文章から

「真理を求めようではないか」[*11]が注目されるのは、義夫自身が一九六一年に再読し、「心の焼印　三十五年前の文――若い心に」の題で地方紙にその頃の思いを持ち続けていると書き、さらに〈七十八歳の今、中身の底にある情熱は変わらない〉と八〇年に追記したことにある。[*16]昭和二（一九二七）年秋、東京府立農林学校の校友会誌に寄稿し

たものの要旨：

　私は断言する「真理は永遠に生きている」と。然り真理は永遠に勝つ、同時に虚偽は永遠に敗北だ。諸兄よ、何故私がこんなことを言うか、恥しい話だが〝真理が勝つ〟という自明的なことが判って来るまでに二十数年の長い年月を要した。信ずるに何十ヶ年を要するだろうか。「バベルの塔や空中の楼閣は幾度試みられても果たせるものではない。我々は虚偽の楼閣を築こうとしたが皆倒れてしまった。倒るべきものが倒れた、それを嘆いてはならない」

「今の私に真物《ほんもの》があるであろうか、有るには有る。ほんの少しある。それは「ほんとうに生きなければならない」という事と、「愛さねばならない」という慾望が有る。僅かにそれだけが私のもてる真物であろう。他は殆んど全部嘘の結晶である。

　ホイットマンの詩「汝法廷の審判に立てる極重悪人よ」を読め！（引用詩文省略）

　ホイットマンの詩は善人ぶり嘘ばかり言うてる私の肺腑をえぐる。

　ペスタロッチの有名な「新年演説」を聴け、「私はもう疲れた。神は地上を去れよと命じている。そして一生涯のなせし事業の報告書を差出せよと命じている。嗚呼自分は神に対し、社会に対し、又自己に対し満足な報告をすることができるであろうか？　此処にある柩が唯一の隠家であり慰籍であります。」

　キリスト教の今日あるは使徒中の最大なる使徒パウロの力であった。ポーロは「噫われ悩める人なるかな、此の死の体を救わん者は誰ぞ！」と嘆き「悪人の頭」と自称していた。自己の不正を知っている人だった。そこに強き力が湧き出たのではないか。

　諸兄よ、真理は永遠に勝つ。ルーテル曰く「酒は強い、帝王はより強い、女は更に強い、真理は一番強い」と。虚偽は白く塗りたる墓だ。それは必ず倒れる。私も此の駄文も嘘は石の上に一つも残さずして亡びるのだ。諸兄のやっている事業も貴兄自身も真理だけは残る。本物がなければ貴兄の動物的生命と共に一つも残らず亡びるであろうことを確信する。校友会の諸兄よ、真理を求めようではないか。先ず自己の虚偽を知り、それを葬り去り、新らしく生れようではないか。カアライルは言う「人生は捨身から始まる」と。

ノートから

　昭和二（一九二七）年は農村青年達と色々な活動をした頃で、揺籃社《ようらんしゃ》書店を始める前年である。この時代に書かれたノートが一冊だけ残っていた。[*6] 三ヶ月東京市郊外に住んだ体験も感じ取れる文や公園で野外説教をした時のことを書いた文もある。その中から八テーマを選んだ：

◇都市居住者の神経：都市居住者の神経は二つに分裂している。即ち衣服、食物、住居などの金銭価値の競争や、流行の追撃などの神経の強烈さは驚くべき過敏さである。しかしながら、音響や色彩に対する神経や自然や空気や土に対する神経の弱さは驚くほどである。

自動車に乗って所嫌わず泥や塵を四散させたり、ケバケバしい［挑］発的な服装［を］して労働者の中をグングン歩ったり、上手でもないピアノを弾いて財産や美なぞを発表する神経なぞは驚くばかりである。

厚い衣服が必要の時は狂的に厚いものを欲し、うすものが必要になれば狂的にうすものを要求するところなぞは確かに都市生活者の病的神経の表れである。

（一九二七・四・二）

◇浅いとは：「賀川氏[#10]の宗教は浅い……」これは某宗教家の話である。それは多分、生活を論じ（パンの問題）労働運動に足を入れているからであろう。

が然し、教会堂の中でのみで外に出ない、出られない、講壇宗教に何の価値があろう。過半化石［化］してしまった形式的、偶像的宗教に何の宗教的価値があろう。それは精神的という仮面をかぶせた最大の物質的無価値生活に他ならないのだ。

神学や哲学で処理したる宗教、それは深いのではない。否、反って浅い証明なのだ。

宗教とは神、生命、永遠、無窮への本能的、先見的信仰を表現したものにすぎない。だからこうも言える。即ち理論上、理論の処理し得ざるところが宗教の始めである、と。要するに理論的なものは宗教というよりもむしろ哲学なのだ。理論によってのみ生きる宗教家は浅いのだ。凡俗宗教家が浅いと称するのは必ず浅いとは定まらぬ。反って深い場合が多い。

宗教は理論ではない。実験的で本能的で実行的なところが生命である。（四・四）

◇私は羨望しない：成金たちの邸宅も、金満家の財産も、大地主の不動産も私は羨望しない。政治家の地位も、将軍の勲功も、華族の家柄も羨望しない。婦人たちの美しい顔もその装身具も、メカシヤの服装も、学生たちの生活も羨望はしない。何故であろう？

財産も名誉も、金銭も地位も、彼等の死と共に滅び去るべきものである。乞食の死も帝王の死も、成金徒輩の死も、皆同一の運命なのだ。如何に生前において多くの物質を所有せりとも、彼等の呼吸の止まると同時に全部滅び去ってしまうのだ。

だから私と成金と死後においてどれだけの、差があろう。私と華族とどれだけ死後に差があろう。衣服も金銭も地位も美も持ち合わせはないけれど結局は同一なのだ。

この一事は少なくとも痛快なことである。だからもう人を羨むまい。(一九二七・四・五)
◇羨望すべきは：羨望すべき人は誰だろうか？　それは永遠の生命の所有者だ。真善美の所有者だ。愛に生きた人たちだ。(一九二七・四・五)
◇無抵抗の強さ：四月十七日に八王子藤森公園で夜説教をした。桜が散り始める頃であったし、公休日でもあったので恐ろしい人出であった。同志は交々神の国を説いた。花見と説教とはかなりそぐわないものだし、殊に人家の無い公園の月の明かりでやるので危険率は一層高い。野次も相当あったし、酔漢が散々キリスト攻撃の演説をやったのは面白かった。不良青年も酔漢も無抵抗主義には敵し得ないことを知ってうれしかった。(四・一七)
◇未知の兄弟へ(雑誌自然人の巻頭題言)：未知の兄弟この小冊子に随分嘘も書かれていると思う。兄弟にも嘘が有ると思うが橋本義夫という男にも嘘が有る。
然し未知の兄弟よ、私は信じている。それは虚偽の滅びると言う事だ。そして真理のみが残ると言う事だ。此の小冊子の中の虚偽が滅びる様に橋本義夫の中の虚偽は全部滅びる。兄弟も姉妹ももちろんそうだろう。

兄弟よ！　姉妹よ！　此の小冊子の中に何かあったら拾って貰いたい。何も無かったら捨てて欲しい。虚偽は遠慮なく葬って貰いたい。

兄弟よ！　姉妹よ！　此の小冊子も、兄弟も、橋本義夫も、あなたの教えを受けたがっている。[日付無し]
◇失敗せよ：「失敗して困ります」と兄弟はよく言うが私は失敗もしないほど怠けている。何も為さなければ失敗もしない。失敗しないことは大なる失敗である。支那の言葉に「人誰か過ち無からん、過ちて改むる善これより大なるはなし、過ちて改めざるこれを過ちと言う」とある。
「我は正しき者を招かんとにあらで、罪人を招かんとて来たれり」(マタイ九章十三)イエスの宗教は罪人の宗教であり、失敗者の宗教である。だから自己の罪を意識しない人々や、失敗しない人には何も解らない。

失敗することは失敗もせず無為に過ごす輩よりも成功なのだ。(殊にイエスの宗教に生きんとするには無為は大禁物だ。)

信仰に入らんとするには机上に宗教書を山積みすることでは無い。それは失敗することだ。罪悪を犯したることを自覚することだ。無力を知ることだ。「赦さるること

の少なき者は、その愛することもまた少なし」（ルカ七章四十七）

何も為さざるは失敗するよりも以下である。善人なりと自負することは罪を犯すよりも以下である。［日付無し］

◇真物：上手に書こうと思っても、それが真物でなければうまい原稿は出来ない。威張るために事を行っても其れはほんものにはならない。雄弁が目的でいくら喉を痛めても人の胸は打たない。

ほんとうに　ほんとうに書け／ほんとうに行え／ほんとうに語れ　［日付無し］

第2章　注

＃1　商工日日新聞に連載した記事は一九九三年に『ふだんぎ』83、85号、『八菅のふだんぎ』33号、『あしかがふだんぎ』22号、『ふだん記広島』17号、『あいちふだんぎ』28号に分割掲載している。

＃2　小川は川口村楢原へ自転車で、義夫も小金井まで自転車で訪ねたことがあった。学校での数少ない友人。若い頃の手紙が残る。後に小金井町長や都議会議員になっている。

＃3　1923、7、3、国府津文学館にて購入と書き込みの残る木村荘八著『ニール河の草』の中に挿入してあった三千字弱のメモ。作成時期は不明だが内容から一九四〇年七、八月頃と推定している。

＃4　森田は義夫より五歳年上で、昭和初年頃まで義夫と交流があった。義夫が始めた青年禁酒運動の同盟会会員名簿にも載っている。大正十五（一九二六）年安部磯雄、吉野作造らの独立労働協会結成に加わった。無産党で活躍し、八王子市会議員も昭和四（一九二九）年から二期務めた。義夫は昭和十二年森田が亡くなるや武蔵毎夕新聞に「時と人」の題で無産運動の先駆者を追悼、戦後の五八年には、商工日日新聞に追想記事を書いている。[*14]

＃5　「丙午生まれの女性」にまつわる迷信から、当時結婚適齢期にあった明治三十九（一九〇六）年生まれの女性と結婚するなという風潮を打破しようとする活動で、大正十五（一九二六）年三月に義夫が音頭を取って組織を作った。33ページの農民哀史からの抜粋でも義夫の送ったリーフレットの引用がある。

＃6　渋谷定輔から義夫宛の年賀状（一九七六年）が残る。「五十年ぶりのごぶさたというわけです。色川大吉氏の文章を通してあなたのご活躍を知り深く喜んでいます。私は生地の埼玉富士見南畑で、今日も、農民と市民の運動に全力投球を続けています。今年はぜひお会いしたく思います。」

#7 岸清次の当時の姿を義夫は「髪の長いホトケサマ」[*13]の題で地方紙に書いている。軍隊勤務中極めてまじめにこなしながら信用を得て、横行する新兵いじめ（私的制裁）の廃絶に努めた。初年兵達が密かに呼びかけ毎月一人二十銭ずつ集めて彼が除隊する時、当時二十五円もした懐中時計を贈り感謝した。当時は社会主義的傾向のあるクリスチャンだった。一九五五年から立川市市会議員（共産党）を四期務めている。党員外にも人望があった。

#8 『農民哀史』大正十五年一月十日をみると、即日除隊になった渋谷を初年兵の係である岸伍長が介添人となり中西伊之助宅まで送ったこと、話し合ってみると急に親近感が湧き、写真館で記念撮影をしてもらい再会を約して別れたとある。また、『農民哀史から六十年』[*4]（一九八六年）では「五時間の軍隊生活」という題で岸とのふれあいとその後を詳しく書き、この時の二人の軍服姿の記念写真も掲載している。なお、中西伊之助は一八八七年生まれ、当時から渋谷と昵懇で、社会運動家、プロレタリア文学者として活動、戦後最初の衆議院議員選挙で共産党から出て当選、二期務めている。義夫は一九二六年七月、紅潮社倶楽部講演会に出席し中西伊之助の演説を聴いたと書いている。

#9 自由民権運動で活躍、明治二十二（一八八九）年に由木村の初代村長となった大澤信重の長男。若くしてアメリカに渡ったが、家を継ぐはずの弟が亡くなったことにより一九二三年に帰国。カイロプラクチックという療法をアメリカから導入し日本で協会を設立し、初代会長となった。後に由木村村長も務めた。義夫の祖父三郎兵ヱ（嘉東次）はこの大澤家から橋本家に婿入りした。

#10 賀川豊彦、キリスト教社会運動家として知られ、消費組合運動、近代労働運動、農民運動など多くの分野で先駆者として活動。一九二〇年自伝的小説『死線を越えて』を出し、広く知られるようになった。義夫と共に活動した岸清次、井上栄蔵（英三）らは賀川から洗礼を受けている。

第2章　参考・引用文献

＊1 井上栄蔵、弔辞、四宮さつき・香川節編、橋本義夫先生追想集：220～、ふだん記全国グループ、一九八六

＊2 井上助次郎、自然人教育の実態、教育の世紀6（2）：90～、教育週報、一九二八

＊3 渋谷定輔、農民哀史、勁草書房、一九七〇

＊4 渋谷定輔、農民哀史から六十年、岩波新書、一九八六

＊5　野崎衷、手記でつづる農林学校の歴史、多摩のあゆみ38：44～、一九八五

＊6　橋本鋼二、橋本義夫の昭和二年日記風原稿から　1～5、旭川のふだんぎ21～25号（連載）、一九九二～一九九五

＊7　橋本鋼二、若き日の橋本義夫と岸清次 ── 詩人・農民運動家渋谷定輔との交流も含めて ──　ふだん記雲の碑26：176～、二〇一〇

＊8　橋本鋼二、若き日の橋本義夫と岸清次の交流を中心として　揺籃社開店前後、ふだん記雲の碑27：185～、二〇一〇

＊9　橋本鋼二、橋本義夫の書いた「関東大地震（大正の大地震）、その思い出」、ふだん記雲の碑29：1～、二〇一一

＊10　橋本義夫、小さな希望、東京府立農林学校校友会会誌17：15～、一九二三

＊11　橋本義夫、真理を求めようではないか、東京府立農林学校校友会会誌22：13～、一九二八

＊12　橋本義夫、丘の雑木、地方文化運動記録（二）、地方文化研究会、一九六〇

＊13　橋本義夫、髪の長いホトケサマ、雲の碑　地方の人びとⅠ：104～、多摩文化研究会、一九六六

＊14　橋本義夫、先駆者森田喜一郎、雲の碑　地方の人びとⅡ：70～、多摩文化研究会、一九六六

＊15　橋本義夫、牧場主の娘　マチルダ・ハッチャーと山室軍平　附 ── 中学生の日記から　小谷田清の思い出 ──、一九七九、ふだん記全国グループ

＊16　橋本義夫、心の焼印、時の魔術師の手のひらに：107～、ふだん記全国グループ、一九八〇

＊17　橋本義夫、沙漠に樹を　橋本義夫初期著作集、（八王子に於ける教育運動　薫心会を中心として）、揺籃社、一九八五

＊18　保坂一房、二十世紀多摩地域の教育　地域とともにあゆんだ学校、多摩のあゆみ100：238～、二〇〇〇

第3章　書店揺籃社の開店と結婚

揺籃社の初期の包み紙（昭和３年）

大正十三（一九二四）年頃から続けた地方文化運動が昭和三（一九二八）年には八王子で書店を開くことへと発展した。国の内外で不景気の時代であった。

この頃の活動で参考になったのは、一九六八年『多摩文化ニュース』[#1]14〜19号に連載した「ようらん社物語」で各回八百字弱と短いが、開店当初の動きや南多摩郡内各地の文化運動にふれている。また、未完の自分史的原稿集『丘の荒野』からも、参考にできるものがあった。

1　農村文化運動から派生した書店

「ようらん社物語」から開店の動機と当初の動きを拾う…

「農村図書館」を作ろうということになり、無い金をはたいて書籍を集め大いに読んだ。本を買いに行く先は八王子である。大正期に初めて単行本が並ぶ書店らしい書店「文学館」ができ、青年たちはその頃文学館で本を集めていた。ところが、文学館が経済的に行き詰まり注文の本も来なくなった。

そのことが動機となり、昭和二（一九二七）年十二月二十九日「八王子で本屋を開き、青年運動をやろう」と井上英三〔栄蔵〕たちに話した。井上が動き、甲州街道横山町二丁目の二階屋を借りた。全国がものすごい不景気だったこともあって、この横山町一丁目はさびれた田舎町であった。明治三十（一八九七）年の大火後に古い家を持ってきて建てたという、傾いて裏にはつっかい棒がある二階屋であった。この家をはやらない洋品屋とで分け合った。間口は二間、大火以後でも三十余年だから、その移転前を計算したら七十年以上にもなろうというボロ屋で、二階に上がると地震か船に乗ったようだった。翌年一月六日井上、岸清次らで荷車を引き、引っ越した。

開店初年の揺籃社（昭和３年）
左から義夫、井上栄蔵、弟重能

スイスの教育者ペスタロッチの言葉「揺籃を動かすものは世界を動かす」から「揺籃社《ようらんしゃ》」と名付け、一月二十日に開店した。弟重能も店で働くことになった。

八王子に出て書店を開いた時、母春子は父に相談せず、親類から特借りして、経費を支出してくれた（父に相談したらものにならぬことを知っている）。

揺籃社の開店にあたって、父喜市の反対に、〔青年文化運動の同志で従兄弟の〕小谷田隼人が取りなしに動いてくれた。創設努力者の一人である。

店といっても僅か数十冊の本を並べただけであり、第一日の売り上げは三円五十銭だった。開店といっても全然素人商売、玄人などに一切聞かぬ、ものすごく売れる〔講談社〕の「キング」をはじめ、諸雑誌も、二冊か三冊しか注文しないという商法であった。その代わり自分たちの理想に近いものは探して並べた。

開店のチラシが一枚残っている。「ようらん社も店らしくなり始めました。どうかこのちっぽけな本屋を育ててやってください〔中略〕もしも非人道的な道ばかり行くようでしたら、最早ようらん社の存在意義を失いますから、その時は断然やめてしまいます〔下略〕」と。

大きい包み紙をハトロン紙で作った。これには「怒れ青年」という自作の詩？　を真ん中においたもので、さすがに一枚も使わず恥ずかしいので保存もしなかった。一枚くらい取っておけばよかったのに、今惜しまれる。

このボロ屋に若い青年たちが多数集合して商売をはじめ、歌をうたったりオルガンを弾いたり、演説をぶったりしたのだから、いくら田舎町でもけだし珍風景で、〔四十年後の〕今でも本当に冷や汗がでる。

開店してからたちまち経営難に陥り、弟は借金に歩き、井上英三君は四月に店を辞めた。

「悪い本を売らぬ風変わりな本屋――自然教育の橋本君――」

開店二ヶ月後の昭和三（一九二八）年三月一日付朝日新聞の東京府下版に載った記事が保存されていた。若者の一途な思いを記者に語っている。この記事が貼ってあったアルバムに一労働者からという同年二月十日付はがきも貼付されていた。よそで金無し何しに来たという態度で冷たく扱われたのに、貴社では油だらけの労働者が立ち読みをしていても親切に扱ってくれたという感謝の手紙であった。二十六歳の理想主義者が始めた商売は、当時の人々にとっても目新しいものであったようだ。記事抜粋‥

昨秋本紙が報じたことのある自然は真理の哲学であり、子供は真理を生むと多くの農村の子供を集め、古びた名もなきいおりの一室で自然教育をしていた南多摩郡川口村の青年橋本義夫君が「自然人社」の同人とともに八王子市横山町に風変わりな本屋を開店した。その名もゆかしく「揺籃社」と名付けた。皆が純真な男所帯で、これらの同人は最初は小さい図書館をたてる計画であったが、一番多く人に接する本屋を開業したものである。利益が目的ではないので始めは店番もなく自由に出入り出来るようにしていたが、悪い学生がかっぱらってゆくので仕方なく店番をすることになった。

義夫君は語る。将来は子供に二階で良い本ばかり見せたいと思う。今の子供の見る本は実際教育には芳しくないものばかりである。子供ばかりでなく読んで良い本が少しも売れないのが遺憾で、私たちから進んでこの本は良い悪いとお客に言うことにしている。私はまた暖かくなれば田舎に帰って青空の下で農村の子供たちと一緒に学び一緒に遊びたいと思っている。

店が親の選挙事務所となり商売あがったり

その頃十分な資金もなく金繰りに苦労していたので、父の金の使い方に不快感を示している。ようらん社物語から：

開店した年の五月に東京府の府会議員選挙があった。私はひどく選挙嫌いだったが、南多摩郡が選挙区で八王子はその中心地なので、父喜市の事実上の選挙事務所にさせられ、おかげで商売あがったりの上に、文化センター〔地方の文化運動関係者交流のクラブ的役割〕も一時預かりとなった。

目の玉が飛び出るほどの金が銀行から引き出され、右から左へ流れるのを見た。開店にも反対し、金も出してくれなかった親父が選挙に惜しげなく大金を使い、終わった後揺籃社に残ったのは六八六番という電話[#2]一本だけではどうかと思った。

その頃、売り上げがたまると銀行へ預金するのでなく、取次として大きかった東京堂へ何回でも送金したが、それでも金が足りなくなると、「カネオクレ　シナトメル」という電報をよこした。腹が立った。

地方の文化運動グループの交流・連絡の場として

「ようらん社物語」では、大正十年代から昭和初め（一九二〇年代）にかけて、八王子を中心とする南多摩地方の各地に文化運動が起こったことに触れ、揺籃社が昭和戦前期の八王子地方の文化運動グループのクラブ的な役割を果たすことになったと書いている：

浅川村〔現八王子市高尾町〕には中里介山が高尾の山裾に住んで盛んに執筆していた。この介山をめぐり、花屋旅館の息子細川喜治や設楽政治その他の諸君が「隣人学園」[#3]を開き、教育的な活躍もする文学芸術傾向の強いグループであった。

山村の恩方村〔現八王子市恩方町〕では松井翠次郎、菱山栄一、塩田真八、坂本権八といった諸君が集まって、生活文化の向上を主に、ある場合には地理歴史、ある場合にはモダンなセンスで、主に青年たちに働きかけていた。松井が南多摩郡の青年会と教育会との書記を兼ねていたことで活発なルートがあった。

八王子市では市川英作、梅澤政晴を中心に大石俊一、安藤聖二〔弁護士〕、山口玄〔医師〕、須田松兵衛〔歯科医〕、その他の諸君が「薫心会」を組織し、多面的な活動をしたが、その芯となるものは、修養、社会教育であった。

川口村楢原〔現八王子市楢原町〕とそれに隣する小宮村中野〔現八王子市中野山王〕では、井上英三、井上助次郎、岸清次[*2]、佐々木正視、井上金次らが橋本義夫と協力して社会的教育的に活動し、それが西多摩郡の諸町村にもかなり影響を及ぼした。

由木村東中野〔現八王子市東中野〕の小谷田隼人、細谷末吉らが楢原・中野グループに触発されて、教育的文化活動を起こし大いに連絡活躍した。小谷田隼人のところが〝たまり〟で、大澤昌寿の家や永林寺〔現八王子市下柚木〕でも会合を開き、我々も出張した。

八王子甲州街道に書店揺籃社を持つことは、これらの諸文化運動がお互いに連絡し、交流する場を作ることにもなった。そして多くの青年・文化人たちが出入りし、或る意味で地方文化運動のセンターとなった。これは昭和二十年の空襲で焼失するまでつづいた。

顧客（友人）の思い出から

「ようらん社物語」では顧客の思い出も書いている：
開店当時の商店員は呉服屋以外、大方は印半纏を着ていた（〔出版社として有名な〕講談社は昭和十五年頃でも）。店では初めは紺地で袖字は漢字「揺籃社」、やがて厚司で袖字は松井翠次郎氏の書いたゴシック平かな「ようらん社」の半纏を着た。私も印半纏姿で注文とりや配達にも飛び歩った。そうした姿でも一人前として受け付けられたのが多摩少年院院長　太田秀穂先生と元八王子小学校校長　平井鉄太郎先生で後に親しく交際する友人になっている。
歯科医須田松兵衛君は約二十年間ようらん社に朝に晩に、元旦から大晦日まで、ほとんど入り浸る一員であった。手紙はその上でも五百通くらい残した。
近くに第一小学校があり、若い有能な先生が多くいた。ほとんど店のお得意になった。（この人たちは後に大方校長になった）山口近治[*4]氏は駅前の酒屋の息子でこの先生だった。国文学の研究が熱心でその参考書を多く注文した。童顔だったが言葉少なく意志の強そうな人だった。その頃『戦旗』[*5]という雑誌が創刊され、沢山売れるようになった。山口氏もこの愛読者になり、やがて上野町金剛院の向かいに住み、若い先生が盛んに往来しているらしかった。これが全協〈日本労働組合全国協議会〉で知られた存在になった。

2 「無所有の生活」へのこだわりと慣例を破った結婚式

『丘の荒野』の「主人なし、兄さん姉さんとよぶ」で義夫はトルストイの思想や西田天香の一灯園、倉田百三の『出家とその弟子』、武者小路実篤の「新しき村」等が登場した大正時代のロマンチシズムの影響を強く受け、自分だけは「無所有の生活」に入ろうという思いが続いていたと書いている。そこで、営業主でありながら、開店時からは店の名義は弟、銀行関係も皆弟の名義とし、結婚しても変えなかった。

ところが店舗移転で同業者の反対にあい、やむなく二つの営業所となるため名義が必要となり、義夫も営業主の中に入った。加えて、商売を始めてから六年くらい後に弟の結婚問題で訴訟を起こされ、やむなく義夫名義にした。〈実際無所有と無役が私の理想であった〉とも書いている。

慣例を破った結婚式と五年後に結った高島田

開店してからほぼ一年後の昭和四（一九二九）年一月二十九日、井出定子と結婚した。義夫二十六歳十ヶ月、定子十九歳二ヶ月である。定子の父光二は義夫の母春子の弟。当時周囲では従兄弟同士の結婚は珍しくなかった。

結婚式やその後の祝い事など慣例をことごとく破って、ほとんど何もしなかった。結婚式は母と母の姉井出キン・庄次郎夫妻だけ立ち会い、義夫はカーキ色の労働服、定子も花嫁衣装ではなかった。伯父夫妻がカンドックリ一本酒一合だけを用意、料理も何にもない。嫁入り支度無し、結婚式後の〝新客〟も〝里帰り〟も何にも関係しなかった。

義夫が村の青年達のリーダーとして、冠婚葬祭など華美になることを悪習慣として、農村文化運動の柱としたのが大正末期から昭和初年のことで、結婚に反対されたからではない。義夫の父や定子の父などは式に出ていない。義夫が母春子を説得して極端に簡素な式を実行した。

築七十年は経つという店舗兼住宅で新婚生活が始まり二年余を過ごし、新しい店舗兼住宅に移った。離婚二十数年後に書かれた往時を回想する文章が見つかった。要旨：

結婚式は私の希望を母がかなえて髪を島田に結わず、束髪に普通の娘たちの着るあたりまえの和服だった。これにふわふわした鳥羽根で出来た髪飾り一つがつけられた。評判の美人だったから、この結婚式の衣装はあとに親類だの知人だのが一度高島田姿に結わせたがった。結婚後五年ほどたって「島田に結ってみようかしら」「いいだろう」というわけで、一度結ったことがある。この時「どう」と明るく笑いながらいった。

すばらしい嫁姿で本当に目映かった。映画の女優でもきたように店の顧客もみんなその立派さに驚いた。五日間くらいだったか彼女の顔が明るかった。目映い姿が今でも残っている。

長男行雄の誕生と早世

昭和五（一九三〇）年一月には長男行雄が生まれた。義夫は〈この子は色の白い玉のような子だった。私も家内も理想主義者だったので、この子が洋行の費用と言って翌月から妻が若干の蓄金を始めた〉と『丘の荒野』で回想している。しかしながら、行雄は夭折してしまう。はがきサイズの死亡通知が残る‥

私たちの行雄は七月二十日地上を去りました。彼は千九百三十年一月十一日に生まれ地上に於ける生活は僅かに五百五十六日間に過ぎませんでした。いろいろ可愛がっていただきました。厚く厚く御礼申し上げます。
千九百三十一年七月二十日　橋本義夫　橋本定子

この数字を並べ立てたような文章には、築七十年の古い家で生まれ、同じ店舗付き住宅ながら、夫婦で努力して目抜きの場所に移った後に、短い命を終えた長男への思いがこめられている。お悔やみの手紙も多数一緒に保存されていた。

印刷された死亡通知と別に、はがきサイズの印刷物が行雄の写真に添えられていた‥

横山町三十二番地で生まれた。行雄という名は〔〝議会政治の父〟と言われた尾崎行雄をイメージして〕祖父橋本喜市がつけた。病名は脳膜炎。遺骸は川口村楢原、念西庵の松樹の傍に葬る

3　繁華街に移転

書籍組合員の反対にあった店舗の移転

昭和六（一九三一）年、横山町二丁目のボロな二階屋から横山町三丁目に店舗を借り、移転した。今でこそ八王子駅周辺が全市の中心的な繁華街になっているが、当時の市の中心と言える最も繁華な街で、三十六銀行（現みずほ銀行）の東隣であった（次頁写真参照）。

しかし、この店舗移転は同業者の強い反対にあい、一時は二丁目で雑誌、三丁目の店で新刊書籍を販売するといった羽目になったが、一年ほどかかって三丁目で新刊雑誌の販売の同意書を書籍組合員から取り付けた。

闘志むき出しの開店挨拶印刷はがき（①）とチラシ（②）の要旨：

①昨秋以来、「書籍のある書店」を計画し種々迫害と困難に闘いました。されど読書人各位の熱烈なる御援助により幾多の苦難を越えて開店の運びになりました。書店道と書店良心に殉ずるも可なりという決心を経とし、読書人各位の御同情を緯として進み行く心算であります。

②もともと好きで始めた商売です。私も書籍道楽、書籍と一緒なら死んでもいいという決心で書店を開きました。「雑誌を売るな」とか「何はいけない」とか雑誌屋さんからいろいろ御声援下さいましたので益々「書籍とともに死ぬ」決心を強うしました。八王子に「本のある本屋」も一軒位あっていいと思います。

ようらん社周辺（昭和14年）
八王子で市販の絵はがきから。多くの自転車が並ぶ店前、左隣は三十六銀行

定子は「一年くらいかかり、やっと手にした」という移転同意書を義夫没後まで持っていて息子に手渡した。こういった交渉事に弱い義夫を補佐して苦労した思い出を伝えたかったのだろうか。

　反対を押し切って繁華街に出店したけれど経営は苦しく、妻定子の提案で文房具類を積極的に販売するようになり、経営は安定・拡大していく。店名揺籃社はなかなか読めないということで、移転してからようらん社を常用するようになった。

　昭和十年には借りていた店舗を千円、大型金庫を二百三十八円で購入、これらの領収書はスクラップブックに貼られ、金庫は定子が買ったと義夫が補筆している。義夫は無所有の生活にあこがれた青年期の思いを拭いきれず、金庫を購入するのに、後ろめたさを感じていたのであろう。八王子大空襲で店舗付き住宅は全焼したが、金庫の中身は熱で傷んだものの無事だった。

講談社ぎらいと岩波書店への肩入れ

　当時講談社社主野間清治は〝面白くて為になる〟雑誌づくりを目指し、大正時代に入って『少年倶楽部』『キング』『幼年倶楽部』などを次々に創刊し、いずれもヒットさせた。昭和初年には〝講談社の九大雑誌〟と喧伝される雑誌王国を築きあげていた。義夫は〈本屋を始め昭和二十年戦災で終わるまで、十八年間、終始一貫、嫌いだったのが「大日本雄弁会講談社」、社主野間清治とその出す本であった〉と書いている。

一方、岩波書店が多くの学術書を出版するだけでなく、岩波文庫（一九二七年創刊）や岩波新書（一九三八年創刊）を出版するなどして、古典や学術研究の成果を社会に普及させることに貢献してきた姿を書店店主として高く評価し、岩波茂雄を敬愛していた。そして〈岩波書店の存在は、大学の数の少ない時代の有力大学に匹敵する〉と文化学術に対する寄与について書いたり語ったりしている。しかしながら、岩波書店が発行する本は、他の出版社と異なり、すべて小売書店が〝買い切り〟扱いとなり返本できないので、小資本の書店で店頭に並べるにはリスクが伴うものもあった。新しい店に移転してからは、店頭にも同店発行の本がそろって並ぶようになった。

戦火を免れるため、店から安土の家に移した多数の思想・芸術・自然科学分野の岩波文庫本や新書が残されていた。売れる本より良い本を売りたいという思いの強さを感じた。戦時中、東京からようらん社へ買いに来た人達がいたという話を思い起こす。

第3章　注

＃1　一九六七年八王子印刷の中村甲太郎によって創刊。この頃は四頁立て月刊。11章参照。

＃2　東京の電話契約数が昭和五（一九三〇）年にようやく十万突破ということからみて、まだ十分普及していない時代ではあった。

＃3　『大菩薩峠』の作者として知られる中里介山が命名した学園。趣意書「隣人の愛を旨として天を畏れ、己を責め、国家及び人類の一員としての修養をつとむる機関といたしたい〔中略〕教わる方も教える方も無報酬で、各々が先生でありまた同時に生徒でもある心持ちでやっていきたい〔下略〕大正十三年一月」。設楽政治は『高尾山麓夜話』[*1]で、「時おりこの学園へ橋本義夫さん、弟の重能さん、松村（内藤）堯佳君等も応援に訪れて、歌を教えたり話をしてくださった」と書いている。

＃4　山口近治は『治安維持法下の教育労働運動』[*3]で『戦旗』や『文芸戦線』を買ったのは「ようらん社」という書店だったことや義夫との戦時中のふれあいについても触れている。

＃5　『戦旗』は、昭和三（一九二八）年五月から六年十二月にかけて刊行されていた日本の文芸雑誌。プロレタリア文学の作品の重要な発表舞台となっていた。

第3章　参考・引用文献

*1　設楽政治、高尾山麓夜話、ふだん記全国グループ、一九七三

*2　橋本鋼二、若き日の橋本義夫と岸清次の交流を中心として　揺籃社開店前後、ふだん記雲の碑27：185〜、二〇一〇

*3　山口近治、治安維持法下の教育労働運動、新樹出版、一九七七

第4章 〝鬱の時代〟の再来

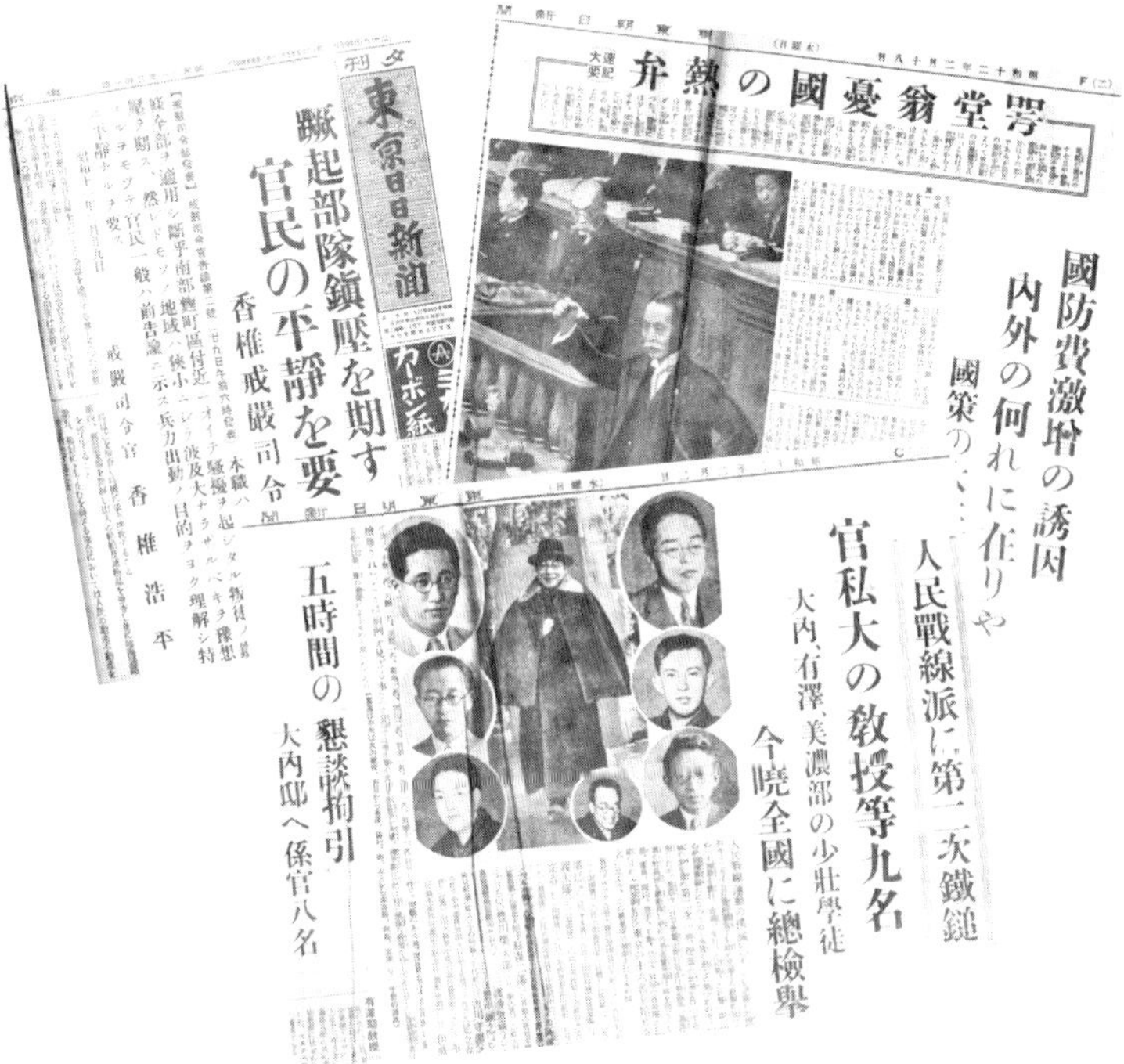

保存されていた昭和10年代の新聞記事から

生家を出て数年、ようらん社は営業的にも安定・拡大していった。他方、地方文化運動の同志だった青年達は結婚適齢期となり、それぞれ自立した道を歩み始める。地方文化運動の盛り上がりから揺籃社開店・急成長はいわば〝躁（動）の時代〟であった。それが次第に落ち着き変わっていったのは、義夫が三十歳となる昭和七（一九三二）年頃からである。

国内では軍部や右翼の台頭に対する反発、さらに、身辺で親しかった人々を次々に失った悲しみや夫婦間のきしみがひろがるなど青年期以後で、再び〝鬱（静）の時代〟に入ってしまう。

この頃から、昭和十一年頃までは、義夫の対外的な活動記録は残っていないし、本人のメモ、その他も少ない。その中で昭和十二年前後、地方紙『武蔵毎夕新聞』などへの投稿約百八十篇が義夫の外に向かっての発信として重視される。当時の手紙、残された新聞切り抜き記事、それに戦後本人が書いた文章の中から、参考になるものを求めてまとめた。

1 鬱を招く国内の動き

非戦論者にとって腹の立つことばかり

国内の政情と社会状況は、大正デモクラシーを謳歌した義夫の期待する方向とは大きく離れていき、閉塞感を強く抱くようになっていった。身辺では、昭和七（一九三二）年四月、左翼系活動家の弾圧が進む中で、青年文化運動の同志岸清次が逮捕され二年ほど入獄し、三年前に始めた米屋は廃業に追い込まれた。

義夫が残したこの時代の新聞切り抜きで見ると、海軍の青年将校達が首相官邸に乱入し、犬養毅首相を暗殺した五・一五事件（昭和七年）、全協（日本労働組合全国協議会）の一斉検挙（昭和八年）、美濃部達吉博士の「天皇機関説」を取り上げ排撃記事（昭和十年）、陸軍青年将校らが兵を率い、「昭和維新断行・尊皇討奸」を掲げて岡田啓介総理をはじめ政府首脳、重臣、財界の要人を襲撃した二・二六事件関係（昭和十一年）と暗い時代の事件が続く。義夫の回想から…

　昭和六年の満州事変、七年の上海事件、五・一五事件などの嫌なことがあった。内村鑑三の非戦論の流れを信奉しているのだから、腹の立つこと立つこと。[*2]
　十年には美濃部博士の天皇機関説、[*8] 十一年の「二・二六事件」にはあまりに口惜しいので『国体の本義』[*2]や軍国主義の本を店のコンクリートにたたきつける。
　十二年には日華事変等が起こり、職業軍人や、軍国主義者や右翼たちの暴れ方は目を覆うものがあり、日日憂うつであった。[*8]

十二年に京都大学天野貞祐教授が出した『道理の感覚』に軍国主義批判が含まれており、時勢に迎合する学者・マスコミや右翼・軍部から強い反発と脅迫を受け、翌年、絶版に追い込まれている。義夫は神奈川県津久井郡出身で八王子にも縁がある天野教授と交流があり、天野から絶版にふれた返事のはがきが残る（写真）。

言論統制が進む中で、義夫はペンネームを使い、言葉に注意しながら専制政治や思想弾圧に反対する記事を数篇投

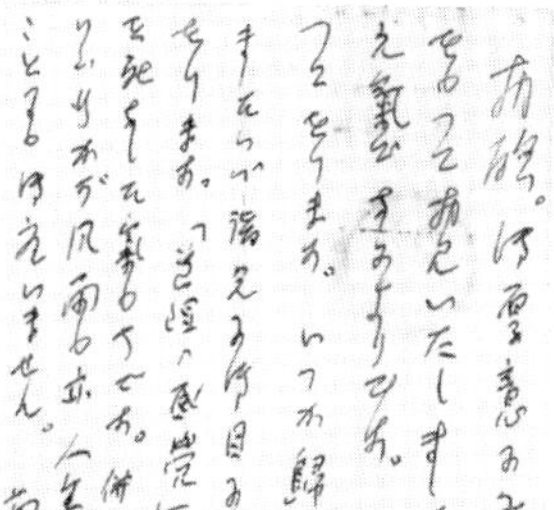

天野貞祐教授（戦後吉田内閣で文部大臣）の著書が絶版に追い込まれ、〈「道理の感覚」については全く愛児を死なした気もちです〉と書かれた義夫宛昭和13年5月11日付はがき

じている。その中の二篇から抜粋した。（5章1「地方新聞に書く」も参照）

◇雑記帳から　麻酔[*10]（安藤令地人（橋本義夫）『武蔵毎夕新聞』（一九三七年頃）：

政治に於いて全身麻酔の常用化を、専制独裁というのかも知れない。伊太利のファシスト、独逸のナチスなぞこの例であろう。最近このファショ傾向が、世界的に大流行を来し、人々を全体の名で、極度に自由を奪う様である。これは我が国では徳川三百年の専制政治で、既に試験済みであるから、賢明なる日本人は、そんな恐れはないので大いに安心している。

◇既に勝つ！　目的を撰べ（橋本眺人（橋本義夫）『商工日日新聞』）：

地球は動くと最後まで獄中でつぶやいたガリレオの生涯は、物欲万能の人から見れば、ばかな奴というかも知れない。しかし、彼は、かくして永遠の勝利をかち得たのである。某老学者[#1]が物凄い誤解と呪詛の中に投げ込まれたことがあった。そのときに私は「暴力は強いが真理はより強い」「多数を一時欺くことができる。少数を永遠に欺くこともできる。だが、多数を永遠に欺くことはできぬ」という言葉を熱愛せずには居られなかった。正しきものそれ既に勝っているのだ。（一九三七・三・十六）

2　従弟小谷田隼人と妹行子の急死

小谷田隼人の父弥市は義夫の父喜市の弟で、文武両道に優れた人であった。生家のある川口村楢原から、多摩丘陵を越えた由木村東中野（現八王子市）の小谷田家に婿入りした。剣は天然理心流六代目師範で道場を持ち、漢文、書、日本画、俳句も巧みで洞水と号した。戦時中には由木村の村長も務めている。隼人は弥市の長男、義夫より一歳下の従弟である。青梅の東京府立農林学校時代には一期下でともに寄宿舎生活を送った。

義夫が大正時代末期から川口村楢原を拠点に活動した青年文化運動に協賛し、隼人は由木村において中心になって活動した同志でもある。大正十四年から昭和初年頃に隼人から義夫に宛てた地方文化運動打合せなどの手紙が幾通か残っている。

大正十五（一九二六）年七月二十二日付のはがきを見ると〈peasantry のため否人類のため一歩一歩大地を踏みしめて歩みたく思います。我々は激しい風に向かって進む様です。体ばかり先に出て体そのものの運びは至って遅い。ひょっとすると帽子否頭まで吹き飛ばされそうだ。冷静な私に返ったとき第一歩を伸ばすべき足元にあまりに障害の多いのに愛想をつかすかも知れない〉と悩みを記し、小作農という日本語を避け、ここだけ英語を使っているのが注目される。

義夫は「地方の教育運動　昭和戦前の八王子周辺」[*9]の最後に追記して〈いずれはデンマーク式の一村を築こうとして、有畜文化農村のために三十歳を越えてから獣医学校に入学した、熱心な青年教育者だった。デンマークへも行くつもりだった。小谷田君はもう少し生かしておきたかった。〉と彼の早世を悼んでいる。揺籃社の開店にあたっては、父喜市の反対に隼人が取りなしに動いた〈揺籃社創設努力者の一人〉でもあった。

隼人と結婚したユキは義夫の二歳下の妹で明治三十七（一九〇四）年生まれ、自分では好んで「行」、「行子」を用いた。義夫は〈兄弟、姉全部お助け免状組で頭が悪く、人々と満足に競技競争も出来ない中にあって唯一人学校で優等生だったし、運動競技にも一等が取れたという異例の存在だった。大正半ば頃、〔東京府立第四高等〕女学校志願の時、妹と一緒に田圃の中の女学校に規則書その他を貰いに行った。妹は文学本や、評論雑誌などをよく読んだ。二つ年下の妹は頭の切れも良く、私には良い友だちでもあった。話もし、批評もし、勉強もした。妹は私の親友の小谷田隼人の妻になった〉[*7]と書いている。

義夫が大正時代に愛読した『ニール河の草』[#2]には千九百二十三年七月三日国府津文学館にてと購入日と場所の書き込みの残る裏表紙内側にもう一つの書き込み、〈クリストの偉大さを見つつ、新しい村の進歩を祈りつつ、武者小路さんに感謝しつつ　此の本を妹にささげる〉がある。翌年五月、東京府立農林学校寄宿舎にいた弟重能宛に義夫が〈僕の本中で一番有意義な本だから丁寧にして汚さない様に又友だちに貸さないほうがいい。何しろ昨年自殺決心の途上で買った本なのだから、とても金銭に変えられない〉と書き送っている曰く付きの本である。

三通残る行子からの手紙を見ると悪筆だが、率直な言い回しで兄義夫に語りかけている。いずれも義夫を他の兄弟や姉とは別な話し相手と見ていることがわかる文面である。その一つは嫁入りしてあまり日が経っていない頃であろうか、消印がはっきりせず日付しか読めないが、大正十五年二十二歳頃と推定している。勤勉で知られる村の、上農に嫁した戸惑いが隠せない。当時の女性の置かれた立場の厳しさも垣間見られる。要旨：

相変わらずご活動のことと存じます。御成功のみ陰ながらお祈りいたします。ようやく私の落ち行かなければならないところへ落ちつき、毎日同じ様日がくりかえされて居ります。しかし精神は朝に昼に夜に、すべて変化してゆきます。むやみに神経過敏になって居ります。兎に角今の所お客に行って働いて試験されている様な気持ちで有ります。全く自分という者が殺されて居ります。……

何時になったら自己を生かす事が出来るか想像も出来ません。……

Kさんがお訪ね下さいまして「この土地は働く事のみ本能としている」と……

寂しい気分になってしまいました。自分を生かす事は家庭を破壊する……

田舎で働くには女学校も本も大禁物であるという事を知りました。……

つい愚痴が出て申し訳がありません。家の者には心配をかけたくありませんから、安心できるようにうまくお取り次ぎ下さい。……

義夫兄様

小谷田夫妻らの中毒死と従弟清の早世
――無医村解消運動の動機に――

小谷田隼人と行子が昭和十(一九三五)年八月に三十一歳の若さで幼い長男ともども食中毒死した。義夫は〈あんな不幸な災害にあって生命を落とさなかったら、私の生き方も変わっていたかもしれない〉[*7]と後に述懐しているように、大きな打撃だったと思われる。

この二人が昭和初年頃書いた夫婦で記した日記の一部が義夫の残した資料の中にあった。遺品のつもりで手にしたのかもしれない。

隼人の弟清は兄らより十一年前、大正十三(一九二四)年東京府立二中三年生の若さで急逝している。医者がいないので病名もわからないまま時日が経過し、手遅れになったのだという。実は腸チフスだった。非常に優秀、早熟な十五歳で、二十二歳の義夫と一緒に賀川豊彦の講演を聴きにいった。義夫は彼の生きた証を残そうと『マチルダ・ハッチャーと山室軍平』[*6]という冊子に「附――中学生の日記から――小谷田清の思い出」を加え、この年の清の日記を載せている。

これらの悲劇は、後に由木村を拠点に義夫らが無医村解消運動を始める動機となったが、義夫は弔い合戦のつもりでやったと、その思いを記している。

3 古文書調べと墓地巡り

義夫の対外活動は〝運動〟という外に向けた働きかけの形をとることが多かったが、昭和七(一九三二)年から十一年頃までは内向きな動きが続く。この頃は揺籃社書店の経営者兼店員として通常の活動はしていたと思われるが、経営者としては、妻定子の方が義夫より大きな存在となっていたかもしれない。

生家の古文書調べ

「徳川時代本橋本家蔵書目録」と題する原稿が残る。本は橋本本家の意味である。生家の古文書リストで百六点、表題と用紙の枚数などを記している。生家の土蔵に納められていた古文書類を丹念に調べたのは昭和七、八年頃だった。目録の最後に〈千九百四十五年八月二日未明　第二次世界大戦戦火によって八王子全焼、付近町村を多く焼き、この時橋本本家全焼。二つの倉庫（土蔵）中にありし文書又焼失。一枚物はすべて目録にしていなかったので思いだして書く〉とし、記憶している塩野適斎[#3]から橋本類八、三八郎宛の八通や松原庵星布[#4]から橋本類八宛三通の書状、北野村天満宮御神体質入れ、祭礼につき倉出しの証文、千人同心地図などを追記している。

古文書調べの中から幾篇かを地方誌『八王子教育』、地方史誌『多麻史談』、出身校の『東京府立農林学校校友会誌』、あるいは地方紙『武蔵毎夕新聞』などに抜粋して紹介している（著者名、標題、発行誌・紙名は参考資料2参照）。最初の古文書紹介は昭和八（一九三三）年で、十年に発表したものと二篇の著者名が六年に一歳半で夭折した長男行雄となっているのに心が痛む。また、古文書関連で父喜市の話を書き留め、父の名で寄稿したとみられるものもある。自身の名前で発表したのは校友会誌で、以後地方紙などでも原稿が登載されるようになった。

この古文書調べで得た知識と経験は、戦後の義夫の活動の中でも反映されている。その一つ「資料復刻運動」はあちこちで急速に失われつつあった古文書類を万人の見られる形で残そうとした。また、一九七六年に書いた『伽羅の木のある家』[*4]では江戸時代初期に栖原に定住した先祖代代についてふれており、この時調べたことが生かされている。

子守姿で墓地巡り

一九四六年に書いたメモ[#5]では〈墓めぐり。為すべき事が為せぬ、為すべからざる事を為す（自分）。社会にはあるべき事が無く、有るべからざる事が有る（社会）に苦痛を感じ、連日子守をして一年近く暮らした。この時は絶望ではなかったが、煩悶であった。この年の十一月頃、雑誌『思想』の中、三木清の論文があり、この論文中にライプニッツの言葉として「理由なしにはなにごとも存在しない」に激しく感激をおぼえ、これが動機となり、科学（広義の）の目が開き、人生や自然をより客観的に見られるようになった〉とも書いている。その後の活動を予見させる文である。

およそ三十年後に地方紙[*2]や『多摩文化』[*1]でその頃のことを回想している。要旨：

昭和九年に生まれた子の乳離れ以後を利して、ねんねこ半纏を上から覆い、子守姿で八王子市街地及び市外にある寺院墓地と共同墓地とを毎日のように見て歩いたことがある。はからずも、市内の「神社仏閣散歩」となった。元来進歩が好きで古いことや郷土史は好きでないが、重くるしい時勢の逃避の散歩だった。最もいいヒマつぶしは、墓地一巡だった。

職業軍人、軍国主義者や右翼たちの暴れ方は目を覆うものがあり、日日憂うつで、このやるかたなき憤懣のはけ口が無くては耐えられなかった。生と死は人間には不可欠の運命のあることや無常観もあり、その時代にのさばって手のつけようもなかった日本軍閥の運命なども、墓石が示す様に、いつかは没落する日もあろうと自分を慰めていた。

4　家庭内の動き

第二子誕生

昭和九（一九三四）年に二番目の子供が生まれた。長男行雄は祖父喜市が命名したが亡くなってしまったので、今度は義夫が〈内村鑑三先生の金偏と下の三の字を真似て鋼二と名付けた〉。義夫の行動は内向きな時代であった。長男を亡くしてから出来た第二子なので、夫婦とも子供をはさんでつかの間の甘い一時を持った痕跡がある。

義夫が武蔵毎夕新聞という地方紙に頻繁に寄稿するようになったのが昭和十二（一九三七）年であった。この年「鋼ちゃんと自動車」、「線香花火と鋼ちゃん」二篇のエッセーが橋本佐太、さだ子の名前で『毎夕新聞』に載った。義夫に勧められて定子が書いたものであろう。

義夫が離婚後一九六〇年頃書いた文に、「妻との良き思い出」がある。昭和十二年頃のことである：

私と妻と子の三人、多摩川の渡しを越え、拝島側の堤防に寝転んだ。鋼二は三歳くらい、私が時々おんぶした。私が家族と親しんだ日として今でも印象に残るくらい楽しい日だった。人気の少ない堤防の雑草の中に埋まって寝たり、妻と三人で声を出して童謡を歌ったりした。妻の横顔が上気して生き生きとして美しかった。

しかし〈この後にはなかった。あの楽しげな妻の顔、子供たちと家族としての暖かさはその後には思い出せない〉の一文は次第に一家団らんの機会が失われていったからであろう。

旅先から夫婦の手紙交換

昭和十三（一九三八）年五月、義夫は六泊の信州旅行をしている。その初日、甲府までは定子と鋼二も同伴した。この旅行で夫婦が毎日手紙の交換をした。義夫が定子宛封書一通と絵はがき三通、弟重能や店の者への絵はがき五通、定子から上諏訪や富士見の旅館気付で義夫宛封書五通が残っている。静養か気分転換か教育先進地信州を見たかったのか目的ははっきりしない。毎日の手紙交換は約束し、夫婦関係の再構築への思いがあったのかもしれない。

手紙文から要約：

◇定子から義夫へ第一信：鋼ちゃんと汽車の中で居眠りしながら八王子に着いた。本日は特売日、松井〔翠次郎〕さんに書いてもらったポスターを店先に貼り付けた。日曜日なので店もなかなか賑やか。義夫さんが不在なので遊んでいてはいけないと皆よく働いてくれる。

◇義夫から定子への書状：宿に戻ったら定子からの手紙を渡され、うれしかった。諏訪湖畔まで来たのは良かった。甲府で勧められてこちらへ来たことを感謝。定子が帰ったのは残念。僕のことだから土産はないが旅行記[#6]だけは書けます。

YOSHIO、SADAKO様とローマ字が混じっているのが珍しい。

◇定子から第五信：店番は〔本や雑誌の〕万引きの心配も着物が薄着になったので、楽になった。朝から晩まで店番。夜は少々淋しい気がしますので、電気をつけて鋼ちゃんとくっついて寝て居ります。

不和の顕在化

昭和十三年九月頃から夫婦関係は断絶し、定子の心が急速に離れていくのを感じたらしい。この頃書いた義夫のメモに〈不幸とは不幸を幸福にする術を知らぬことだ　幸福とは不幸を幸福にする術を知っていることだ〉がある。また、十月には伊豆大島へ一人旅をしている。

未完の自分史『丘の荒野』の一節「我欲と性欲とのたたかい」では、〈青年期から老年期に入るまでの大問題は性の問題である。男性は女性と違い……まことに情多きものである。私はこの抑制に如何に努力を払い、如何に苦心したか筆舌に尽くしがたい〉と悩みを記している。

また、『丘の荒野』の一節では〈男女平等から妻を呼びつけにしなかった。能力有るものは十分生かすべきであるというので、妻は営業に全責任をもって活躍した〉に続いて〈産児制限のことあり、抑制あり、いろいろなことがあった。これは相当に書くことも有ろうが、この位にとどめておこう。〉はっきり書いていないが、定子との食い違いが生じ始めたことを示唆している。

郊外に新居建設

八王子市の北に位置するひよどり山の麓に住宅を建てることを計画・設計し、工事の進捗状況を連日見に行ったのは定子である。定子が書いた図面も残っている。着工したのは昭和十四（一九三九）年四月上旬で六月下旬に完成している。敷地は借地だったが、丘陵を背にした緩やかな南面傾斜地で四八〇坪あり、当時としては室内の作りも工夫したモダンな住宅であった。陽光の入る奥行き一間×幅四間の広縁（フロア）が目新しかった。庭は棕櫚やユッカが建物の傍に植えられ、広い芝生と花壇があり、秋になるとコスモスがたくさん咲き話題になった。安土の別荘ともいっていた。

義夫は「ずいぶん働いてもらって何も酬いるところがなかったから、この家だけは母さんの名前にしましょう」と言ったら「こんなもので結びつけられるのはまっぴらだ」と返された。〈総て計画的で系統的で実践的な心憎いまでの性格、その計画の下、思うままに建てられた家〉と離婚直前の日記に書いている。そこで、家は当時五歳の鋼二名義で所有権登記された。

新築の家をバックにした定子と鋼二の写真が残っている。離婚に至るほぼ一年前で、家を去ることもあり得るとの心境で、息子へのプレゼントと考えたかもしれない。また、義夫は家を自由に建てさせる中で、関係の修復を願っていたのではなかろうか。

郊外の新居にて（昭和14年）
妻定子と鋼二

ようらん社数え歌から

昭和十四（一九三九）年半ばまでは店舗付き住宅で暮らしていた。書店の経営は順調であった。大家族の雰囲気を捉えているようらん社数え歌がメモ片として残っていた。字体は義夫のものではない。作った年は昭和十三、十四年頃と思われる。作者は不詳であるが、よく内情を捉えているので、身近な人であろう。

店内にて、岩波文庫や新刊書を背景に（昭和12年）
左から鋼二、義夫、橋本重能、店員、小林政子、定子

　義夫については三回、弟の重能については二回、妻定子、鋼二、林（書店店員）、政子（家事手伝い）の四人は各一回取り上げ、最後に十まで歌ってみたならば　店員の性格分かるだろうとまとめている。義夫（大将さん）と定子（おばさん）の対照的な姿が目に浮かぶ。

　義夫は大将さんと呼ばれている。‥

　〝一ットセー　一人で理屈を言う大将さん　日本の非常時気にくわんとそいつは豪気だねえー〟（以下三節目はいずれも同じなので略）

〝二ットセー　二言目には兵隊屋　兵隊嫌いの大将さんと〟

〝六ットセー　むっつり黙ってる大将さん心の中は原稿の上と〟

妻定子の経営に腐心する様子も歌い込まれた‥

〝七ットセー　なんとかして金を儲けようと計画めぐらすおばさんと〟

その他の人達も描かれている‥

〝三ットセー　見るからやさしそうな橋本〔重能〕さん
　忘れる方では揺籃社一と〟

〝五ットセー　何時でも朗らかな政子さん鋼ちゃんの大のお気に入りと〟

〝八ットセー　やたらに兵隊道具を集めて部隊長気取りの鋼二ちゃんと〟

〝九ットセー　心では何を考えているか　本性の分からない橋本〔重能〕さんと〟

母春子の死

吃音矯正、村での青年文化運動、ようらん社の開店、結婚など義夫の生きてきた節目節目で理解と応援を惜しまなかった母春子が亡くなったのは昭和十四（一九三九）年一月である。義夫は三日に及ぶ通夜で参会者から聞いた母の逸話を集めノートにまとめた。母の死後三日目の通夜の時「母を葬る」[*3]という文を書き、はじめてその生涯に賛辞を贈った。

母を失い、義夫の喪失感は大きかった。この思いは義夫が老境に入るまで続いた。

母春子の死は、義夫の家庭内でのきしみを直す相談・調整役をも失ったことになり、妻定子との関係も暗転していく。

義夫は春子の死を契機に、橋本本家と「隠居」と呼ぶ橋本別家の仲直りなどに奔走、店のことはかまわなかったらしい。両家の仲直りの文書に一同署名、その一通を手に喜び勇んで帰宅した。その夜、店を開き留守番を続けていた定子とのやりとりから[#7]…

> 炬燵で母の批難と自分の批難を十一時半まで聞く。僕の批難はまことに尤もなことであるが、母の批難はあまりに悲しい。霊前の誓いも一つの紙片として取り扱われ「人のことなぞをやって憎まれるよりは自分のことをやった方がいいと思う」とけなされた。一と七日も過ぎぬのに活動写真見物！　真に良き試練である。人生勉強はいよいよ出来る。

翌二十八日日の夜、ようらん社で親しい友人達七名と追悼座談会を開いた。この時の開会挨拶稿[#7]でも定子のことに触れているが、先の手記とは矛盾する取り繕った文章である。定子に聞かせたかったのかもしれない…

> 最も理解されていた私、最も感謝されていた弟、最も腕を惚れ込まれていた嫁の三人がいるようらん社での追悼座談会は大がかりな葬式より母は喜ぶだろう。定子は母がその性質にほれ込んでもぎ取るようにしてつれて来た……若い女性では最も愛し、その腕を信じ「自分に似て自分以上の女は定子だけだ」と言っていました。（下略）

母の死をきっかけに相互不信がさらに募っていった。親しい身内で夫婦に影響力のある人がいなくなった。義夫は店や家庭をかまわず、対外活動に一層身を入れるようになっていく。

5　破局、そして再婚

昭和十五（一九四〇）年の日記は、夫婦間の問題が重くのしかかっており、その苦しみが色濃くでているところが多い。『暴風雨の中で』に発表した「昭和十五年の日記から」では除いた夫婦間の問題が五月頃から破局の七月下旬まで、綿綿と綴られている。

義夫の感情を中心とした書き方から、一方的に結論を出すことは出来ないが、ここから透けて見えるものはある…

　ある考現学的なスケッチ…一方が「私はあなたを愛しません」と言えば他の一方は「そうですか」と寂しい顔をしながら答える。一方が「私はある人を愛しています。あなたなんか愛していません」と言えば一方は「そうですか」と絶望的な顔をして答える。「私はもっと金と力のある人と結婚する」「私は自由行動をとります」こうゆう言葉の出るとすれば、こうゆう言葉を出す人があるだろうと考える。

離婚が決まった、七月二十一日の日記から抜粋…

　彼女の美貌と才知と打算と勇気は希な存在である。いかなる久米仙人と雖もこれに抗することは不可能であろう。打算的性格は〔定子の母で財力のあった〕濱中〔家〕式の遺伝。美貌のため幼時から今まで可愛がられ続けてきたこと。才知と勇気のために、また経済的な手腕のために何でも出来ると思い込んでいること、母親が早く亡くなり、父親が酔漢なりしため家庭の教育がなかったこと。賞められ続けたから一層見栄をはることになったこと。

　母がいなくなったことは六歳の童子にとっては大きな衝撃で、その様子も日記のあちこちで記されている。抜粋…

　鋼ちゃんが涙ぐみながら「もう帰ってくるでしょうね」という。本を読んでやったり、話をしたり面白そうなことをして注意を向けて、ご機嫌を取る。ちっとも眠らぬ。話が尽きてしまった。しまいには母さんがいなくて眠られない。つまんないなあ、つまんないなあ、つまん……と百言以上も言って、ついに泣き寝入りになってしまった。鋼ちゃんは時々思い出して聞いたり、泣き顔をする。可愛そうだがしばらく忍んでもらいたい。夜半とか夜明けには長く泣かれるので閉口だ。夜半一時頃、母親ともう再び会えぬことを話す。「お母さんは死んじゃったんだよ」「エエ　ホントウ！　……（実に激しいショック、体が震えている。しばらく声が無い）

離婚

七月初めに別居状態になり、親類、友人などが解決に動いたが、定子の気持ちは変わらなかった。二十二日〈役場へ行き村長の〔橋本枝太郎〕叔父さんに会い離婚届の書類を受け取る。家で署名捺印をする。〉

今度のことで〈友人たちはずいぶん心配をしてくれた。いろいろ働いてくれた。須田松兵衛氏、関山花子夫人、大野喜太郎氏、岩島公氏夫妻、親類及び関係者では〔橋本〕重能さん夫妻、井出〔キン〕のおばさん、森田〔カネ〕の

おばさん等。最も可哀想に思えるのは鋼二君！　愚父のために！〉

「不幸とは、不幸を幸福にする術を知らぬことを云ひ、幸福とは不幸を幸福にする術を知っていることを云ふ」という掛軸が長いこと床の間に掛けられていた。当時親しかった弁護士安藤聖二氏に自ら考えたこの言葉を書いてもらい、離婚が決まった七月に表装し自分を励まそうとしたものであった。

定子の活躍で伸びた揺籃社は、戦時体制の強化とともに、成長を止めた。義夫は多摩郷土研究会などの運動に力を入れ、散財もしていく。また、義夫に再婚の話が持ちかけられるようになった。

義夫の残した日記の引用だけでは一方的なので、破局について息子の感想を少し加えておきたい。

義夫は青年期から理想主義者で、財産・金銭についてはは無所有を一つの理想と思っていた。書店揺籃社さえも地方文化運動の手段と捉え、理想主義者らしい思い込みが強かった。

一方定子は、一九三〇年代では珍しかったかもしれないが、独立心と実行力のある女性であった。義夫がいみじくも〈資本主義的な妻であった。生け花、おしゃれ、映画、恋愛小説、華やかな会話、これが彼女の趣味であった〉と日記に書いているが、当時はともかく、現代の女性としては決して珍しくないと思う。経営センスを持つ〝翔る〟女性で、義夫とは対極的ともいえる現実的な理想を持っていた。定子が店の経営に手腕を発揮しつつも、一般人とは異なる人生観を持つ夫に合わせようとした時期はあった。だが限界がきた。義夫の対外活動が次第に熱心になっていく一九三八年頃から潮目が変わっていった。

再婚

離婚が決まるや須田松兵衛ら友人、知人は義夫に再婚をすすめ、候補者選びをはじめたらしい。その中で、安土の新居近くに住む医師の佐々木敬夫夫人八重子の妹野副婦美を紹介され、初めての見合いをした。話は九日後にまとまり、その十二日後の昭和十五（一九四〇）年十月二十日には安土の自宅で結婚式をあげるという慌ただしさであった。義夫三十八歳、婦美三十歳であった。

離婚後二ヶ月、周囲から再婚話が出るようになり、本人も再婚するつもりにはなっていたが、この話には懐疑的であった。というのは、婦美の学歴は宮城高等女学校卒業後、同校音楽専攻科を卒業、職歴は英語堪能なことから米国大使館書記官宅やイラン国公使館公使宅で家庭教師をするなどに加えて、兄弟は優秀で国内外において活躍中であった。親は既に亡くなってはいたが、弁護士で代議士も務めたなどと聞くと、農村の旧家出の義夫とは住む世界が違いすぎると思ったであろう。

義夫は変わり者であることを自認しており、見合いの席では持論を展開した。〈見合いなぞということは終世しないものと思ったら今日はからずもやってみた。これも一生の土産の一つ。自分の考えている理想、社会情勢をかまわず正直に話してみた。結果はどうにでもなれ。それしか他に僕には道がない。〉断られると思っていた様子が日記から読み取れる。しかし、話がまとまれば、義夫の不得意分野を補完してもらえると期待もしたらしい。

式の媒酌人は最も親しかった友人須田松兵衛と紹介者の佐々木敬夫、式への招待状は十六日に留岡清男、須田松兵衛の連名で出された。式後に教育科学研究会の地方での活動に参加している青年達も加えて座談会を行うというものであった。招待状の要旨：

橋本君は家庭的な生活と社会的に生きる道との調和乃至統一に、深く悩み続けてきたのであります。これは独り橋本君の家庭に固有する問題ではありませんが、多くの場合好い加減にカヴァーして仕舞うのです。ところが橋本君は深く決する所があって、敢然古い生活の絆を断ち切って新しい生活の建設に従ったのであります。つい

結婚式に出席した人々（昭和15年）

ては親しい仲間の私たちが中心となって、この新しい出発にふさわしい様式で結婚式を行うことになりました。

式の出席者のサインが残っている。教育科学研究会（5章参照）のリーダーである城戸幡太郎、留岡清男、それに坂本健二、菅忠道らが遠路参加していることが注目される。この他地元から友人として須田松兵衛、松井翠次郎、菱山栄一、関山正一・はな子夫妻の名前があった。いずれも地方文化活動の同志的メンバーである。親類は野副兄弟などの親類六名と義夫の叔父で川口村村長の橋本枝太郎と兄吉茂、弟重能・フサ夫妻の四名であった。

この日のことは、当時六歳だった私も記憶している。式の後であろうか、佐々木夫妻の子供達も加わり、家で十六ミリフィルムの映画を見たことである。前年建った家の裏庭で式の出席者や親類達と撮った写真も残る。コスモスなどの花々が咲き乱れていた。

式の翌々日は教育科学研究会がバックアップして製作された東宝の文化映画「村の学校図書館」のロケがようらん社であるということで、義夫は書店店主として出演した。[*10]この時、私は邪魔になるからと婦美に連れられて、上野の動物園に行った。映画は文部省認定文化映画となり、市内の映画館で見た。義夫や見慣れた店内が映りびっくりした。

第4章　注

#1　一九三五年、美濃部達吉の天皇機関説に対する軍部や右翼による攻撃を指している。文末の年月日は西暦表記している。

#2　木村荘八著『少年芸術史　ニール河の草』。単色ではあるが四十四枚の絵や彫刻の写真入り。大正八年十二月初版、大正九（一九二〇）年三月三版。

#3　八王子千人同心組頭で八王子の編年史『桑都日記』四十一巻を編纂、一八二七年に完成させた。

#4　江戸時代中期に活躍した八王子出身の女流俳人。

#5　同趣旨のことを『丘の雑木』（一九六〇）その他で幾たびか書いているが、記憶が不確かなのか、年代、内容などが微妙に違っている。このメモの書かれた時期が古く、雑誌名や発行月があるので一部編集し、選択した。

#6　武蔵毎夕新聞に「学ぶべき信濃教育」「塩山を歩く」などを寄稿している。

#7　「母の資料」というノートから引用。このノートは、亡くなる五十日ほど前から没後までと母に関わる当時の日記を写した部分を加えて、昭和十四（一九三九）年三月頃にまとめたもの。日記は戦中に失われた。

第4章　参考・引用文献

＊1　橋本義夫、書評折々『八王子金石誌』を手にして、多摩文化19：106〜、一九六七

＊2　橋本義夫、変転の世と共に、ふだん記文集　喜怒哀楽：103〜、ふだん記全国グループ、一九七〇

＊3　橋本義夫、村の母、橋本春子のこと、ふだん記全国グループ、一九七四

＊4　橋本義夫、伽羅の木のある家、附　明治の末、ふだん記全国グループ、一九七六

＊5　橋本義夫、万人可能の哲学、ふだん記全国グループ、一九七七

＊6　橋本義夫、牧場主の娘マチルダ・ハッチャーと山室軍平附―中学生の日記から　小谷田清の思い出―、ふだん記全国グループ、一九七九

＊7　橋本義夫、姉・桶菊、ふだん記全国グループ、一九八一

＊8　橋本義夫、墓地めぐり　大人名辞典順読〟大きな拾い物は　小さな顔をしていた：155〜、ふだん記八菅グループ、一九八一

＊9　橋本義夫、沙漠に樹を　橋本義夫初期著作集、（地方の教育運動　昭和戦前の八王子周辺）、揺籃社、一九八五

＊10　橋本義夫、暴風雨の中で　橋本義夫著作集第2集　戦中戦後日記手記、（第三部　昭和十五年の日記から）、ふだん記旭川グループ、一九九六

第5章　太平洋戦争を前に
―地方文化運動に力を注ぐ―

教育科学研究会一行を八王子に迎えて
（昭和12年11月、新築間もない市役所前で）

塩谷アイ
松葉重庸
平野婦美子
管忠道　・大野喜太郎
・須田松兵衛
赤堀千代
山田文子　・太田秀穂
留岡清男
・岡部軍治
皇至道
・菱山栄一　城戸幡太郎
宗像誠也
永野順三　・岡部視学
・伊藤堅逸
・松井翠次郎　・加賀美良英
垣内
・佐藤茂　今野武雄
・橋本義夫
・市川英作
（・印は八王子の人）

この章で取り上げるのは昭和十二（一九三七）年からの五年である。同年七月には日中戦争が始まり次第に戦線が拡大、ヨーロッパではナチスドイツが版図を拡げ、十六年六月にはソ連とも開戦するなど、大戦の足音が近づきつつある。

昭和十一年頃までは、義夫の活動は内向きであったが、その間に、文を書くようになり、翌十二年頃は頻繁に地方夕刊紙『武蔵毎夕新聞』に寄稿している。

注目されるのは昭和十二年に教育科学研究会（以下教科研と略）を立ち上げた実践的な教育学者留岡清男との交流が始まったことである。この時期の教育・文化活動（運動）の鍵となった。地方都市八王子とその周辺の農村へ、教科研の若手メンバーが多数訪れて活発な活動を行った。[*6] 十六年には教科研本部は解散するが、義夫は前年秋から多摩郷土研究会をはじめいくつかの会を自ら立ち上げ、教科研の枠を越えた活動を続け、無医村解消運動などで成果を上げた。

この頃の橋本義夫の活動について参考となる資料は、既に公刊している著作集『沙漠に樹を』で「地方の教育運動　昭和戦前の八王子周辺」、『暴風雨の中で』では「昭和十五年の日記」、「地方の教育運動から」はじめメモ帳や地方紙掲載文からの抜粋などである。その他、活動を報ずる全国紙の記事や義夫が書いた地方紙記事の切り抜きが多数見つかっている。

1　地方新聞に書く

昭和十二（一九三七）年前後に橋本義夫が地方新聞である武蔵毎夕新聞を主に寄稿した記事の切り抜きは総計で百八十篇余に達する。日中戦争の頃、言論の自由が失われつつある時代とはいえ、当時の義夫の考えを知る上で大いに参考になる。

橋本義夫は戦前の地方紙執筆活動についてほとんど語ったり、書いたりしていない。『何でも書いて験してみた』という義夫の五十歳から十五年間の地方紙執筆文目録[*5]（一九七九）が刊行された際に、戦前の執筆文十一篇の題名が収められ、トップ記事になった「沈黙の奇傑　林副重翁のことども」の部分写真も載っているが、それらの説明はない。没後に刊行した『暴風雨の中で』（一九九六）では五十七篇のリストと六篇の記事の内容を載録している。

二〇〇一年、資料庫内で眠っていた印刷物、原稿、メモ、写真、書簡類など様々な資料の点検、再整理を始めた。大戦前のいろいろな記録を含む数冊のスクラップブックが見つかったことで多数の記事が加わった。その大部分は八王子にあった夕刊紙『武蔵毎夕新聞』[#1]に掲載されたものである。

掲載（または執筆）時期の分かっているものは昭和十二年が大多数を占めているが、昭和十年から十四年のものもある。内容は多岐にわたり、署名記事は実名を使ったものから、いろいろなペンネームを使ったものまである。「寸言寸語」といったコラムに無署名で書いているものもある。その頃の義夫の思いや活動を知る限られた資料となった。

言論統制が厳しくなり、図書の発禁処分もある当時、思いをどう伝えるかに意を使いながら書かなければいけない時代であった。昭和十九年、執筆記事のスクラップブックが特高警察に押収されたが、翌年起訴猶予となりそれを取り戻すことが出来た。当時警察が問題記事に付箋を付けたり、赤線を引いたりした跡の残るものが十九篇ある（題名の後に★マークを付した）。ペンネームの場合括弧内に表記。発刊（または執筆）時期は括弧内に西暦年（下二桁）と月を入れたが、不確かなものは？マークを付した。

八王子をめぐる問題

八王子やその周辺町村（当時の南多摩郡）の問題や改善をめざすべき点、人物紹介など執筆数も多い。

◇八王子のために物を書く（37・6）、[*7]糸口を探す（37・7）、知能総動員計画　八王子更正のために★（37・6）など：不景気の中で絹織物関連の小企業に頼る八王子の発展策については優れた人材を活用し、計画を立て実施する必要を繰り返し説いている。
◇僕の観光客招致策（坂和保光、37？）：八王子に住む滝井孝作活用、北村透谷の碑を建てたらと提案。
◇観光立市と織物史博物館（橋本行雄、37？）：高尾山参拝客を八王子に立ち寄らせる。全国的に見て珍しく、必要性のある織物史博物館を作ったらどうか。
◇観光立市計画と人の問題！：準戦時体制で大資本、軍需

THE MUSASHI MAIYU SHIMBUN （火曜日） 昭和十二年六月十五日
智能總動員計畫
―八王子更正のために―
橋本義夫

地方新聞に書く（昭和12年）

産業は好景気。大多数は増税と物価高で中産階級の疲弊。若い人と人材の登用を。

一九三二、三三年頃、生家である橋本家にあった江戸時代の八王子千人同心関係の文書調べの産物である。これらの古文書は八王子大空襲で失われてしまった。
◇「千人同心」と「千人隊」（37・8）：三回連載、千人隊という呼称を使う人が多かった当時、江戸時代に長く使われた名称は千人同心であると主張した。
◇千人同心五十人御咎（37・10）：橋本類八が文政七（一八二七）年に記録した千人同心五十人御咎明細」から抜粋八回連載。いずれも生家にあった漢文資料をそのまま開示している部分が多く、複刻を意識している。

地方の人々を語る

◇沈黙の奇傑林副重翁[#2]のことども（37・8）：自由民権運動などで活躍、義夫の生家にも出入りした人物の逸話も収録。トップページ全部を使った長文。
◇八王子の聖者　四十余年間の伝道者メイラン[#2]（37・8）：明治二十二（一八八九）年に来日した神父の業績。
◇山岡先生[#2]（37？）：明治初年から川口村や恩方村の小学校において、熱誠を持って多くの子弟を教育した。
◇名物なき八王子（大野善次郎、？）：八王子出身者で誇

れる人は少ないが、科学者としての西川止治（一八八四〜一九五二）、江戸学者としての三田村鳶魚（一八七〇〜一九五二）の存在は大きい。優れた人材を名物にしたい。特に西川を評価、戦後の一九五一年には文化勲章を受章した物理学者である。科学に力を入れさせようという思いがあった。

◇久保田惣右衛門氏（38？・6）：優れた経営者。

◇文盲の教育者　平井音吉翁★（37・7）：義夫が尊敬する小学校教師平井鉄太郎の父。その他、人を語る文は多い。

教育・地方文化運動から

◇農村の生活調書を読む[*7]★（37・6）：地方文化運動を通じての友人松井翠次郎がまとめた本の紹介。

◇骨の折れる選手（37？・6）、教育視察（37？・8）、町人の夢（39・10）：いずれも教育への期待と注文を記す。

◇城戸教授の一行を迎えて　八王子市に於ける教育視察★（立川兵太郎、37・11）：教育科学研究会一行の視察先や城戸教授の話などで、〈学校の教育は地域を中心として計画され、解決されなければならぬ〉といった箇所には特高警察が赤線を引いて注目した跡が残っている。

◇隠れた学者の論文★（38・4）：農村に入って働くために東大文科を中退し園芸学校に入り、農村図書館開設を計画していた板谷（浪江）虔の多摩地方の経済事情と産業組合運動に関する論文を紹介、評価。全国紙の地方版で報じられた浪江の農村図書館記事のスクラップも残る。

時流に逆らう

軍部や国粋主義者の発言が勢いを増す時代に言論統制を意識しながらも、時流に反する思いを込めている。

◇既に勝つ！　目的を撰べ（37・3）：地動説を唱え弾圧されたガリレオの言葉を引き、美濃部達吉の天皇機関説に対する軍部や右翼による攻撃を批判。（4章1「地方紙寄稿記事から」参照）。

◇八王子市民と伝統の問題[*7]★（37・6）：国粋主義者らの攻撃で東大経済学部教授辞任に追い込まれる半年前に矢内原忠雄の論文『民族と伝統』から示唆を受けて書いた。

◇日本の一環としての八王子★（37・6）：左翼思想弾圧で一九三七年向坂逸郎、中野重治らと共に執筆禁止になる戸坂潤の名を副題にあげて紙面のトップ記事となった。

軍部や国粋主義者ににらまれた学者たちへの共感があった。内村鑑三門下の矢内原は辞職後、キリスト教個人誌『通信』に代わって『嘉信』を発行したが、一九三八年、義夫は矢内原宅を訪ね購読費を払ったという。

◇時と人　森田喜一郎★（陵東隠士、37・9）：八王子における無産運動の先駆者を追悼。
◇後で嘲笑されない為に（坂和保光、37・6）：政府、強権の所有者、独占的官僚的事業に対しても主張すべき時は主張せよ。国民の収入が増えないのに物価騰貴、増税で苦しめられている。
◇借金と模倣（37・12）：模倣と命令をひいて残るもの、独創と進歩、創造。
◇ある男の遺書*7（橋本行雄、37・6）：自らの墓碑銘に〈戦争と貧乏と病気とを無くさねば〉と記して欲しい。

独裁政治への反発

◇時評　ト元帥等八巨頭の死刑、専制独裁の明日*7（橋本行雄、37・6）：ソ連のような社会主義の国であろうと、独逸のようなファシズムの国であろうと、専制である間は「陰謀」とこれに対する「裁断」とが必ず付いて回るものだ。社会主義国家建設途上にあって世界史的意義をもち、且つ全世界の指揮者の注目を一分時も忘れしめないソビエト・ロシアは、もう行く所まで行ったような気がすると専制政治を批判。加えて、中国で起きた西安事件解決を好意的に捉えた評論#3。
◇雑記帳から　麻酔*7（37年頃）：専制政治批判と地方新聞への期待（4章1「地方紙寄稿記事から」参照）。
◇二つの脱出（森田一郎、38）：精神分析学の創始者フロイドはナチスドイツのユダヤ系学者迫害でオーストリアから、『ありのままのソビエト』を書いたフランス人イヴォンはソ連という特殊な体制から、脱出したことを取り上げ「ありのまま」と真実を見ることの必要性を強調した。

国語問題や簡明な文章の必要性

国語問題や旧かな遣いへの批判、あるいは簡明な文章の必要性について、現代にも通ずる興味深いものがある。
◇二つの国語問題（山田平人、38・5）：山本有三の「国語国字の問題はもっと分かりよいものに改めなければ、国家のため、国民のため非常な不利益」に共感。以下同記事から：

　昔の学者というものは、一般的に難しい文字を知っている人の事であった。だからこうした学者の倖達は大概誰にも読めぬような変な字を探して名にする傾向が多かった。某私立大学の助教授に林という人がいるが、名は髞、こんな活字の用意してある印刷所は滅多にないと思う。この人が最近東日学芸欄へ「日本語問題」と題して三日間論じて副題に「国語を貧困になす一切の運動に反対する」なぞと書いて文字や国語の簡易化に難癖をつけて、理屈を並べていた。その上、「私の名の読めないのは教養の不足である」なぞと叫んでいるのはすこぶるお愛嬌である。「言語と文字を愛する者」なぞ見出しをつけているのは彼氏自身を云うのであろうが「言語と文字」と「国民と子孫」といずれに重きを置くのか、天秤ではかってみるがいい。

同じ国語問題を山本有三氏が「戦争と二人の婦人」という本で単に抽象的な理論でなく、実践を持って示し「あとがき」にわかりやすい言葉でくわしく述べている。これは林先生とは全く対蹠的なもので「われわれはわれわれの子孫のことを思うとき、また今日のように日本の国力がどんどん海外に伸びていく事実を考え合わせると き、国語国字の問題はどうしてもこのままに放任しておくわけにはいきません。書く上からも、読む上からも、そして聞く上からももっと分かりよいものに改めなければ、国家のため、国民のため非常な不利益と信じます」「国民が日常知っていなければならない法律のようなものが、現在のような文章であることは、どういうものでしょう。もう少し民衆に覚えしめる分かりやすいものにならないでしょうか」「私は決して日本の教育を引き下げようとは思っていません。一方においては文字の上のブルジョワたちが必要以上に所有している文字を、適当に整理することも持っているものの一つの義務だと信ずるのです」と云っている。

理屈というものは何とでもつくものであるが、自然科学以外の問題では良心の有為ということを探せば、いろいろな道具立てに騙されないで本当の姿を知ることが出来る。林、山本両氏が期せずして同時にこの問題を発表したことは世論を湧き立たせるであろう。

◇かふふ？（安藤令、38・6）：腹の虫がおさまらないので「二つの国語問題」を書いた。その後、信州へ旅行に出たが、〈甲府駅へ着いたら「かふふ」と書いてあり、こんな馬鹿げきった仮名づかいは、長い寿命ではない。むずかしい文字、むずかしい文章、むずかしい仮名づかい等々の黄昏も濃くなった〉と結んでいる。

◇真実の表現（安藤令、38・9）：文章の美辞麗句の陳列を批判、不器用だろうが、一寸見は悪かろうが、ほんとうのものを育てなければと主張。

◇落穂集（坂和保光、38年？）：率直に書く。拙きを恥じるよりも、何もなさぬことを恥ずべき。

これは生涯持ち続けた思いである。

読書・映画

読書、あるいは書評の形で十五篇ほどある中から拾う。

◇随想　草と虫と人（37）：身辺随想。羽仁五郎から『新井白石　福澤諭吉』を贈られた。蔵書として現存。

◇商人の書『一商人として』を読む（37・7）：新宿中村屋の創業者相馬愛藏著。発行を待って貪るように読んだ。蔵書として現存。

　子供達向けの本を読んだ感想。

◇八月に読んだもの（37・9）：少国民文庫から『人間はどれだけの事をして来たか』『日本人はどれだけの事をして来たか』『君たちはどう生きる』三冊の書名をあげ、皆いい本で気持ちが良かった。

◇『君たちはどう生きるか』を読む（浅野明二、37・8）：著者山本有三に〈何処の人でも、そして何時でも、読める、極く少数の中の一つ〉とお礼状を出した。

◇雑記帳（安藤令、38・3）：貧しい少女の書いた『綴方教室』[#4]は事実をありのままに、無理のない書き方で表現しているのに驚いたと感想。

　映画関連は十篇ほどある。

◇『綴方教室』[#4]を（H、38）：「オーケストラの少女」と一緒に「綴方教室」を観て、同じ貧乏でも日米の差がありすぎるのは寂しい。綴方のリアリズムは結構だが、あんな生活はもう沢山だと映画そのものから離れた感想も書いている。

2　時代を見る目

義夫の残した全国紙（朝日または東京日日）の切り抜き記事を見ると昭和十二（一九三七）年では、尾崎咢堂の「国防費激増の誘因内外のいずれにありや」という演説（2・18）、〝全評〟加藤代議士はじめ左翼陣営一斉検挙（12・12報道解禁で号外）、十三年では人民戦線派大内兵衛、有沢広巳、美濃部亮吉教授ら検挙（2・2）、社会大衆党党首安部磯雄右翼に襲われる（3・4）、佐藤賢了陸軍中佐　衆議院国家総動員委員会で「黙れ」と発言（3・4）、等々があった。時局を見る義夫の目が推量できる。

（第4章扉写真参照）

メモ帳から

昭和十二（一九三七）年に記したメモ帳[*7]は押収を恐れてか、形見分けのつもりか姉西山ショウが保管していたもの。この手記は七一年五月「あんたが書いたものだよ」といって義夫に返してくれたと後書きしている。省略化して書かれているので、著者が補筆・説明を加えたものもある。一部抜粋：

◇君は［戦争の拡大をみて］どう覚悟するかと聞かれたら次のように答える。死ぬか、食えなくなるか、二つを覚悟する。

◇権力屋が戦争を製造する。全体主義からくり。

◇世界は戦国時代化する。馬鹿を見るのは民衆である。［戦費調達のための］公債とか切手は割当て。

◇［中国大陸で］匪賊と名付けて一村みなごろし［にする日本軍］。捕虜は金がかかる。戦争は文化を高めるという。論者よ、君の息子を、一人息子を［兵役に］出してから言え。［兵役で］一人児を殺し、なぐり書きで通知が来て、怒る父親。若妻（この人は知人である）がお産で死んだ。夫はあっち［大陸］へ行っている。

◇事変では提灯屋だけが儲けもの。東京は提灯行列[#5]を一週間やったそうだ。こちら［八王子］でも、旗や提灯［行列］をやらされる。

◇とくと思えばなんでもホクホクする国民。

◇大本営[#6]、ファショ完成。

◇製造所がものすごい大拡張をしている。おさまって不景気が来れば、戦争を製造するであろう。［日本は］悪運が強い。鞭打つものはいないか。来るべきものが来る。（12・22）

◇何をやってもいいから、国民を忘れるな。

◇ヨーロッパの情勢を見ての感想：戦争は兵器、兵器は生産総合力。最も恐るべき文化せられた野蛮人。二十世紀における最大暴虐事。地球全部［を制圧するのは］は中々暇が入用だろう。［そんなに激しくやるな］ゆっくりやるがいい。悪魔の科学。人類の敵は誰ぞ！　奥の手を出す国と国民。

◇言論統制が進む様を捉え、時代に迎合する文士や学者を批判：上からのものを尊び仲間のものを卑しむ。新聞、ラジオ、ニュース映画は［戦争を鼓吹するばかりなので］出来る限り見ない様にしている。新聞は駄ボラで埋没。

　文章職人が注文主の鼻息を伺いながら、いろいろお気に召すものを書く。学者屋がコジツケルコト、コジツケルコト。文士、学者、大売出しで看板を塗りかえる。

◇唯一人の教授[#7]がやめさせられたばかりだ。人類の名誉のために殉ずる人は少ない。暴力は一時勝つであろう、だが。（12・14）

3　教育科学研究会と結び活動の輪を拡げる

留岡清男との交流

昭和十二（一九三七）年六月、松井翠次郎の編著『農村の生活調査』が出版された。松井は八王子の公会堂で南多摩郡連合青年団及び同郡教育会書記を勤めながら、市の西郊恩方村にあって地方文化運動を進める友人であり、揺籃社に集ういわばサロン仲間でもあった。義夫はすぐに、「『農村の生活調査』を読む」[*7]を武蔵毎夕新聞に寄稿するとともに、この本を当時岩波書店発行の雑誌「教育」の編集に関わっていた教育学者留岡清男に送った。

留岡からは何れ『教育』誌上で紹介したい、著者松井様にもよろしくと返事があった。これがきっかけとなり、教科研の一行が八王子市と恩方村を訪れたのは、同年十一月であった。教科研は五月に城戸幡太郎[#8]、留岡清男等[#9]によって結成された民間組織で、教育の科学的再建設を目指し、教育現場の実践者との共同研究を志向していた。

城戸教授の一行を迎えた時の様子は「教育科学研究会について」[*6]に〈松井翠次郎、菱山栄一、私等は駅で一行を待つ。やがて一行十人位が下車、これを感激をもって迎え市役所に導いた〉と書いている。十月に竣工したばかりの市役所玄関前で撮られた写真が残る。これを見ると一行は十三名、こちらの南多摩・八王子側十二名[#10]が写っている。教科研参加者名を見ると、戦後も教育界で活躍した著名な方々が多い[#11]（第5章扉写真参照）。

一行は織物工場と共同炊事組合を見学して、夕方に恩方村へ向かった。〈菅忠道氏は人形芝居のセットをもっていた。人形芝居を山村の子供等に見せるためである。「教育」といえば、教室とか、修身、読み書きのようなことばかりと思い込んでいた当時に、栄養をはじめ、生活問題そのものを、教育問題の中に入れていたので、みんなびっくりしたようだ〉と「地方の教育運動」[*6]に書いている。

留岡は教科研一行の恩方村視察直後に、「早速小委員会を組織し、具体的に研究と連携の方法を講じ、農村教育問題の一典型を解決することに微力を尽くしたい」と義夫宛にはがきを寄せている。翌年二月八日付はがきでは留岡、板谷虔（後に浪江姓となる）が恩方を訪ね今後の方針を菱山、松井さんを加え相談したい、橋本さんにも話を伺いたいとある。義夫ら恩方訪問の写真も残る。[*7]この時のことは、浪江が義夫を追悼する文で触れている。[*3]

雑誌『教育』86号（一九五八年四月）は「戦前の教科研運動史に寄せる」という特集で七名が書いているが、その全員が八王子やその周囲の村を訪ねている。

留岡は「忘れられないこと、忘れかけたこと」[*2]という題で往時を振り返っている：

八王子市在の恩方村に出ばって、学校給食運動をおこそうとしたり、村の数ケ所に季節託児所を設けたりした。一時、恩方村は教科研のフィールドワークの場所の観を呈したほどだった。それは教科研と、保育問題研究会との合作の仕事で、城戸先生をはじめ、数学者の今野君も、今東大にいる三木教授も、その他総勢二十名ばかりが隊伍を組んで出かけたものだった。八王子市には、変わり者の歯科医須田松兵衛さんや、揺籃社という書店の主人の橋本義夫君がいたり、恩方村には、同じく変わり者の松井翠次郎君がいたりして、出ばる者も一風変わっていたが、地もとで受入れるものもそれに劣らぬ変わり者だった。学校給食をきっかけにして、村の農協と手をつなごうとする意図は成功しなかったが、季節託児所の運営は大成功した。夜など、松井君の家を会場にして、人形芝居を実演し、子供や母親達を喜ばせて人気を博した。それがとどの詰りどんな効果を残したかは疑問だが、これに携わったものは夢中になって一生懸命に取り組んだことは事実だった。

　義夫は留岡を回想して〈「南多摩というところは面白いところですねえ、教育に関係のない職業の人達が熱心に教育運動に参加しているんですから……他の地方にはこういうところはありませんよ」留岡先生は、我々変人連を見て愉快そうに笑いながら言った〉[*6]と会話の一コマを描写している。留岡との交友は、教科研の枠を越えて深まっていった。留岡の義夫宛書状が多数残されている。

教科研支部結成

留岡や教科研の少壮学徒との交流が深まり、昭和十四（一九三九）年八月には支部結成へと進む。八王子・南多摩郡での教育改革を目指す活動へと展開していくことになった[*6]。

　南多摩支部で十二月発行したガリ版刷りの『多摩の教育』3号の末尾に会員名簿が掲載されている。会員は二十名で小学校教師が十六名、非教員は橋本義夫と三名の友人、八王子の須田松兵衛、恩方村の松井翠次郎、菱山栄一であった。

　義夫がまとめた「教育科学研究会について」[*6]を見ると、教科研事務局から毎月幾人かが顔を出し、集まりをもっている。特に、留岡幹事長自らが出席することが多かった。

　留岡や教科研の関係によって、学者・文化人などいろいろな人物と土地とを結びつけることができた。義夫はその人達の名前を列記し[#12]、次のように書いている[*6]：

　単なる講演とか視察に終わらず、親密に交流することをつとめた。これを「潅漑」と称して、講演会後茶を飲み、いろりばたで座談会をやること。できるだけ泊まらせること。それが暖かい交流となり自然に足が多摩に向くようにすること。常に手紙を出すこと等々、こんな方針を計画的にやったものだ。

昭和十五（一九四〇）年二月の日記[*7]を見ると、〈安土の家（自宅）に羽仁説子先生を交えて家族的な座談会を開く〉とある。集会後に教科研本部の先生方を幾たびか招き、宿泊してもらったこともあった。「地方の教育運動[*6]」では呉文録（坂本健二）の「愉快な仲間」から引用し〝教科研信者〟、〝橋本君の熱病に感染〟といった表現で、活動の情景に触れている。

『村の学校図書館』撮影

義夫の友人で教科研支部会員広沢堯雄（恩方第一小）が、ほとんど図書に触れることもない山村の小学校で図書を読ませる努力をしたことを『教育』に発表した[*8]。広沢が担当したクラスの家庭の職業や文化に触れる程度を示した表を見ると、農業や山仕事、日雇いなどで過半を占め、児童が毎月雑誌を購入する家は一割以下、ラジオがある家は四割以下など厳しい環境下にある。

ここで自分達の図書館を作る努力をしたのが注目され、東宝と教科研がタイアップして映画化した。昭和十五年十月には揺籃社の店舗や恩方の学校で撮影が行われた[*6*7]。義夫はその中で、本屋の主人として出演している。この映画は『ぼくたちの図書館』と改題され文部省推薦文化映画となり、翌年一月に封切られた。義夫の経営する店舗がそのまま写っていたので、遠方の友人・知人からも反響があった。兵役で満州に配属中の未知の方から、現地の絵はがきを使った軍事郵便で「入営前朝な夕な通ったようらん社の風景、懐かしいものです」が残っていた。

文化映画「村の学校図書館」に町の本屋さんとして出演（昭和15年）

義夫は、出演した感想をメモにし、シナリオや恩方第一小学校からの実際の注文表などとともに保存していた[*7]。

昭和十六年一月同校で試写会のニュースが「恩方校にあこがれの図書館　一訓導の献身でこの成果」の見出しで五枚の写真を加え朝日新聞記事[*7]となった。

教育科学運動総括――教科研の解散

昭和十六（一九四一）年三月国民学校令公布、四月か

ら小学校が国民学校となった。政党は自発的に解散、総理大臣が総裁となる大政翼賛会が発足し、国民動員体制の中核組織となった。日々の暮らしにも戦時色が強まっていった。

五月には教科研本部から「教育科学研究会を解散す」という手紙が来た。留岡、城戸等幹部は大政翼賛会に参画し国策協力を打出したにもかかわらず解散を余儀なくされた。支部としての活動も停止となった。

義夫は〈一九三七年以降、城戸幡太郎、留岡清男等の教育の科学化運動に参加して、東京に近いところに実験の場を提供した。有能な地方在住の教育家達が参加して記録すべき出来事になった。自由な庶民精神による教育文化運動は南多摩郡と八王子市という行政上のナワバリを越えて、交流し成果を上げた〉[*6]などと教科研支部の活動を総括している。

4　多摩郷土研究会他の活動

義夫が音頭をとり、多摩郷土研究会の名前で自宅を事務所にし、集会に利用するようになったのは昭和十五（一九四〇）年八月以降と思われる。多摩郷土研究会と教育科学研究会支部連名の十一月集会案内の印刷はがきでは橋本宅で〈種々な部門の方に参加を願い「郷土計画」あるいは「全村計画」を研究協議いたしたい〉とし、同様な印刷はがきで〈郷土の歴史をたずね現在を知り、明日を計画したい〉と川口村にある採桑試験所、平野養兎研究所を視察後に座談会という第一回の会合の案内状が残る。これは多摩郷土研究所名となっている。また、翌年一月浅川町を学ぶ会として、林業試験場や種畜場を見学後に座談会の案内状は多摩郷土研究会名を使っている。

多摩郷土研究会の発足時期を教育科学研究会（教科研）の解散を受けて一九四一年に設立したようにもとれる文章が「地方の教育運動」[*6]中にあるが、実際は教科研の活動の枠にとらわれず活動したいという思いもこめて、前年秋に旗揚げしたものであった。時期が正確にわからないのは、義夫本人が「賛成した人はお入りください」と声を上げ、立ち上げたものらしく、活動を重ね、形をなしていったからである。多摩郷土研究所や多摩教育研究所も全く単独で名乗りを上げ自宅を事務所とした。このほか教育関連の活動では多摩教育研究会も使っている。いずれも会長など役員の名前はない。相談して会則を作りといった段取りも踏んだ様子はない。

安土の自宅玄関先で多摩教育研究所と書いた大きな表札をバックに井上栄蔵と一緒に写した写真が残る。[*7]字は楠正徳が書いたと写真裏に注書きがあった。
　団体名は必要に応じて使い分け、「農村の総合的計画」の立案、研究所及び篤農家の公開見学会をはじめ無医村解消運動、科学的地方史研究等いろいろな地方啓蒙運動に取り組んだ。短期間であったが、太平洋戦争開戦まで熱心に活動した。

「教科研」解散後に組織された〈「生活科学研究会」が非常に援助してくれ、いろいろな人物を送ってくれたことは効果的だった。それからはすべてが自由な地方に則した実験だったから、フレッシュで派手で明るかった。この地方開発運動は、平井鉄太郎、榊原金吾、山崎安雄、楠正徳、小島宏平、岸利子、筆者たちなぞ大勢であった。[*6]〉

　義夫は多摩郷土研究会の狙いと会名について書いている[*7]：

「働く村、働く町にしよう」というスローガンを出したのは昭和十六年の正月であった。地方開発ということは、生産力を発揮し、能率を高めることであるという意味である。このためには、或る村、或る土地をまず各専門的知識ある人が視察し、そこの研究機関、研究者とも会い、それらの特殊技術が、交流浸透していない障害物を取り除き、又各地と物的人的に交流させて能率を高めること。さらに最進歩的行動的なのは青年等であるから、これと交流し、青年教育をはかり、各地の青年とも見学座談会をやって、交流と動員を実行した。さらに一般学校教育とを結びつけた。かくてこれを其の地方の実験地とさせ、これを報道機関によって普及させようというのが「多摩郷土研究会」の本当の狙いであった。この会名は、当時言論統制の極度にきびしい時代であり、すこしでも進歩的であれば恐ろしい弾圧が必至であるから、これをさけるために「郷土」という文字を笑いながらかぶせてつけたのである。

無医村解消運動

無医村解消運動は計画的演出的な試みだった：
　何といっても、多摩郷土研究会の一番大きなセンセーショナルな仕事は「無医村解消運動」であった。昭和十六（一九四一）年五月頃、計画的に行ったもので、無医村見学会を催して座談会を開いた。各地でもやらせ、これは計画的に見事にジャーナリズムにのせた。
義夫の書いた運動の進め方メモをみるとその試みがわかる：

①「由木村に声あがる」村、常会、学校、青年。
②「由木村に協議会」有志が「国家の重要課題たる増産に暗影を投げるのは、わが村では医療の不完全に

よる疾病の多いことだ」と叫び、「これをなんとか処理して、増産に兵役に挙村ご奉公しよう」、保健報国協議会。

③「各無医村からも、少しずつ声が上がる」

④「無医哀話」（川口村）山入部落、由木村から拾う、児童の綴り方などを入れてもいい。

⑤「金一封を出す人などもある」

⑥「無医村を見る」（由木へ）（猿丸峠は出来るだけ歩かせること。帰りは七生（村）に出る。タイムを取ること）

⑦「無医村現地報告」写真。

⑧「無医村座談会」を開く。

親友や妹を若くして失った無医村の由木村で初めて試みた。義夫は、〝弔い合戦〟のつもりとの思いを記している。これを五月五日朝日新聞が全国版の記事（写真参照）とした。

「八王子市から東南へ約二里、猿丸峠を越えたところに南多摩の丘陵に囲まれた由木村がある」の書き出しで、前年同村死亡数九十五名中乳幼児は四十六名の多きに達している。ガソリン不足で医者の往診もままならず、村民が医者に行くのも交通手段が少なく、多額の費用がかかる、といった村の実情を書いている。

日五月五年六十和昭

聞新日朝京東

（日曜月）

東京の足許に〝無醫村〟

戰時に目醒めて健康村へ

無医村解消運動は大新聞が継続的に取り上げ、全国的な拡がりを見せた（昭和16年）

さらに、「書籍商橋本義夫氏等多摩郷土研究会のメンバーに無医村の問題を戦時下日本として看過できないと東京から馳せ参じた生活科学研究会の今野武雄氏[#10]等約十名で〝無医村〟の問題を話し合った」、「無医村から有医村への運動の新しい発足」と報じた。

東京日日新聞（以下東日と略）記事では無医村の状況などを紹介すると共に無医村解消先駆隊一行として義夫等十四名の写真を掲載した：

「無医村を解消せよ！」の叫びは八王子市を中心とする若い人々の文化団体――多摩郷土研究会からあげられ、四日折からの豪雨も物かは東京から馳せ参じた生活科学研究会今野武雄氏等一行三十余名と共に無医村現地視察が行われた。一行は篠つく雨に全身したたるしずくもいとわず、医者のいない村の実情を夕刻に至るまで隈無く視察、熱心にメモをとるなど大きな収穫を得て、近くこれが対策の実行運動を起こすことになった。

四日の現地視察などに参加した川口村在住の青年教師楠正徳は一九九七年にその時のことを回想している[*1]：

「その頃八王子の医師に往診を依頼すると米一俵飛んでしまう」といわれていた。これは由木村だけではなく八王子周辺の村々は総て無医村であった。〔中略〕その日は土砂降りの雨で、橋本先生とともに合羽を着て自転車を押して野猿峠を由木村へと向かった。先生は「楠さんよ、こんな時に来る人は本物だよ」〔中略〕その後、元八王子小学校で八王子医師会会長を交えて話し合いがもたれ、これらの座談会が功を奏し、医大の学生達による無医村への診断治療が巡回され、全国的な活動に迄発展した。

その後も、朝日、東日両新聞は無医村と解消の動きを繰り返し伝えている。東日では「無医村探訪報告書」を五月八日から六回連載、朝日も「医に恵まれぬ村全国に千数百　対策を叫ぶ医師会」を八日に掲載、朝日は二十日の社説「国民保険と医療の普及」で無医村問題に言及している。

六月、各省次官局長も出席する国民家族会議の第七部（国民生活）では、無医村の実情から対策についての議論がなされ建設意見が上通されたと当時の新聞は伝えている。

こうして無医村解消は全国運動にまで発展した。七月十五日の東日を見ると、「無医村へ　医学徒を派遣二十三校から五十四班七百名が奉仕」と見出しがつき、「主催　医学徒報国協会　後援　財団法人原田積善会、東京日日新聞社、大阪毎日新聞社」と一面に掲載され、同日の社説で「青年医学徒の壮挙」と評価しつつ、「公医制度の実現と医療の恵みを受け得ぬ階級全体に対する施設の徹底とについての計画を早急に進められることを慫慂したい」と結んでいる。

義夫が無医村解消運動で真っ先に取り上げた由木村（現八王子市）へは七月二十一日から三十日、日大医専の教授二、講師二、学生十六名のチームが、そのトップを切って派遣された。無医村診療班用に謄写刷りした新宿から八王子への時間表を見ると、朝七時から十時頃の電車は一時間に二本、八王子駅から由木村へのバスは午前午後各四便、駅から利用可能なタクシーなど自動車の便はない時代である。特記されるのは橋田邦彦文部大臣が二十四日に視察したことで、新聞はその前から連日記事として大きく取り上げた。

義夫ら多摩郷土研究会のメンバーも同日由木村に出向いている。「橋田邦彦文部大臣を迎えて」の題で複写罫紙に義夫手書きの文が残っている。抜粋‥

今回「医学徒診療班」が組織され、農村集団診療が全国的に企てられ、南多摩郡に於いても山木村に「日大医専班」が教授御引率にて診療が行われることになり、更に閣下の御視察を忝なうしたことは日本医学の展開と確立のためにまた郷土のために貴重な歴史的出来事になると信じます。私達はこの歴史的出来事に心からなる敬意を表します。国家郷土のために少しなりとも働かなければならぬことを痛感いたしました。

本人名はないが、多摩郷土研究会と記し、自宅住所も加えている。また、研究会名で謄写印刷された見学案内に義夫の手書きで〈「医学旧体制」が「無医村問題」から崩れ始めました。「無医村問題」から更に「日本医学」へと進めねばなりません。どうぞ「日本医学」への建設のために筆陣をお願いします〉と付記されたものが残っている。当時の高揚した思いを感ずる。

無医村解消運動は八王子周辺に止まらず、各所に起こり、続いて全国的な風潮となった。残された新聞の切り抜きを見ると、全国各地での診療班の活動記事、「全国の無医村三千六百余」、「国費補助により農村総合病院建設　まず全国五ヵ所」など、運動が拡がりを見せ、行政も動き出したことがわかる。

義夫は〈実験として驚異的成功であった。これは戦争突入がなければ、全国的に無医村解消の成果があがったはずなのだが、惜しくも戦争で腰を折られた〉と述懐している。

活動を支援した東京日日新聞山崎安雄記者

義夫が東日八王子支局の山崎安雄記者[#13]を知ったのは一九四〇年だった。単に記事として紹介するだけでなく、その活動に共感し、運動への協力を惜しまなかった。義夫は〈彼は記者であると共に、重要なメンバーだった。このため我々の仕事の効率がすこぶる高くなった。いろいろなことをやったが、その中でもっとも大きい動きは、由木村から意識的に手をつけた無医村解消運動だった〉と書いている。
　山崎は四二年春東京本社へ転勤、義夫宛の挨拶状に手書きで「またご高説を拝聴に出かけます。私の唯一の心の師と思っています」と付記している。
　敗戦後、山崎は義夫の戦中期を取材し『サンデー毎日』（1946・1・27号）に取り上げている。一部引用：
　教研事件（教育科学研究会）で検挙された人々は全国的にも相当の数に上ると思うが、八王子市揺籃社書店の店主橋本義夫氏もその一人。（揺籃社は八月二日の空襲で灰燼に帰した）同氏は街の本屋さんというには余りに非商人的存在であり、系統だった教育こそ受けていないが生物学を基礎とした社会思想方面の真摯な一学究として土屋喬雄、城戸幡太郎氏等とも交友関係にある特異な人物として知られている。本年四月まで実に五ヶ月間空襲熾烈化の留置場生活（早稲田署）を体験した。

その他の運動から

　教科研は解散したが、教科研との活動で培った人脈は生きており、むしろ、義夫が中心になって動ける多摩郷土研究会の方が多面的な活動を展開できた。昭和十六（一九四一）年は大戦を前にしながら、運動は高まりを見せ、幾つかの村で賛同する青壮年を動かし、異なるテーマを掲げ活動した。

　川口村では複式授業の弊害を訴えるため、五月二十五日には義夫の母校陶鎔小学校の見学や座談会を開いた。城戸幡太郎（法政大学）、細谷俊夫（東京大学）、今野武雄（生活科学研究会）、菅忠道（雑誌『教育』編集部）、重松鷹泰（東京府視学）、佐野千恵（生活科学研究会）、坂本健二（東京府社会教育主事）ら教科研で交流した諸先生が参加し、村の大政翼賛会壮年団も協賛して加わっている。

　この企画は朝日新聞本社学芸部記者が取材にきて、五月三十日「複式学級の弊、先生も生徒も大困り」の見出しで城戸幡太郎談も加え、学芸欄の記事となった。記事では児童数二百十五名三学級とある。現代では想像もつかない。

　東日新聞は「全村が複式教授、児童の質低下歴然」を見出しの記事を載せ、さらに二十七日には「川口村村長、助役はじめ村の有力者が実際の授業を視察し、認識をあらたにして改善を誓った」などその後も幾たびも記事にした。全村複式教授という旧態からの脱却を図る動きが加速した。

　多摩郷土研究会が生活科学研究会の諸先生を招き、元八王子村（現八王子市）で見学会と座談会を行ったのがきっかけとなり、受け皿が出来、村は活発に燃えだし、いろいろなことを具体化した。六月一日には市川房枝一行六名[#14]を迎えて、婦人解放の先駆者と元八王子村の婦人達との座談会が開かれ、東日新聞が「農村娘の叫びをきく」という題で座談会の内容を一週間連載した。地元の婦人は薬師寺美代子、元八王子小学校の教師岸利子等八名が名前を出している。

　六月二十二日には婦人文化研究会の名前で仏文学者中村星湖の話を聞く会を開いている。義夫はこの日のことを〈地方一般の文化を高めていこうといろいろのことをやった。その一つでロマン・ロランの話をしてもらった。この散会後一同が街道に出ると「独ソ開戦」の新聞速報ポスターが電柱に貼ってあった。「あっ！　始まったか……」と思ったが、実に印象的な日だった〉と書いている。

　婦人文化研究会は「生活を科学化」で今野武雄らが講師を務めた集会や、おしゃれ・見栄坊排撃の申し合わせをするなどの活動が東日で報じられた。

　学校農場で苗作りから収穫まで稲作りを児童が行うなど実践型教育で知られ、実績を上げていたのが七生村（現日野市）の平山小学校（当時は国民学校）であった。この学校には教科研支部にも加わった若くて有能な榊原金吾が活躍し、いろいろな実験をしていた。義夫はこの活動を魅力あるモデルとして、新聞その他に取り上げさせるとともに、中央の教育関係者にも声をかけていた。

　六月十五日の見学会は「米を作る学校」をメインテーマにしたようだが、体力作りや保健にも力を入れていた同校だったので、そういった分野の関係者も参加した。出席者の寄せ書[*7]を見ると、受け入れ側の先生方を含め二十八名で、城戸幡太郎など中央の教育関係者や『婦人公論』編集部、南多摩保健所勤務といった方々が、義夫ら多摩郷土研究会のメンバーと共に加わっている。

　六月二十五日には教育学教室周郷博[*15]が東大生など十余名を引き連れて訪問、見学と地元関係者を加えた座談会を開いている。義夫を含めた参加者のサインが残る。テーマは独逸の学校教育、指導者の教育、我が国の教育の反省などがあげられていた。会の主催は多摩郷土研究会、多摩教育研究会となっている。

　前述した山崎記者はいずれにも参加し、平山校を記事にしている。このほか東京日日新聞社が発行する『少国民新聞』に四回にわたって「お米を作る学校」「立派な保健学校」のテーマで連載し紹介している。

　平山校校長の石谷倉太郎から十月二十九日付義夫宛の書状が残っている。「米を作る学校」として山崎記者に紹介された後だけに、作柄が心配だったが、周りよりは良く、収穫も終わった。おいでになり感謝状を受け取ってください、などとあった。義夫は平山という部落と学校との交流と、村の発展を企画してやったと書いている。

　義夫は昭和十六（一九四一）年秋から翌年半ばまで自身の名前あるいは多摩郷土研究会や多摩教育研究会名で、危機感を漲らせた思いを印刷した十数点のビラ[*7]にしている（参考資料3―1）。多摩郷土研究会名で十一月一日に出したものは〈戦争突入直前の、日本のせまった状態を反映した重い時代の文章で、郷土研究会の同志達の当時の信念を現わしたものである。筆者は今でもこうした考えをもっていることをつけ加えておきたい〉と一九五九年頃に付記している。要旨：

　わが地方は過去に於て、不幸にして先覚的な指導者、或は建設的偉材を出して居らぬ。このことは地方の大なる恥辱であり、大なる負債である。「大人物を生まない土地、天然はいかに美しくとも吾等の心をひく力はない。

　最大なる国難の時に際し、景勝の地多摩は今こそ国家に必要なる献身の偉材を輩出させ、長き恩恵に報いると同時に、郷土を飾り、良き循環を起し、次代への人々に対する義務を果たさねばならぬ。

活動回顧

「教科研」解散後もその人脈は生かされ、城戸幡太郎自ら参加・応援したのをはじめ、今野武雄、周郷博等が来て援助、その他いろいろな人物を送ってくれた。

　義夫自身の思うように動いた型にはまらぬ実験でもあり、〈この地方啓蒙運動は同志的で血が通り、暖く毎日のように顔を合わせ、実に熱心であった。青年等は若い日の情熱を傾けた〉[*6]。

　昭和十二（一九三七）年に始まる教科研本部との交流から支部としての運動、さらに昭和十五年秋からの多摩郷土研究会などを名乗ったいわば〝揺藍社グループ〟の運動は義夫の対外活動第二のピークとなったが、太平洋戦争開戦によりグループとしての活動は停止した。配布ビラや印刷物には、十七年秋まで多摩郷土研究会、あるいは多摩教育研究会名のものがある[*7]。

　義夫は〈この企画は非常に成功した。地方における実験的開発は、中央を動員するに易く中央を動かすと地方に於ける若い人その他を動員するのも又容易であった。これにジャーナリズムが全面的に参加してくれた事は非常に能率的であった。重箱の隅をつついているような事ばかり好む学校教育関係者を対象としていたところから解放されて、広い野原へ出たような気がして喜びは大きかった〉と回顧している[*6]。

第5章　注

＃１　日曜を休刊とする週六日発行の夕刊紙で、一九三七年十月には通巻四千号に達している。一九四〇年廃刊となった。

＃２　この三人については、戦後にも林副重（58・1に六回連載記事及び59・12）、メイラン（一九五六年から五九年にかけて単独記事として七回取り上げ）、山岡（54・？）を地方紙に書いている。

＃３　一九三六年、南京から西安へ督戦に来た蔣介石を監禁し、国共内戦の停止と挙国一致による抗日を要求した事件。中央公論六月号（一九三七）に載った蔣介石夫人宋美齢の手記から「国内問題は武力によらず、政治的手段によらなければならない……」が引用されている。

＃４　一九三七年、小学校四年の貧しいブリキ職人の少女豊田正子が書いた作文が編集・刊行され、ベストセラーになり、翌年には新築地劇団が舞台化、映画化もされ当時の話題となった。一九九五年『新編綴方教室』として岩波文庫に入った。

＃５　南京陥落の公表を待たず、祝賀の提灯行列が繰り出された浮かれぶりを書いている。

＃６　十一月十八日大本営令公布、陸海軍最高統帥機関として設置したことを指す。

＃７　東京大学経済学部教授矢内原忠雄が筆禍事件で辞職したことに触れたもの。著書『民族と平和』は翌年一月に発売禁止、義夫の蔵書だったこの本のケースだけが残され、〈誰だ、この中身を盗んだ奴は！！！〉と後日、赤鉛筆で書き加えている。これは義夫が一九四四年十二月に治安維持法で拘束された時押収されたことを指している。

＃８　城戸幡太郎：当時は法政大学教授。一九三三年雑誌『教育』を創刊し、三七年教育科学研究会を組織。戦後は北海道大学教授、国立教育研究所所長、北海道教育大学長などを歴任。

＃９　留岡清男：城戸幡太郎らと雑誌『教育』を創刊、教育科学研究会を創立。戦後は父留岡幸助が創設した少年感化事業を行う北海道家庭学校校長、理事長。一九五二年北海道大学教授、後に北星学園女子短大学長。

＃10　市川英作（私立八王子学園創立者）、太田秀穂（私立八王子中学校校長）、岡部軍治（八王子尋常高等小学校校長、歌人としては若林牧春で知られる）、大野喜太郎（『或る女教師』）

＃11　城戸は＃8、留岡は＃9参照。今野武雄（数学者、科学史家。『百万人の数学』などを翻訳。一九四九年衆議

院議員）、宗像誠也（教育学者、のちに東京大学教育学部教授）、菅忠道（児童文化・文学研究家）、永野順造（「『綴り方教室』の生活構造」）、平野婦美子（教育者、『女教師の記録』）

#12　城戸幡太郎、留岡清男、細谷俊夫、小田内通敏、依田新、宗像誠也、宮原誠一、大河内一男、永野順造、周郷博、今野武雄、菅忠道、重松鷹泰、小川一郎、山田清人、板谷（浪江）虔、鈴木舜一、徳田良治、三木安正、波多野完治、山下俊郎、戸塚廉、羽仁説子

#13　山崎は戦後著作活動で知られるようになったが、義夫の社会活動が評価されない不遇の時代においても、新著を出すと、いつも義夫に寄贈していた。義夫は地方紙に『岩波文庫物語』、『文豪秘話』など著書の紹介と書評を書いている。一九六一年、『岩波茂雄伝』では、〈終始「情」が湧き、改めて強い感銘を受け、始めから三分の一ほどまでは涙をこぼしながら読んだ〉。『ベストセラー作法』では〈彼のピークの著作〉と評した。一九六四年五十四歳の若さで急逝。義夫は彼を追想して地方紙に上下二回にわたり「一記者の生涯　山崎安雄のこと」[*4]を書いた。

#14　市川房枝（当時の名刺では婦人時局研究会）、帯刀貞代（婦人運動家）、渡部清子（女性展望編集部）、本間清子、斎藤きえ、加藤寿々子（故加藤朝鳥夫人）

#15　教育学者。後にお茶の水女子大学教授。著作に「教育社会学」「幼児の芸術」など。

第5章　参考・引用文献

*1　楠正徳、追憶、丘もゆる　暴風雨の中で刊行記念記録102〜、『暴風雨の中で』の出版を祝う会、一九九七

*2　留岡清男、忘れられないこと、忘れかけたこと、教育86：132〜、一九五八

*3　浪江虔、半世紀前の交友、町田地方史研究4号（橋本義夫先生追悼特集号）：29〜、一九八六

*4　橋本鋼二、橋本義夫と毎日新聞記者山崎安雄、旭川のふだんぎ52：90〜、二〇一〇

*5　橋本義夫・四宮さつき・松岡喬一編、何でも書いて験してみた、ふだん記全国グループ、一九七九

*6　橋本義夫、沙漠に樹を　橋本義夫初期著作集、（地方の教育運動）、揺籃社、一九八五

*7　橋本義夫、暴風雨の中で　橋本義夫著作集第2集　戦中戦後日記手記、（第三部太平洋戦争以前の日記・手記などから）、ふだん記旭川グループ、一九九六

*8　広沢堯雄、児童図書館の建設、教育8：8〜、一九四〇

第6章　太平洋戦争前期
――戦争協力から非戦論者に――

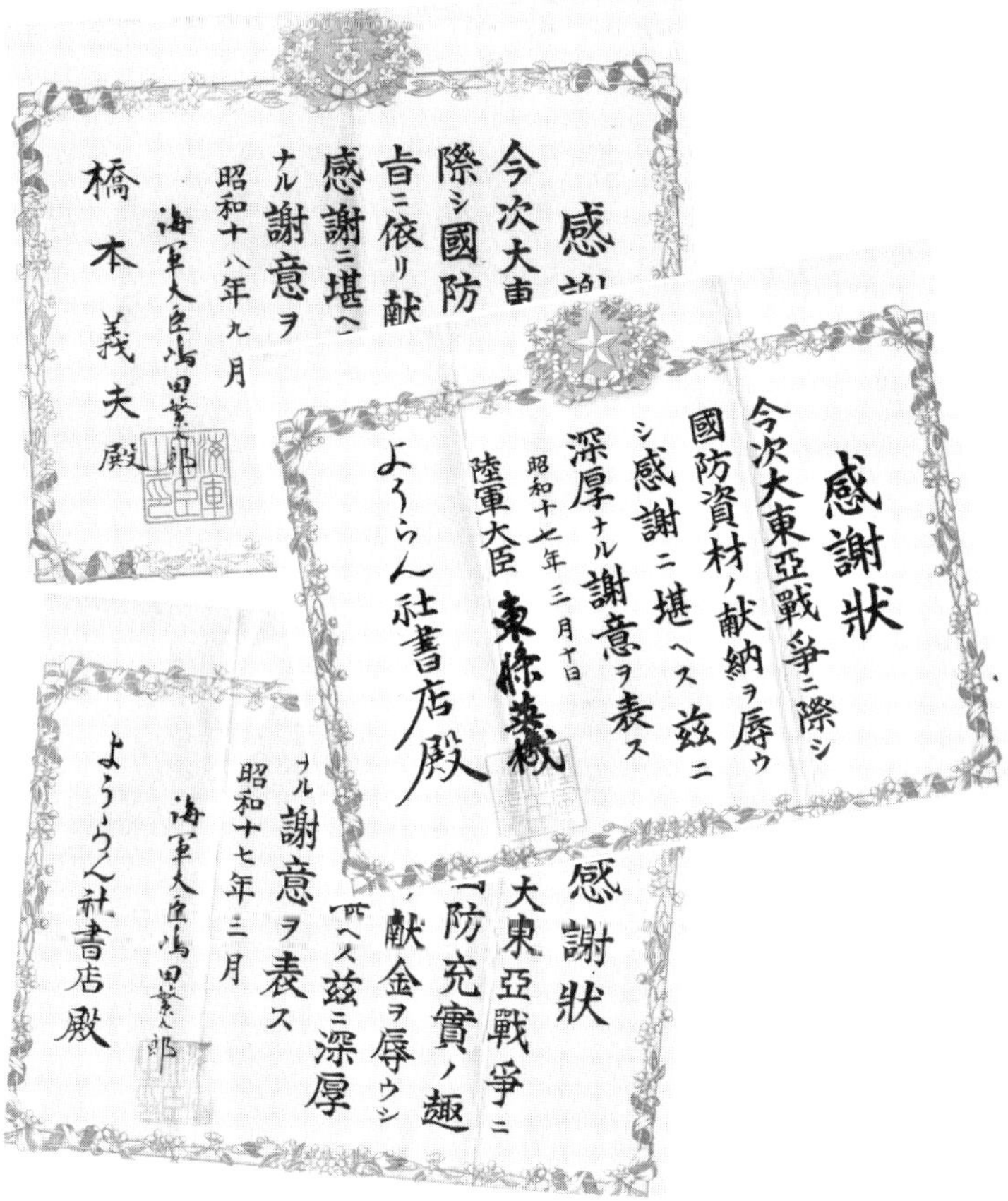

陸海軍から贈られた献金感謝状

ここで取り上げるのは、昭和十六（一九四一）年、太平洋戦争開戦の少し前からの二年である。当時の情勢を見ると、アジアでは日中戦争が続き、さらに日本軍は仏領インドシナに進駐した。西ヨーロッパではドイツがフランスを降伏させ、イギリス侵攻を窺う勢いで、東ヨーロッパにおいては、六月にソビエトと全面戦争に入った。同年十二月には日本が米英両国と開戦、当初は日独の勢いがあったが、やがてどちらも予断を許さぬ激しい消耗戦となっていった。

橋本義夫がこの時代を記した資料は大別して戦時中に書かれたものと、敗戦後にまとめたものがある。戦時中の記録や資料は〝史料〟になるという意識を持っていたが、空襲による焼失と官憲による押収によって不完全なものとなっている。日記またはそれに類するものについて言えば、太平洋戦争開戦の一年二ヶ月前の昭和十五（一九四〇）年十月から十八年八月まで残っていない。残った日記やメモあるいは印刷配布したビラなど、その多くは既に『暴風雨の中で』に載録し公開している。

敗戦後に本人がまとめたものとしては、五ヶ月後に書いた「戦争犯罪自己調書」（以後「自己調書」と略）が自身の行動について簡明に触れている（8章2参照。全文は参考資料4）

1　厭戦、非戦的態度からの決別

開戦前後の動き

〈「事此処に至っては止むを得ない」敗戦となれば人民が惨苦を負担しなければならず真の亡国だと考え、一九二〇年以来の非戦主義を捨て戦争に対し防御的に協力することとなり、以来一九四二年十二月中旬まで一ヶ年間戦争協力者として行動した〉と敗戦の半年後、「自己調書」に書いている。

開戦一ヶ月前の十一月六日には、〈世界をながめ、国の前途を考えると形容詞の無い位多難の時に私の「不誠実と不平と愚痴」は、家族を、友人を、地方を、知らず知らずのうちに伝染させていた〉として、〈自己批判のために、暫く友人各位の御友情を謹んで辞退し、大国難に直面している国民にふさわしき態度を以て、新しき出発を致そうと思います〉といった内容の印刷物[*2]（無題）を出した。

開戦三日後の十二月十一日付けで最も親しい友人須田松兵衛宛に、多摩郷土研究会名で橋本印を押した義夫自筆の手紙が残っている。書いたが出さなかったらしい。要旨：

国家の命令は絶対服従すること。
国のため、国民のために一切を捧げること。
自分だけに与えられている使命は黙って果たすこと。
不平と愚痴は国賊になる。
批評的妄言　絶対言わぬこと。
右の言葉を申し上げます。但しこの一回に限ります。後はご自由ですが、口を滑らして国法にふれても、私たち友人はその責めを負いません。

十一月六日付け印刷ビラと未投函のまま終わった須田への手紙を合わせて考えると、「事此処に至っては止むを得ない」、スイッチを切り替えて戦争協力するしかないという思いを保つために、厭戦、非戦的傾向を持つ友人達から一時距離を置こうとしたのが、十二月十二日に出した印刷ビラ（参考資料３－１参照）ではないかと思われる。

国内外の情勢から危機感が強まり、「新体制」と呼んだ準戦時体制の中で新しい目標を設定した活動を考えるようになっていった。そして、義夫同様多年にわたり厭戦、非戦的態度を隠さなかった須田に対しては、親友で毎日のように会っていただけに、太平洋戦争開戦直後、「口を滑らす」ことのないよう特に気遣いが必要だったのかと思われる。

「自己調書」に戻る：

昭和十七年一月、八王子市民市川英作、梅沢生次等と共に大東亜黎明会なるものを起こし、南方進展策を企図したるも同年末に解散した。尚この会に対し、金壱百円を寄付した。〔中略〕昭和十七年二月、戦争協力は単なる声援に終わるべからずとなし陸海軍宛に金五百円ずつ計一千円を、更に同年七月頃陸海軍宛に三百円を寄付したること

ようらん社書店宛に当時の陸軍大臣、海軍大臣の感謝状や国防献金の領収書が残っている。小学校教員初任給五十～六十円、白米十キロ三円余の時代なので、当時としてはかなりの額である。

印刷したビラや文書から

昭和十六（一九四一）年十月から十七年十二月までに多摩教育研究会、多摩郷土研究会、橋本義夫あるいは無記名でいろいろなビラを活版印刷している。次第に紙質も落ち六月中旬以降は藁半紙に謄写印刷となったが、十二月までに十七篇出した。その多くは少青年の教育問題を取り上げている。文書標題と発行者名、発行日を列記したリストは参考資料3―1に示した。橋本義夫名九篇、多摩教育研究会名三篇、多摩郷土研究会名三篇、両会連名一篇のいずれも義夫自身が文を書いたものと見られる。

その中の二篇から要約‥

図書館・図書室を作りましょう（17・3・13、多摩郷土研究会）‥　書籍の出版が次第に縮小していくことを見越し、限られた図書の有効活用を訴えたもの。書籍を能率的に、最も有効的に生かして用いるには、その組合せが必要。図書室や図書館が、部落に、村に、町に、工場に、学校に必要なので、お互いの協力によって、それらを作り、又既設のものは充実を図ろう。そこで、読了後で蔵書の必要ないものは持ち寄り冠婚葬祭をはじめ諸記念には図書や、その購入費を寄付するようにと訴えている。

少青年よ偉大な人の言行録と伝記を学ぼう[*2]（17・9・29、多摩郷土研究会）‥　自身の読書経験を背景に持論を述べ名前を例示、戦時中ながら、リンカーン、エジソン、ファラデーを加えている。読み方は現代流の物知り式、暗記式、受験式、映画式、流行式、文学青年式じゃーだめだ！　実際に苦闘した、その事実を再現して学ぶことだとし、〈文芸職人や教訓職人や小型な男の書いたものはつまらぬものが多い〉と加えている。

2　敗戦を確信し、もとの如く非戦論者、反戦主義者に

「自己調書」によれば〈昭和十七年十月、第三次ソロモン海戦を検討し、近代戦は生産力の戦争なることを知り、

「リデルハート」[#1]「ポソニー」[#2]「ゼークト」[#3]等の著書を読み、「生産力が極度に差ある場合には戦略によってカバーし得ず」と確信し、この大戦は必ず日本の敗戦となることを予見し、友人、知人等に語り、且つ日記等に記録した〉とある。ヨーロッパ人の書いた戦争に関する本を参考に、戦局を予測・判断したという。この頃の日記は失われた。

さらに〈昭和十七年十二月敗戦は確定的なるため、最後的対策をなせと、総理大臣東條英機に献策せんとしたるも果たさず〉とある。

早く戦争を止めないと日本中大変なことになる、国民の受ける災禍は計り知れないと思い詰め、多摩御陵へ参拝に来る東條首相の自動車を止めさせ、義夫が談判しようという計画を立てた。この時のことを唯一のパートナーになったかもしれない榊原金吾は「橋本義夫先生にお別れする会」[*1]（一九八五）で回想している：

戦争の泥沼に入った暗い時代になり、思い詰めた橋本さんから東條直訴の過激な計画を打ち明けられています。もしあれが実行に移されていたら間違いなく私はその片棒を担いでいたことと思いますが、端の人から見れば知識の橋本さんはドンキホーテであり、私はサンチョパンサだったかも知れません。

「自己調書」では〈昭和十七年十二月中旬以降は敗戦を確信したるため、もとの如く非戦論者、反戦主義者となり無条件降伏以後にまで及んだ。戦争不利となるや思想取り締まり、反戦論者取り締まり等厳重を極めたるため、その弾圧を避けんと努力したるも、昭和十九年十二月、治安維持法違反の名にて検挙され監禁されてしまった〉と書いている。

伝えたい思いと時を見る目[*2]

昭和十八（一九四三）年九月からの自由日記[*2]が残る。ヨーロッパの戦局の推移に注目し、戦局の行方と日本の将来を考えている。

九月のイタリー無条件降伏は意外とは思わなかったが、矢張りショック、だんだん行くところまで行きつつあると記した。十月には独ソがウクライナ地方のドニエプロで世界最大の激戦を続けているのを終曲の山とし、南太平洋の消耗戦も重大ではあるが、全体的には支流にすぎない、日本はドイツと一蓮托生、ドイツの亡びることは日本の亡びることになってしまったと書いている。

戦局が進むにつれて、印刷も困難になったものか、昭和十八（一九四三）年以降には活版印刷はもちろん、謄写印刷されたものも残っていない。多摩郷土研究会や多摩教育研究会などの名前での集会も無かったと思われる。

しかし、店内に張り出したと見られるビラや特に書き残したかったと思われる文言を筆字で雑紙に書き、自らスクラップブックに貼っていた。しかも、鉛筆等で日付を記載しているものが相当数あるのは、後戻りできない時代の記録を残そうという意識からであろう。一部引用。

◇史料を保存しましょう。自由経済時代の庶民生活を最もよく表現するような史料を保存しましょう。多摩郷土研究会（17・4）

◇教育には最も力ある人があたるべきである。教育を馬鹿にする国には前途が無い。地方からロクな産業もないし人も出ない。（17・10・25）

◇器が大きくなければ多く入らぬ。理想の低い国民はその国を大にすることは不可能である。仮に幸運によって大きく成し得たとしても、それがかえって不幸のもとになり、亡びてしまうだろう。（17・12・4）

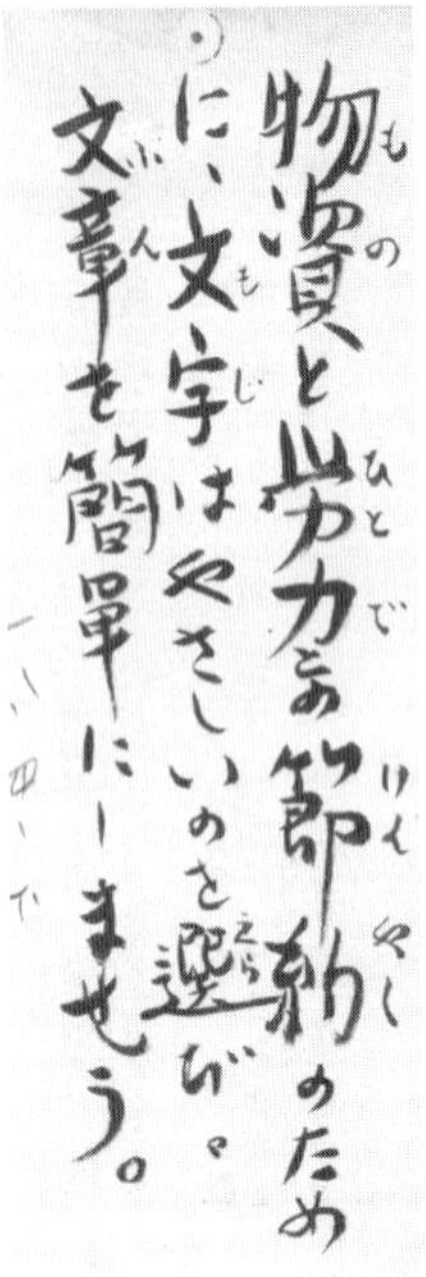
物資と労力を節約のために、文字はやさしいのを選び、文章を簡単にしませう。
店内に張り出したビラ（昭和18年4月頃）ピンの跡が残る。左端に書いた時期を一八・四・下と鉛筆書きし、スクラップブックに保存されていた

◇人の配置が効果的であれば、資源や設備の貧困さえも克服する。人は最大の資源であり、最高の精密機械である。（17・12・16）

◇勝つという唯一つの目的を事実に於いて可能ならしめる手段として、人の効果的な配置と実施方法の研究、人の養成教育の研究、その他を当研究所の任務とする。多摩教育研究所　（17・12・22）

◇戦争に勝つ、この主役をつとめる航空機が、教育を変えるであろう。（17・12・28）

◇飛行機は最大の教育改革者だ。飛行機は郷土史を世界史に変える。飛行機は最大の革命家だ。こやつが絶対至上命令を発する。（18・5・27）

◇新聞朝夕刊とも必ず保存してください。揺籃社〔18・8・19頃、店内に貼りだしたと思われる〕

◇今日というものが積もって一年が、十年が。百年が、永遠ができる。百年も、千年も、それは一日が積み上げられたものである。一日は前の一日よりも、進歩がなければならぬ。大進歩とは小進歩の積もったものである。だから我々は大進歩に驚くことはなし。確実なる小進歩に注意し、小進歩を毎日獲得することにつとめなければならぬ。

戦後に於ける日本の再建は確実なる小進歩を常習化しなければならぬ。（18・8・31）
◇史料と記録を残すこと（なるべく克明にせよ）／社会を進化せしめよ、（科学、科学、科学）（最短距離）（18・9・28）
◇変化こそ今日の道である。自然法則は変えられないが、世の中のきめは作ったもの、変わってきたものである。必要性の前に忠実に変えよう（変革期の道）（18・11・1）
◇現在だけを考えると楽観を生む。そして停頓の中に沈む。未来を考えると悲観的になる。だがここから進歩が生まれるのだ。私の悲観は未来を生み、進歩のためのエネルギーの給源である。（18・11上）
◇若い人は赤紙、働ける人は白紙。老人は黒紙（18・11中）
◇註文は未来に、多数に、だけせよ（18・12下）

3　揺籃《ようらん》社とその周辺

昭和十五（一九四〇）年後半から書店の経営への意識は乏しく、惰性で動いている感じで、地方の教育・生活環境改善のための運動に力を注いでいる。

書店揺籃社十四年の回顧と戦時下の生きる道

昭和十六（一九四一）年九月中旬から十一月初旬にかけて、揺籃社と身辺の整理を意識したビラ七篇を立て続けに印刷し、さらに翌年四月にも一篇を加えている。それらの標題、発行年月日、発行者名を列記したリストは参考資料3―2に示した。

開店当初の理想から離れていったという自省の思いや、時勢に対する危機感と今後の揺籃社の生きる道などについて記している。配布先は不特定多数なのか、常連客宛だったかは不明だが、内容的には後者と考えられるものが多い。公共機関などへ書籍の寄付をしたり、書店経営をやめる時期が近いことを認識した行動を始めている。

◇感謝[*2]（16・10・15、揺籃社　橋本義夫）：内村鑑三の著書は放さず持ち、〈迷う時の羅針盤に、堕落せる時の浮き袋にした〉こと、出版社で〈日本文化のために、私立大学一つ位の働きを充分に果たしている岩波書店と、岩波茂雄を書店道の師〉と書いている。
◇揺籃社の前進その他についての覚書[*2]（16・10・19、橋本義夫）：人手不足や小売商店の間引き策を念頭に〈祖国の必要のためとあらば企業合同も何も喜んですべし。討ち死にと同じ〉とし、二年前に建てた新居の有効活用や当時七歳の息子に対する希望などを記した後、〈最悪の場合を決意し、為すべきことは為さねばならぬ。言うべきことは言わねばならぬ〉と結んでいる。

揺籃社への思い

店内に張り出したり、特に書き残したりした短かい言葉を雑紙に筆字で書きスクラップブックに貼ってあったものや日記とメモ書きの中から選んだ。

◇本屋は文学青年を繁殖させるための培養基の皿の如きものであった。[*2] こんな下らぬことをしていてはならない。（17・5）

◇明日の任務を双肩にになっている青少年のためにふさわしき本を置け。ウンオー〔蘊奥〕だとか自負している老人向きの下らぬ本なんかに錯覚を起こすな[*2]（17・10）

◇中等学生も、今は国内に於いて、中堅青年となった。暗記本や点取り本やそんなものにしがみついて、根性の小さな事務屋なぞを心掛けてはならない。逞しい気持ち、究めて止まざる気持ちにふさわしい本を選ぶべきだ[*2]

◇諸情勢は小社の事業の存続を許さぬことになるものと信じます。それで現在与えられている持場に於いて可及的に役割を果たしたいと考えて居りますから皆様もそのつもりにてよろしくお願いします。（18・10・9）

日記[*2]とメモ書きから（部分引用）‥

◇［書籍の］注文書に向かうのが許されている唯一つの世界である。おびただしい雑草の中からめったにないものをさがす。このめったにないものこそ、未来に、多数のためになり、事実の法則を探究する上に必要なのだ。これを揺籃社という播種器で蒔くのだ。私は［種蒔き］権兵衛である。女にも人にも嘲られている権兵衛である。（18・9・13）

◇揺籃社は種蒔き機械だ／　種子[#4]はこの頃少なくなった。
雑草の種子や不良の種子ばっかりだ。／　早く良い種子をさがして／　ぶりまけぶりまけ／　適期は今だ。
種蒔き権兵衛は／　先真っ暗だ。出ない種子でも／　稀には出るぞ／　蒔かない種子は生えはせぬ。／　種蒔き機械は揺籃社／　種子はこの頃めっきり減った／　おまけに雑草やまぜもの多い／　良い種子さがして／　早く蒔こう
ぶりまけぶりまけ／　適期は今だ。／
種子蒔き権兵衛は／　先真っ暗だ／　出ない種子でも／　ほられても／　稀には出るぞ　生えしげる／　蒔かない種子は生えはせぬ。
一粒の麦も／　蒔かなきゃ一つ／　一粒捨てれば／　どっさりとれる。（18・9・21）

◇私と揺籃社と‥如何なる努力をし、苦心をして見たとも、私は確実に死ぬる。如何なる努力をし、苦心をして見

たとて、揺籃社は確実に終わりをつげる。これは確定的な事実である。無理に早く死に、無理に早く終わらせる必要はないが、両者に死期と終期の来ることだけはまちがいなし。存続にのみ心身を労することなく、毎日毎時、「未来のため、多数のため、法則のため」にその社会的機能を、終わる最後の時間まで、充分に発揮させること、それを企て、考え、行うこと、それが全部である。さあやろうぜ。(18・9・23未明)

◇商業的性格が国家的配給に変えられても、無いものは無いのだ。一、配給品生産が極度に減少し　二、人員が減少し、租税が高額に引き上げられれば経営不能と廃業は必至である。(18・10・30)

◇「不換紙幣」なんぞを獲るために働くのではない。使命を果たすために、働くのだ。(18・12・20)

◇「未来のために／　多数のために／　法則の探究と応用のために／　橋本義夫」これは蔵書印、同時に我が墓碑銘。多難な年が終わる。そしてもっともっと、いや最大の多難な年が来ようとしている。毎日毎日は死に直面しているることを忘れてはならぬ。いよいよ歴史的な年、世界史的な年来る。横山町にて(18・12・31)

働き手を失う

書店揺籃社のスタッフだった林保光の戦病死の報に接し、義夫は追悼文「林保光君」[*2]を書き活版印刷している。検閲の問題があるので表現は抑えたものとなっているが、幼少時に小児麻痺にかかり通常の人の体力がなかったので、戦病死は予期された結果ではないかという不満感を込めている。林が出した旧満州国(現中国黒竜江省)佳木斯からの軍事郵便が三通残っている。

昭和十八(一九四三)年十二月には弟重能が徴用され工場で働くことになり、店の管理ができる人手は義夫だけとなった。日記や筆字署名入りメモでその困難を記している[*2]。要旨：

◇就業禁止令で開店以来の同伴者、同労者橋本重能(弟)と別れなければならぬ時が来た。よき同伴者、同労者であった。揺籃社の今日への功績はまことに大なるものがある。彼あることによって私のわがままもできたのである。主張もなし得たのである。今日があったのである。最早、事業の継続なぞをする考えはない。最後の日まで任務を果たし「未来のため、多数のため、法則のため」日々毎日種蒔きにいそしまねばならぬ。(18・9・23)

◇開店以来の同労者もいよいよお別れである。その代わりは無い。全くのひとりだ。ひとりでは思想は可能である

が、事業は不可能である。（10・27）

戦う図書室

標題の和文タイプ打ち文書が残る。当時の義夫の思いと、読書、特に科学の本を読ませるための誘導法が書かれているのが興味を引く。日付は入っていないが、連合艦隊長官だった山本元帥の戦死という言葉があるので、昭和十八年六月上旬以降と推定できる。要旨：

　早くから科学的な知識を養い、道をあけておこう。先ずそうした地盤を作るために図書を集めてみんなで読みっこしよう。

　本の集め方：科学の本はむずかしいという感じが有るがそんな筈がない、やさしく面白くなければならない。それには目的は急ぐけれど実行は徐々にやっていこう。あせらずに面白い物から始めよう。／　おあてがいでは読む気は起こらないからお互いは選んで買うまでやろう。／　読んだり、覚えたり、話したり、で終わるので無く実際に見たり試して見るようにしよう。／　長期戦だ！　科学も長期戦だ！

　本の読み方：先ず面白く易しい物から読み始めよう。覚えたがったり、一気に読みたがらずに継ぎ読みの癖をつけよう。／　貸し出しする大ぜいの物ほど大切にする癖を養う様にしよう。／　読書会をやろう。講師にも来て貰おう。

　本の始末：当番は責任を以て保存する。／　各自持ち物でしまって置く必要のないものは持ち寄ろう。／　冠婚葬祭には記念として図書を寄付してもらおう。

4　身辺 ── 家庭内に悩みを抱えて ──

　昭和十八（一九四三）年九月上旬に長野県と新潟県を旅行、日記[*2]では「帰る旅、帰らぬ旅」の題をつけているように、旅は長野から直江津まで行くつもりで目的は定かにしなかったが、悩みを抱えてのものであった。日記から足取りをたどると、木曽福島（泊）、長野で腹痛と下痢が始まり、〈海を見るためともう一つの目的〉で直江津に行ったが、海も見ず、町も見ず早朝小諸に向かっている。義夫は旅に出ると、神経性胃腸炎を発症しやすかった。小諸で泊まり、軽井沢に立ち寄り、高崎から八高線で八王子に戻っている。

　旅行から帰って三日後の九月十日の日記では「僕が死んだときは」の題で遺書風の文を書き、財産と一人息子の扱いを記している。また、九月二十〜二十二日には母子不和で家に戻らぬ息子のことを書いている。いずれも家庭不和が影を落としている。

日記から：

一　持てるものの一切を、孤児、病弱者、不具者、図書館、なぞへ寄付すること。

二　生まれ出ずる日は裸である。死する日は裸である。一切は借り物である。返しきってしまいたいものである。

三　鋼二は我があとをつぐ必要なし。身体を健康にし、国家社会のために働くこと。（立身出世なぞする必要は絶対なし）

四　鋼二の身は、平井鉄太郎先生[#5]、須田松兵衛氏[#5]、大野善太郎氏をわずらわし、小谷田のおじ[#5]、楢原［本家］の兄、西山の姉[#5]等に相談し何処かで育てていただくこと。この際、安土の家の貸し料少々の貯金その他、私のものあらば売って保育料にしていただくこと。

五　我が身が死んだ後は、葬式一切無用のこと、告別式が如きもの一切無用のこと。殊に仏教的形式は絶対せざること。通知一切無用のこと。無きが如く生き、自然生物の死するが如くに死するが理想。石碑が如きもの一切無用。その他形式儀式がましきもの一切無用。

六　書き残したもの、記録、史料、特愛の書の如きは平井鉄太郎先生、須田松兵衛氏の御両人に一切一任のこと。

七　国難はいよいよ迫るの日、そのことのために働くこと能わず、身辺の小事に心も身も置き所なき、最大の不幸な男のためにどうぞ笑いたまえ。

（一八・九・一〇夜）

家庭内に悩みを抱えて[＊2]

日記からの部分引用：

◇［私の行動、思想を］女は嘲り、人は冷笑す。その中にあって、少なくとも三十年後の批判を待ち、永遠を考え、自然と社会の法則を知り、その組合せをはかる。障害多く血みどろの苦戦を続け、心身を消耗す。四十二年よく生きていたと自分ながら感心する。（9・12日朝）

◇光よ射せ道を照らせ：台風の前、時々驟雨、外は真っ暗だ。まだ子は帰らぬ。一人で闇の夜をトボトボ歩いているだろう。光よ射せ！　道を照らせ！　十歳の幼童、迷える仔羊を光を慕わしめよ。（9・20夜）

◇私は最後の一人を失った！　これにすぐる損失はない！　而してその遠因は私にある！　最大にして最も貴きものを失った！（9・21）

◇重点的な叱言なら度重なっても効果があるし、有害ではない。だが、全面的な、密閉的な叱言を度重ねる程悪結果が生まれる。二一夜、

平和も欲望、戦争も欲望、正直も欲望、虚言も欲望。最も貴重なものを捨てて貴重な体験を得る。（9・21）

◇独り子を実験台の上にのぼらせるのは深刻過ぎるのだが、この実験こそ真の実験なのだ。（9・22）

◇祖国最大の国難、自己の生命の危機、事業の終末、子供の不運等はこれまことに試練の最大なるものである。私が如き電子の一粒的存在がそれを味わうのである。まことに感慨無量である。この試練は大きいだけに生き甲斐がある。戦い、苦しみ、耐え、働き、学び、未来に多数に希望をもち感謝をもって死んでゆきたいものである。（9・25未明）

第6章　注

#1　リッドル・ハート、近代軍の再建、神吉三郎訳、岩波書店、一九四四

#2　ポソニー、今日の戦争、大内愛七訳、岩波新書、一九四〇

#3　ゼークト、一軍人の思想、篠田英雄訳、岩波新書、一九四〇

#4　書籍を種子にたとえている。

#5　人となりは橋本義夫著、一視同仁教育の使徒　平井鉄太郎、ふだん記新書、一九八一年刊、真友須田松兵衛、新人類文化叢書、一九八五年刊、洞水 — 生涯、作品、思い出、地方研究資料、一九五九年刊、『姉桶菊』、ふだん記新書、一九八一年刊、に詳しい。

第6章　参考・引用文献

＊1　榊原金吾、お別れの言葉、四宮さつき・香川節編、橋本義夫先生追想集：221〜、ふだん記全国グループ、一九八六

＊2　橋本義夫、暴風雨の中で　橋本義夫著作集第2集　戦中戦後日記手記、（第一部、第二部、第四部）、ふだん記旭川グループ、一九九六

第7章　太平洋戦争後期
――悪化の一途を辿る戦局の中で――

八王子大空襲の跡（昭和20年10月）

太平洋戦争開戦から二年余、戦局に陰りが見え始める一方、ヨーロッパでのドイツ軍もまた苦戦を強いられるようになった。

ここで取り上げた敗戦に至る一年半は、戦争被害者として記録に残すべき、二つの大きな出来事があった。その一つは昭和十九（一九四四）年十二月治安維持法違反の名目で検挙され翌年四月まで監禁されてしまったこと、もう一つは昭和二十年八月二日未明の八王子大空襲である。「戦争被害の実験記録」が『暴風雨の中の小実験』[*1]と題し、少部数ながら一九八一年に刊行されている。このもとになるノート「監禁記録」は一九四六年、「八王子空襲」の原稿は一九五八年またはそれ以前にまとめたものが原資料となっている。

大空襲では経営する揺籃社書店が全焼したばかりか、川口村楢原にある生家が全焼し、空襲を避けるため自宅より安全と考え、愛読書などを運び込んだ土蔵にも焼夷弾が直撃し、これも焼失したことである。幸いなことに郊外の自宅は焼夷弾が命中したものの、奮闘の末消し止めたことで、義夫の活動記録の相当部分が助かった。この中にはこの頃の日記類がかなり残っていたので、既に公開している。[*3]

昭和十八（一九四三）年以降には活版印刷はもちろん、謄写印刷されたものもない。戦争が不利となるにつれ、思想取り締まり、反戦論者取り締まりなどが厳しくなったのを警戒してか、書くことが少なくなっている。

引用文中の年次表記は通常昭和だが、戦争末期には本人が西暦を使った場合は、その記載に従っている。

1　戦局を見る目

昭和十九（一九四四）年六月、第二次大戦の流れを決定づける動きがあった。ヨーロッパでは、連合軍がフランス沿岸のノルマンディ上陸作戦に成功し、ドイツ軍は東のソビエト軍に加えて、西に米英などの連合軍との地上戦を強いられることになった。太平洋地域では米軍がサイパン島に上陸、加えてマリアナ沖海戦などで海空の大消耗戦が始まった。

義夫の日記[*3]を見ると、太平洋戦争ではサイパン島などマリアナ諸島の攻防に心を痛め、ヨーロッパでは東から進撃してくるソビエト軍とフランスに上陸した連合軍の動きから大戦の行方を予見していることがわかる。

太平洋の島々を巡っての戦い

以下、日記の部分引用である。

◇サイパン上陸、後報なし。補給力は［上陸を］成功させるだろう。最大の時がきた。（19・6・18）

◇サイパンの大攻防戦がアメリカの巨大な生産力の下に始まった。「サイパン」の名は世界史に世界戦史に残る！

サイパンはどうなったであろう。（6・28正午）

◇サイパン、サイパン、サイパンの報告を見よ。（7・6）

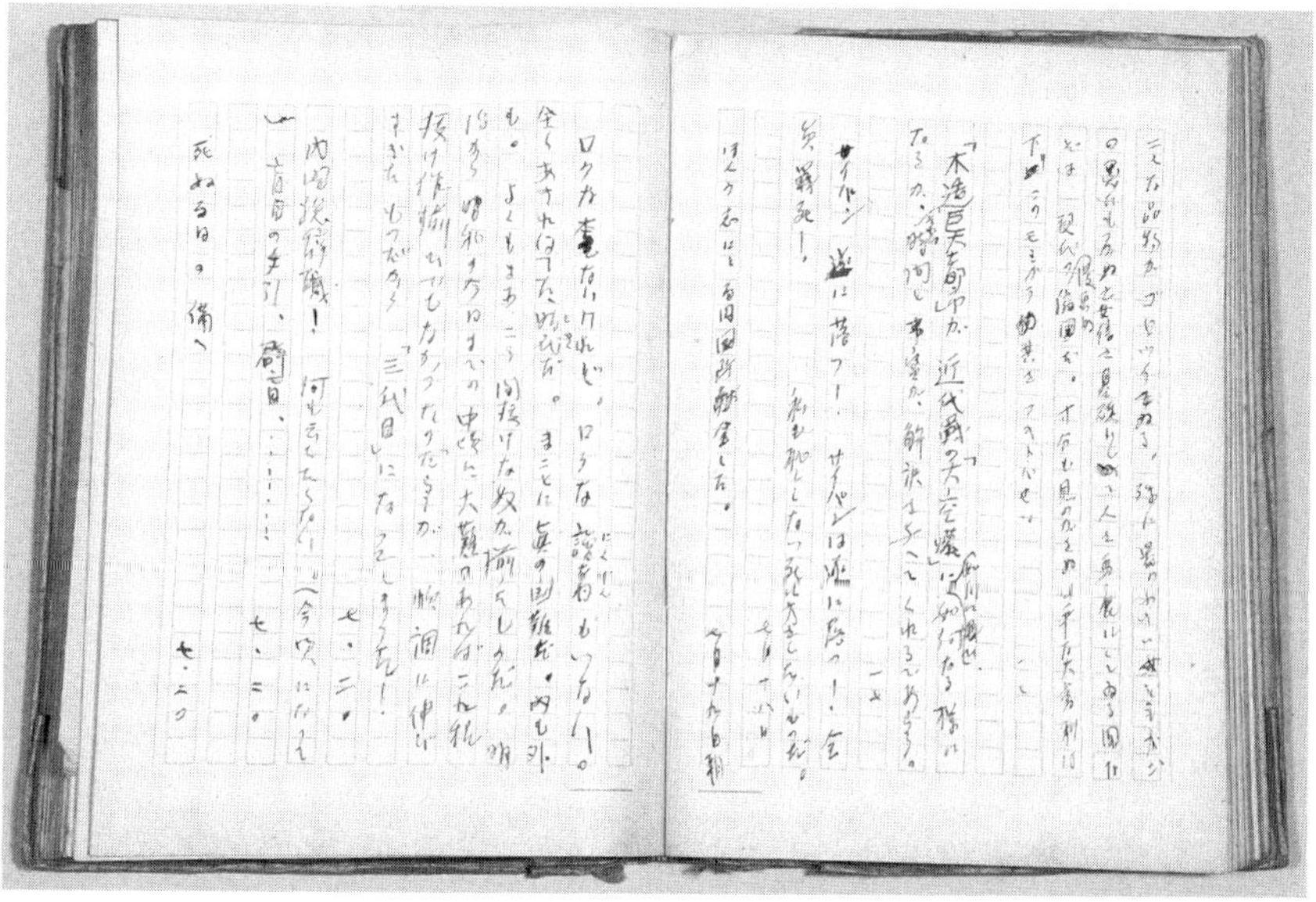

戦局にふれた日記文から（昭和19年７月）

◇サイパン遂に落つ！　サイパンは遂に落つ！　全員戦死！　私も恥ずかしくない死に方をしたいものだ。（7・18）

◇ほんの志にと百円国防献金をした。（7・19朝）

◇内閣総辞職。今やめなくても時があったろうに。電波は世界に飛んでいるぞ。これで「必勝の信念を持て」はあまり子供だましではないか。子供だってだまされぬぞ。アメリカの国民の笑顔とはりきりが見えるようだ。ドイツ国民は偉い。ソ連だって英国だって偉い。何というぶざまなことだ。借り物とつぎはぎの糊づけでは矢張りだめだ。僕は「地位の高いバカ位困ったことはない」と始終いっていたが、地位の高いバカには困ったものだ。［次は］何も知らぬ無計画な向っ気だけのバクチ打ちのような奴でも出るだろう。（7・20）

◇［戦争を］始めた人が、具合わるいからとてひっ込む。どんな労働者でもこんな低い道徳を嘲笑するだろう。実にあきれはてた！（7・21）

◇米軍グアム島上陸。いよいよ急速調だ。（7・22夜）

◇グアム、テニアン両島守備兵全滅。原則や法則を探究するために生命を引き換えにするはよし、発明、発見のために生命を引き換えにするもよし、研究、改良のために生命を引き換えにするもよし、多数の人のために命を引き換えにするもよし、だが道具や機械をこわすために人命を引き換えにしてはならぬ。たとえそれがどんな大きな機械でも。人命はどんな大きな機械よりも大切である。（10・2）

ヨーロッパでの戦いから悲劇を予感

昭和十九（一九四四）年七月からの自由日記[*3]を読むと、北仏も独ソも極度の消耗戦となったにはじまり、パリ陥落、世界史に残る八月終わる。さらに、ブルガリア、フィンランド休戦などと続く。そして、日本やドイツのように外国を侵略してきた国は国内での戦いという悲惨な経験がない。自国の一般市民を巻き込んだ戦争が迫り、〈ラストインニング　ノーダウンフルベースという所だ。なんにも知らぬのんきな国民へ黒い影は遠慮なく近づいている。（9・15）〉と避け難い悲劇を予感している。加えて、〈ソ連いよいよ地金を出す！　革命記念日におけるスターリンの演説を見よ。いよいよ仮面を脱いだ。「自分に都合よく甘く考えると大まちがいだ。」（11・9）〉と日ソ中立条約が守られずソビエトが敵となることを懸念している。

時局を見て思う[*3]

昭和十九（一九四四）年八月、この戦争は敗色が濃くなっていくことは予見できたが、これほど早く進むとは思わなかった。〈ここに至る前に救国の方策を一昨年秋考え立てた[#1]が不幸にして行わせる術なく空しく手をつかねているより他に方法がなかった。〉〈生産力を基礎とする補給戦は兵器の戦争である。だから、人間を主とする玉砕主義との競争の結果は明らかで、苛酷な運命は同胞の上に遠慮なく襲いかかるであろう。〉そして〈生きていたくない。死を願う心が切だ。これを耐えて再興のための捨て石となることを理性は命じるが、理性の命令を聞く気力もない。だが努めねばならぬ。知ってなすべきこともなし。平静な気持ちで死を待つ〉などと記している。

また、〈「木造巨大都市」［東京］が近代戦の「大空爆」に如何に戦い、如何なる様になるか。それは時間と事実が、解決を与えてくれるだろう。（19・7・17）〉とやがて大空襲が始まることや、〈東西両面作戦の可能なソ連はやがて敵として立ちあらわれるであろう。時を見て満州へ進駐し、樺太へも進駐するであろう。シベリヤは空軍基地となるであろう。泣き面に蜂である。その時になり、くやしがってもおそい（8・12）〉とソ連の参戦を予測している。

さらに、〈外交なく政治なし。恐らく始めから［戦争の］終わりまで！（10・18）〉、旧約聖書のエレミヤ記を念頭に〈指導者、上流の者、富める者、地位あるもの等は自己の利欲と栄達のみを計り、彼等は勤労者を侮蔑し、生産よりも消費を尊び、勤労者よりも遊惰者を尊び、科学を嘲り、進歩を敵とし、自己あるを知って世界あるを知らず、天然及び社会の諸法則を知らず、自惚れと慢心のみ多く、多数の働くものの衣食住及び医療を忘れ、専ら営利の手段とし、公徳心なく研究心なく、売名をこととし――安らかならざるに安らかといいと、のんきな国民を相手に苦しむ正直一徹なエレミヤを偲ぶ（11・20）〉。そして〈「ふり出しへ戻る」であろう。（11・22朝）〉と明治初期の領土、状態に戻ることを覚悟している。

十一月には占領されたマリアナ諸島からの空爆が始まった。日記から一部引用。

◇毎日警戒警報が鳴る。小雨、低い雨雲が一杯たれ込めている。午後〇時五分頃警報、一時空襲警報――三時まで。東京無差別爆撃。乱雲中敵機見えず。ラジオロケーター［レーダー］の必要痛感する。夜間爆撃を思う。二十九日夜午後十一時五十五分警戒警報、〇時十分頃空襲警報、雨がふっている。（雨の日の空襲は科学兵器の進歩を現す）京浜地方がやられている。横浜地方で大型爆弾らしいものの破裂が見える。小規模波状攻撃、二時解除、安土へ帰る。家へ着くと同時に警報、また出掛ける。六時解除、夜間爆撃試験終わる。（11・30）

◇朝から快晴、午後一時四十五分警戒警報、一時五十五分空

襲警報、五分後頭上通過、高度八千米以上、三時四十分まで頭上を通過確認したもの。七、十、七、十一、七、五、三、九、十九、一。調布方面大黒煙あがる。東京、川崎、横浜地方一帯火災による煙地平線上に認められる。（12・3）

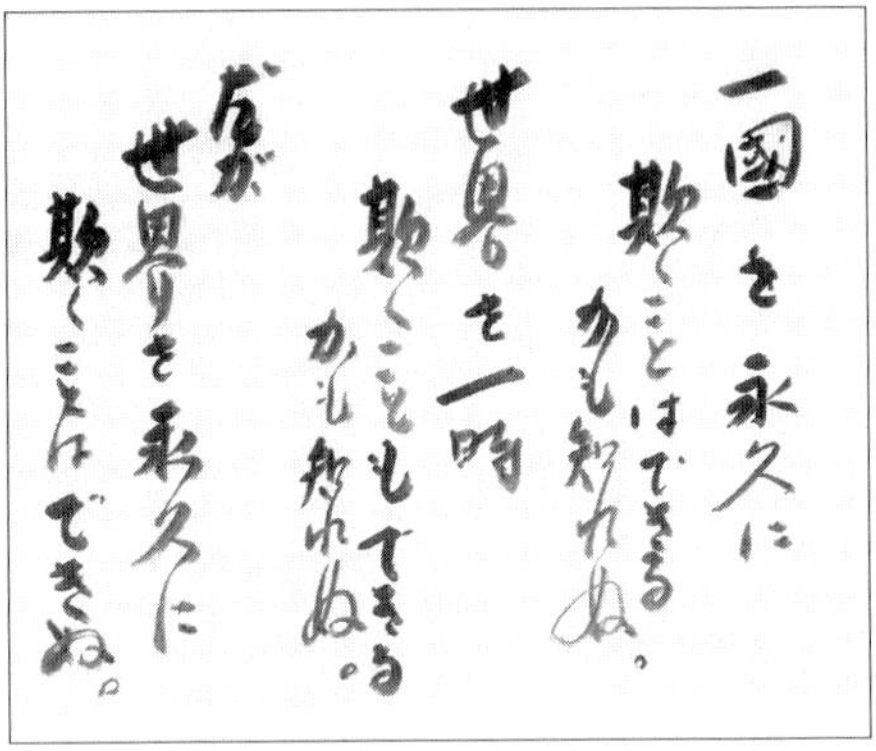

リンカーンの金言をイメージして（昭和19年頃）
アブラハム・リンカーンの言「多数を一時欺くことができる。少数を永遠に欺くこともできる。だが、多数を永遠に欺くことはできぬ」（You can fool some of the people all of the time, and all of the people some of the time, but you cannot fool all of the people all of the time）は昭和12年に地方紙「既に勝つ！　目的を撰べ」（４章１参照）で引用。時代の風潮を批判しており、戦時中にこの言葉も墨書し残している

2　揺籃社は八方ふさがり

人手不足と動員

昭和十八（一九四三）年末には揺籃社の一員だった弟重能が徴用で店から離れ、店を手伝う人はほとんどいない状態となった。さらに厳しいことに、義夫自身、書店の店員としても専念できなくなってきた。昭和十九年六月発行の教育兵軍事教育修了証が残る。十日間全部出席印が押してある。警防団の一人とされ、その訓練に参加したり、「勤労奉仕」といってあちこちの作業に無報酬で動員される頻度が高まり、日記にもしばしば出てくるようになった。[*3]

六月九日から警防団の「教練」が始まった。坊主刈を強制され腹を立て、髪の毛は切っても頭の中は自由だ。自由は抑える程飛躍する。国粋主義、戦争鼓舞の本を破いて気持ちがいい（7・28）、四十歳以上の男が千六百名以上競馬場で竹棒をかつぎビショヌレになって兵隊の練習（7・29）、十一月一日から、殆ど毎日サイレンを聞く。団員たる僕はその度に御出勤、今日は初めてB二十九爆撃機を見た。（11・7）などと書いている。

勤労奉仕についての記載を見ると、薪を自動車へつみおろし（4・25）、由木村へ麦こき（6・24）。荷物かつぎ三日間だ。（7・2）精麦所（8・3）、一日食糧かつぎの重

筋肉労働（８・６）［朝鮮］半島の人たちと一緒にトラックに乗って相原の山中の土木工事（８・17）小宮駅、ガソリン積み込み。裸体《はだか》で働く（８・29）など様々な労働に動員された。

高率の税金

人手を取られる一方、仕入れる本や雑誌の入荷が減り、売り上げは減少を続けるが、税金は減らない。書店の収支とか経営に関わることは、日記などでもほとんど記載がなかったが、昭和十九（一九四四）年六月からは収支に見合わない高額税金に苦しむ姿が日記[*3]からもうかがわれる。

所得税も一万一千何百円とか決まってきた。願わくは三ケ月一杯まで税金をまるまる納めたいものだ（６・26）。税金も高率になった。仕入れは細く、公の手数料は低く、支払うもの、買うものは恐ろしく高い。「戦争」とさえいえば、必ず「トク」が取れるように［国民は］すっかり思い込んでしまったものだが、この現実も戦争の産物である（９・３）。仕入金額が月千八百円に減った。開店以来最低記録である。だが、最低は零なのだから、今は最低への道程というべきであろう。終わるべきものを正そうとしてもそれは無駄なことだ。（９・26）。高率課税、不足金八百円支払う。収入は殆ど止まり、支出は増大するばかり、いくらもがいてもどうにもならぬ。終わるとき死ぬるとき、あせらずあわてず、そのときを待つ！（10・５）、あきれ果てた高率の税金である。一日の収入十円であるが、税金は一日三十円である。献納なら献納でよし、全供出なら全供出でいいが、全く驚いた。（11・４）

書店を止める日を見据えつつ、夢を記す

書店を維持できなくなる日を見据え、在庫書籍約五千種を提供し、勤労者、兵士、青少年の利用を主とする図書館設置案を複写用罫紙に書いている。

一方、前途に光が見いだせない中で、日記に洋書の販売と翻訳書の出版[*3]をしたいと、夢を描いた文もある：

正直に告白すると、いままでいろんな本もすこしはよんだが、教えられ身になったものは、①外国人の書いたもの（語学を知らぬので勿論翻訳だが ── まことに残念至極だ！）、②日本人の書いた欧米見聞録その他それに類似するもの、③日本人にして欧米に学びその結果、性格的にその特性をもてる人の書いたもの、④科学者（大きい意味の……職人型の日本的科学者に非ず！）の書いたもの等々だ。随分読んだが実際のところ以上のものしか自分の養分にはなっていない。

自分は今後書籍に関するやることができるとすれば

――勿論もうそれは許されない――①洋書の販売、②翻訳書の出版などをやってみたい気がする。〔下略〕（19・5・1）

3　暴風雨の中で――逮捕・監禁の記録――

義夫は『暴風雨の中の小実験』[*1]で戦争被害の実験記録の前編として「監禁記録」を位置づけている。それを主に当時の状況を要約した。もととなるノート「監禁記録」を作ったのは一九四六年である。

迫る特高警察の足音

昭和十九（一九四四）年七月十五日の日記[*3]から：

松井〔翠次郎〕君が留置所に入れられているという話を聞いた。教育科学研究会[#2]が原因らしい。僕もひっぱれるかもしれない。土地のため、日本のためにやったことだ。主義などを宣伝するためにやったのでは断じてない。書店を開くにも、禁酒運動をしたことも、科学教育振興のことも、増産と試験場の開放のことも、大東亜黎明会のことも、八王子文化連盟のことも、多摩郷土研究会のことも、みんな土地のために、未来のために、日本のためになれと信じてやったことだ。他からどう見られようが、どう解釈しようが、そんなことは問題でない。時間が審判してくれるだろう。逃げも隠れもしない。全くあけっぱなしだ。留置所へ入れられようが、ぶっ殺されようが、そんなことが問題ではない。要は土地のためになり、日本のためになればいいのだ。色眼鏡のかかった今日の審判に屈しようとも、未来の正しい審判に耐えればいいのだ。

「監禁記録」から

以下拘引から放免・起訴猶予まで、「監禁記録」[*1]をベースに編集したが、直接引用する形はとらなかった。

拘引状・家宅捜索

十二月七日朝、顔見知りのH署のT私服が、店で本棚の書籍を整理している私に、「橋本さん……警視庁でお呼びですよ」その瞬間「遂に来たな」という気がした。T私服の後四尺ばかりのところに、『レ・ミゼラブル』に出てくるジャベル警視然とした男、その後に同類二人が立っていた。特別高等警察部の原警部補が治安維持法違反の拘引状らしいものを示した。

直ぐ四人がかりで家宅捜査だ。店の商品本一冊一冊をたんねんにいじくり、例えば、藤村の『破戒』や『夜明け前』程度のものまで押収本の中に入れて山積みにしている。店内、居宅、物置きをくまなくかきまわす。そして私と、家人と絶対に口をきかせない。

それから、安土の自宅に行かせられ、家さがしが始まる。書籍、手帳、日記、スクラップブックを幾山もつくり、縄でからげる。押収物を持たされ駅へ向かう。

新宿から市電にのせられ、ついたところは早稲田署で、五分もたったと思ったら、ここの署にあるサイレンが警戒警報をうなっていた。

留置場体験記録

取調べで、殴打は警察の言語と記す。太股を蹴られて仰向けに倒れたこともあったという。最大の拷問は〝飢餓〟と書いている。一般人でさえ少ない食料配給量だった当時、さらに厳しい条件であった。外部から食料の差し入れが認められるまでの三週間はとくに厳しい。空腹がひどくなった時に自白または造罪的自白をさせる。放免後に義夫は手の爪が栄養失調で凹字型にくびれた凹痕を、ノートに押したものが残っている。

百三十日余の拘禁中一度も入浴することはなかった。房の中はノミ、シラミ、南京虫が繁殖して吸血するので、不眠に苦しんだ。冬でも暖房はなく、脚全体がむくみ、生まれて初めて凍傷になった。留置場は、外と同じ取扱いで看守は外套を着てよいことになっていた。

房中で東京大空襲の体験 ── 燃えゆく大東京を鉄窓からのぞく‥

二月二十五日‥雪が留置場内の窓から時おり舞い込んでくる日中に天は赤く暗い。煙の色とにおいが強く鼻をつく高射砲の炸裂する音がした。機動部隊からの艦載機と爆撃機連合の空襲。三万三千戸焼失　宮城内も被害があった。

三月十日‥死亡・行方不明者は十万人以上、罹災家屋三十万戸以上という最悪の被害を出したこの空襲では、微罪らしい者二十二名が深夜に放免になった。

四月十五日、七万戸焼失した城南京浜大空襲の時‥留置場の高窓のあっちこっちからから燃える東京を見た。火は警察署に迫ったが、風向きが西に変わり、危うく難を逃れた。特別放免があり、私たち三人しか残らず、他はみんな出された。この時看守に「私らはどうするんですか」といったら「君は看守二人付きで小学校の庭へ待避することになっている」

放免・起訴猶予

特高の留置人は「手記」を書く。これは、当局で註文するように書く。私の書く手記を見る。註文通りでないとガミガミ文句をならべる。幾日もかかって「御用手記」を書いたあげくに原が坊主の御経よろしく、へんな節をつけて読み「これでよいか」という。何んでもいいのでかまわず拇印を捺した。

四月二十二日、特高室に居たら、原が入って来た。「橋本君（この時は「君」をつけた）今日出るんだ。僕が検事さんに特にお願いして出して貰うことにしたのだよ。電車もなく、電話もなし、四月十五日の大空襲でなくなっちゃったから、歩って来たよ」と言う。

署の一寸先から焼野原が続き、東大久保、新宿まで、全く廃墟になっていた。新宿駅まで二人でトボトボ歩った。焼け残った所を見ながら、原は「焼け残った所だって、みんなこうなるんだねぇー」と言っていた。

去年ひっぱられた時、「東京はどうせ廃墟になるんですよ。そこへこれから行くんだから生還は期せません」との僕の言葉に、「君そんなことはないよ、そりゃ敗戦主義だよ」と言ったその同じ口から、半年もたたぬのにこの言葉を聞くとは、けだし私には感慨無量であった。新宿駅で原は、八王子までの切符を買ってくれ、改札口で別れた。

八王子駅へ降りて、人の顔を見るのが面はゆかった。午後一時頃店前に立った。店は［日曜日というのに］幕がしまっていた。

私の顔を見ると、みんなびっくり、しばらく声が出なかった。すぐに湯をわかしてくれた。シラミ群と同居なので、私一人が入浴して捨てるのだ。数ケ月ぶりのアカを落し、シラミとお別れした。全く身が軽くなる。すぐに布団をしいて貰って寝る。この一人風呂を鋼二が見て泣いていたのが印象的だった。解放！

四月二十五日警視庁へ行く。この時は珍しくお堀の側を通った。お堀の内側至る所が焼けていた。起訴猶予の形式らしい。

六月四日　地方裁判所検事の出頭命令で、東京へ行く。そのついでに、もう「東京見おさめ」と思い、上野の動物園を見物した。あの猛獣たちは、剥製になってすでに動物ではなく、静物であった。

威容を誇っていた司法省、大審院、控訴院、地方裁判所等々はすっかり焼け、明治文化の色は消えなんとしていた。

「日本は負けるかも知れないけども、もしも勝った時には……」と予審判事の開口第一がこれであった。焼け残りの一室で、聞いている私の心境は至極静かであった。判事の態度もすでに、八月十五日以後のそれのようであった。何やら聞かせられ、四時にここを後にした。

4　敗戦前の四ヶ月

弾圧を危惧してペンを取らなかったが、五月に二日、六月に一日、手帳に簡単なメモ書きを残していた。日記は敗戦直前の七月二十日に空襲による被害と敗戦を予期した文を書き、この日から時々ペンを取るようになった。[*3] 五月から年月日の入っているものの中に西暦表記のものが幾つか出てくるようになった。

◇東京大空襲。八王子からこれを見た。Ｂ二十九は富士山をめざして飛来し、八王子の上空がサイパン東京航空路だったので、サーチライトに照らし出される大型爆撃機がユウユウと東京を襲っていた。(5・22)

◇競争するなら多数のため、進歩のため、科学のために。仇討ちも、怒りも、すべて同じこと。(45・5・23)

◇燃えるものが燃え、こわれるものはこわれ、死ぬものが死に、消えるものが消える。(45・6・10)

◇今日に生きることができぬから未来に行き、地獄の生活ならばこそ天国の生活にあこがれをもつ。「地獄の生活が終わる」ことを考えると、考えただけ楽しい。地獄生活といくらなかよしでも、まさか死んだ後まで続けることはないだろう。四十四歳！　思えば長生きだった！　いやなこと、苦しいこと、悲しいこと、寂しいこと、等が連続的に起こった。思えば長生きしたものだ。いつか死ぬであろうが、いつでも死よ来いである。永遠の休息、楽しい休息。(6・10)

◇「徴用令書」というやつが警視総監名で来た。警防団員とならせられているのに出なかったからであろう。「勤労動員署」(今の「職業安定所」のこと)へ出頭したら、満州の四平という所で石炭液化の労働らしい。「どうにでもなれ」という気がする。(6・24)

◇将校が来て「徴用に出て働け」と言いに来た。いよいよ徴用らしい。「治安維持法で起訴猶予中であるから、みだりに進退することはできない」と言ってやった。[*3] (7・1)

◇焼ける日／　敗ける日／　飢える日／　再建の日　(1945・7・20)

5　八王子大空襲

八王子は昭和二十(一九四五)年八月二日未明Ｂ二十九爆撃機百六十九機による焼夷弾攻撃を受けた。焼失家屋は一万四千戸、市街地の八割が焼失し、死傷者二千五百人、被災人口七万四千人に及んだ。橋本義夫の経営する「揺籃社」は目抜き通りの横山町三丁目にあり、当夜も店舗付き住宅に泊まっていた。

翌日の日記から[*3]

焼ける日は遂にきた。B二十九による焼夷弾のシャーという落下音、晴天にして空から水滴の落ちる猛火、安土への退避。［市の郊外にある］安土住宅への焼夷弾落下。一発は投げ出したが一発は天井裏にて燃えうつった。駄目かと思って一時は見放したが遂に消し止めた。［八王子市の西北、川口村にある］楢原の実家全焼。生命の次に大切にした本を疎開し、［それから］八時間を出でずして全部灰にしてしまった！　まことに残念至極だ。八王子は八十五％焼失してしまった。（8・3）

後日まとめた「八王子空襲」から

八王子空襲のことを最初にとりまとめたのは一九五八年八月、またはそれ以前である。『暴風雨の中の小実験』[*1]として八一年に刊行したものに「戦火の八王子　戦災体験」として加えられている。戦争被害の実体験記録の後編として位置づけている。義夫本人が赤鉛筆で保存と記す原稿用紙十三枚に書かれた「八王子空襲」がもととなる。以下その要約であるが、直接引用する形はとらなかった。

初めての避難命令

「空襲警報」が出ると、都市から避難させずに「中にあって死守せよ」と言って、警防団の連中が、橋とか主要通路に立ちふさがるのが例だった。婦人連は頭巾、モンぺの姿も甲斐がいしく、火はたき、バケツを持ち出し、男達は、頭巾をかぶり、メガホンやとび口をもち、江戸火消しさながらのいでたちで飛び出して守り、家族は家を守るというわけである。

八月一日の夕方になると、「今夜八王子を空襲があるから、女子供、老人達は外に避難すること」という口うつしの伝令がとんだ。これは今までにないことだったが、各地が予告し必ず爆撃されているところから、強がりと鈍いので通っている当局も渋々避難命令（文書でなく）を出したのであろう。

私が一人横山町の店に残り、家人は安土の住宅に避難した。薄暗くなった頃には家族の避難を終え、家々の責任者だけが残る静かな町となった。

焼夷弾の雨

各地からの消防自動車ポンプ数十台が甲州街道の横山町

から追分町までの長い距離に静かに物々しく置かれている。

もちろんラジオはかけ通しである。八時頃からは、布団をしき、カヤを張り寝ころびながら、唯一人で蒸し暑い夜を過ごしていた。「本当に来るのかな？」

「数目標あり、関東海面警戒警報発令」とラジオが言う。やがて関東海面空襲警報。いよいよ来るぞ。相変わらず寝て待っていた。ラジオはこの地区に敵機侵入を報じた。

十二時を少しまわった頃であろう。シャーという夕立の豪雨のような音がした。これは爆弾特有の音だ。「始まったな」とつぶやいてすぐにカヤから出てラジオを切り地下足袋をはいて店の中にある自転車を外に出した。南の方に火の手があがった。焼夷弾が光って落ちる。ガラス戸を閉じて、横山町通りを東に行き、大善寺横町を暁橋に向かった。一杯の人がこの道に流れ込んで、速く行くことも遅く行くこともできない。焼夷弾の光と各所に起こった火の手で明るくなった。月は満月の頃だったが、煙で、ただ赤く鈍い光になっている。

暁橋通りを退避する時「多数の個体がある密度をもって運動する時は流体的である」と口の中で言いながら、仕方ないので割合軽い気持ちになる。あきらめからであろう。暁橋を通り過ぎたら流石にホッとした。それは逃げることが初めて可能になったからである。

安土の家で全市の焼けるのを見ていたが、厚い靄のようなものに包まれ、鋭い炎が全然見えず、ただ白色状に明るくなって見えた。木々は強い北風で音をたてて動いていた。これは燃える八王子のために、熱せられて、全体が南風にもかかわらず、ここは北風になっているのだった。後で聞いたが、市の南方に避難した連中は、焼ける市や飛ぶ敵機を生のまま見たという。

私は風の方向などをしきりに観察した。月は赤くその所在を示すだけだった。バラバラと雨が落ちて来た。これは猛火によって積乱雲が生じた、人工的な雨であった。

瓦で瓦を壊して

家の者や避難者をはげまして家の周辺に水をまかせた。そして休息させた。やがて焼夷弾が落ちて来た。「来たな！」と座敷に転がり燃える焼夷弾をにぎり「こんちくしょう」と声をかけて二発ほどほうり出した。やれやれと思って玄関の天井を見るとめらめらと家が燃え出している。「駄目だ」と直感し「荷物を外に出せ」と号令して三つほど荷物をほうり出した。

しかし、燃えているところをよく見ようと思い、ハシゴをもって屋根に上った。直ちに燃えているところの瓦をはぎ、瓦で瓦を壊した。「水を持ってこい」と号令した。みんなで水をリレーし屋根から水をかけた。やっとのことで火は消えて家は助かった。すぐ東隣の二階家は盛んに燃えている。

小学五年の息子も避難してきた男の子もみんなよくやってくれ、使い物になった。女連は金魚をかってあった裏の

玄関の天井と壁に残る焼夷弾の跡
義夫は八王子大空襲の記録として壁に説明文を書き、四十年間そのまま残した。右壁説明は第二次世界大戦を記念す1945、左壁説明は千九百四十五年八月二日　B29による焼夷攻撃跡（撮影1988年）

コンクリート池に米をこぼしたり、庭で燃えている焼夷弾に布団をかけ役に立たなくしたりだいぶへまをしていた。こうゆう際は矢張り男の子だと思った。

夜が明けてみて驚いたことに、焼夷弾を束ねる大きな金具が我々の屯している一尺位のところに落ちていた。これがあたれば即死だったのだが。安土の裏山では直撃弾に打たれて幾人も死んだ。

生家は全焼

度々腕時計を見たがやっと三時になったので「もう大丈夫だよ、この家は助かったよ」とどなった。それと同時に二十数丁へだたった生家が心配になってすぐに自転車を走らせた。生家は長屋門も付属建物一切焼け失せ、ただ土蔵が二つ残っていたが、どうも煙が少し出ているようだった。屋根に登り消火にあたった。この二つの土蔵も後で火を吹いて落ちた。

焼けて間もない頃の日記[*3]

僕は店を燃やし、生命の次に大切にしていた本を助けようとして疎開させ、逆にすっかり実家で燃やした。代償に下らぬ現状維持論を払拭することができた。

6 新型爆弾、無条件降伏

『暴風雨の中の小実験』[*1]では二篇の〃戦争被害記録〃のいずれにも〃新型爆弾〃の話が出てくる。以下はその要約と「戦火の八王子」[*1]で八月十五日のことを記した部分からまとめた…

八王子の大空襲があってから数日後、「新型爆弾で相当の被害があった」と大本営は広島の原子爆弾の被害のことをただこれだけの文字で発表した。前年の十二月、早稲田署で技能習得にドイツに行っていた三十男から「一発で広い区域が全滅するすごい兵器をもうすぐ完成するから、ドイツは負けません」という話を聞いた。「法螺ふきめ、ドイツも日本ももうすぐ負ける。一発でそんなことがあるかい！」と腹で思い、セセラ笑ってやった。

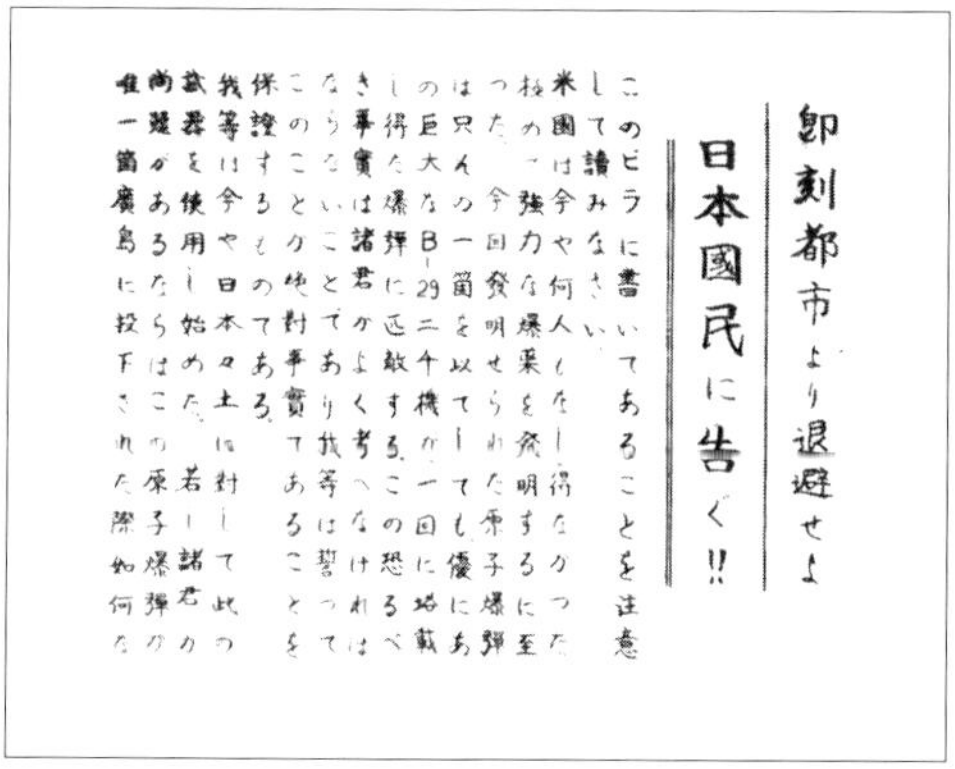
日本國民に告ぐ!!
即刻都市より退避せよ

このビラに書いてあることを注意して読みなさい
米國は今や何人もなし得なかった極めて強力な爆薬を發明するに至った。今回發明せられた原子爆弾は只その一箇を以てしても優にあの巨大なB-29二千機が一回に搭載し得た爆弾に匹敵する。この恐るべき事實は諸君がよく考へなければならないことであり我等は誓ってこのことが絶對事實であることを保證するものである。
我等は今や日本本土に對して此の武器を使用し始めた。若し諸君が尚疑があるならばこの原子爆弾が唯一箇廣島に投下された際如何な

自宅の庭で拾った原爆投下の宣伝ビラ

広島がやられた時にピンときた。あの男の話が甦ってきた。八月九日、空から撒かれた米軍の宣伝ビラを読むと「原子爆弾」と書いてあった（写真）。本当だった。間違いなく原子爆弾であると思った。

十二日頃から降伏するような気配が見えた。十三日に、私は家人や田舎の親類に「降伏は近いだろう」と言った。十五日無条件降伏の放送があった。「これでよかった」と大声でどなった。一日延びればそれだけ都市が消え、多数が殺される。私の状況判断では前年の九月頃には終わるだろうと思っていたのだが。

その日の午後、焼け跡の町に出た。焼け境の元横山町のある家で、酒を飲み大声で歌い、大勢で「万歳！　万歳！」と歓声をあげていた。朝鮮半島の人達であった。長い長い灯火管制がとれ、電灯の分厚い覆いを取った時の明るさよ。[*1]

第7章　注

#1　八王子の郊外には、大正天皇の多摩陵があり、その参拝途中の東條総理に戦争の早期終結を訴えようとしたことを指すもの。

#2　教育科学研究会関連の活動については、5章3を参照。松井翠次郎は地元の重要なメンバーの一人であった。やがて自身も逮捕・監禁されることがあると予感した。同年、治安維持法容疑で城戸、留岡両教授も拘禁されている。

#3　後日、徴用を受けていれば乗る予定の船が、八月十四日（終戦の前日）に下関出帆、翌日機雷に触れて沈没し多くの人が死んだことを知り、命拾いした、よほど悪運が強いと見えると書いている。

第7章　参考・引用文献

*1　橋本義夫、暴風雨の中の小実験、ふだんぎ八菅グループ、一九八一、（『沙漠に樹を』に載録）

*2　橋本義夫、沙漠に樹を　橋本義夫初期著作集、（地方の教育運動　昭和戦前の八王子周辺）、揺籃社、一九八五

*3　橋本義夫、暴風雨の中で　橋本義夫著作集第2集　戦中戦後日記手記、（第一部、第二部、第四部）、ふだん記旭川グループ、一九九六

第Ⅱ部

第8章　戦災・敗戦からの五年

毎日新聞

聖断拝し大東亜戦終結

時局收拾に畏き詔書を賜ふ

四國宣言を受諾

萬世の太平開かん

新爆彈の慘害測るべからず

詔書

唯民草を慈み給ふ

聖恩宏大感激の極み

國運を將來に開拓

同胞に難きを求む

内閣告諭

異例の御前會議

貫き通せ國體護持

荊棘の道に敢然

皇國興隆へ新出發

過去を肝に銘し前途を見よ

米英支宣言とカイロ宣言

保存されていた敗戦を伝える新聞記事

一九四五（昭和二十）年八月十五日、終戦を伝える天皇の放送のあった翌日から五年余の記録である。戦争責任を問い、戦災者の窮状を訴え、戦後の復興策を考えるなどの文を書いている反面、理想と現実の狭間で絶望感に苛まれ、生きる悩み、働ける場所を見つけられない悩みなどをノートや手帳に残している。

ここで参考・引用した資料については、日記と手記に類するものが多い。日記、またはそれに類するものとして戦時中から続く自由日記、敗戦直後ノート、手記としては当時複写罫紙に自筆で書いたもの多数とノート・手帳類などがある。それらのうち、敗戦から一年までに書かれたものについては、多くが『暴風雨の中で』に載録されている。それ以降については、初めて公開する文や記録が少なくない。この他、『丘の雑木』（一九六〇）の一部で、この時期に当たる自分史的な文章を含んでいるので取り上げた。

1　溜まっていたマグマを吹き出すように綴った手記

一九四五年四月二十五日、治安維持法違反で起訴猶予となり拘禁を解かれたものの、蟄居・閉塞状態だった義夫にとって、降伏の翌日から溜まっていたマグマが吹き出すように、多くの短文を日記風ノートや複写罫紙などに書いている。

複写罫紙を使う場合は、外に向かって訴えたい内容やメモ的な記載だが記録として残しておきたいものとがある。同じ文章を二部残し一部は手元に残すか、二部を別々に保存していた。日付入りのものが多く、一九四五年八月から四七年四月頃までのものが大部分を占める。

大別すると、①戦争を起こし敗戦を招いた責任の明確化と処罰、戦争に駆り立てる原因ともなった組織などの解体、②戦争（空襲）被害者の記録と窮状、戦死者追悼、③戦時中の自らの行動の反省と評価、④戦後の復興策、改革案、教育問題、とくに青年教育、⑤世界共通の価値観を持つこと、基督教の普及、⑥世相を嘆き、亡国的行動の批判、⑦身辺で書き残しておきたいこと、等々である。

敗戦の翌日の日記

敗戦の翌日の「無条件降伏」と題した手記は、これから起こるであろう苦難と、国の将来を冷静に見据えている。その全文：

生産力の圧倒的差異は遂にここに来た。現代戦をこの眼で視た。当然の帰結である。制空権を完全に失い、制海権を完全に失い、その後も尚交戦を続け、人民を虐殺の中に放置していたが、ソ連の参戦と原子爆弾とは遂に無条件降伏の動機を与えた。

戦争は止んだ。兵卒、戦死者、植民地よりの帰還者、失業者、戦災者等々の大群は結局社会組織を変えずにはおかぬ。

世界史は下らぬ呪文、方言、世迷言[注1]に関係なくきびしく審判を下す。

一切を失った。自然の理法を社会進化の理法を我が武器として、民族の復興を計り、世界人類の進歩のために役立つ人間をこの国から出したいものである。

無知、愚劣な人間共に指導される国民は不幸なる哉！戦争製造人共の掃除は徹底的でなければならぬ。仮借なき態度を持たねばならぬ。

「科学」と「粘り強さ」をもってのみ復興される。／産業と教育を。私は教育に眼をやりたい。／外国語は必要である。／　敗者なるが故に大きい気持ちになること。／　漢字を廃止しローマ字を使用すること。／研究所を立て、実践と教育に直結すること。

　まだ封建の残滓が首をもたげている。失業者と戦災者の大群による経済問題は〔残滓を〕清算してくれるであろう。

　焼かれたものは過去を焼き（現状維持の根拠が無い）世界人類進化の法則にしたがい、自然の法則にしたがい、社会の法則にしたがい、最も確実なる道をしっかり歩んでゆくこと。下らぬ過去の泥沼の中に沈没せぬこと。次は飢餓。下らぬ呪文や方言[#1]や封建的なおまじないではどうにもならぬ。現実は極度にきびしい。

　あせらぬこと、小さくは妥協的であっても大きくは合法則的なること。

　バカな奴らが盛んにモガイテいるらしい。[#2]　自殺的行為だ。イクラデモモガケ。やがて仮借なき清掃は加えられるであろう。

　　　　一九四五、八、一六　安土で

戦争責任の明確化と処罰、空襲被害者の窮状など

戦争を起こし、多くの国民の生命、財産を失わせ、敗戦を招いた責任の明確化と処罰、戦争に駆り立てる原因ともなった組織などの解体について複写罫紙に記した文章は、敗戦三日後の「我が主張」から始まり、一九四六年頃までに八篇[*4]、メモなどにも同趣旨のことを繰り返し書いている（参考資料5）。巨大なる惨害を起こしたにもかかわらず、自ら進んで責任を負う者がいないこと、天皇は戦争責任を負わず、それを頬かぶりさせようとしていることが戦後再建の最大障害と主張している。
◇何を清掃すべきか[*4]（45・8・30）：天皇制、華族、貴族院、軍閥、官僚、財閥、不在地主、大土地所有者等々を列挙している。
◇敗戦、戦災（46・1・6）、戦災者、非戦災者（46・1・9）：空襲によって家を焼かれた戦災者が生きるために僅かに持っているものさえも失い、戦災を免れた人は、さらに豊かになる状況に怒り、亡国の兆しととらえている。
◇農村戦災者の惨状を訴える（45・10・9）：農村では空襲を予期していなかったので、焼失は全損となった。加えて、家がまばらな農村では戦災者の救済・援助の手が行き渡らないことを訴えた。
◇国税免除お願い並びにその理由書他三篇：義夫自身が店を焼き、必要な図書を焼き、職を失った戦争被害者となったこと、国税徴収にあたって、一九四四年並の収入査定となったことに対する異議を記し、徴収すべき所から徴収

し、免除すべき所は免除するように求めている。

◇島崎専弥君へ[*4]（46・2・18）、国を愛して殉じた医学徒を葬るの辞（46・9・8）、特攻隊員となりし犠牲者を生かさんとする言葉[*4]（46・10・25）：知人の戦死を知り、三篇の追悼文を書いた。

戦時中の自らの行動の反省とその責任

幾つかの文書やメモがあるが「戦争犯罪自己調書」[*4]（写真）が代表的なものである。開戦から一年、戦争協力者として行動したこと、敗戦は確定的と信じてからも、何もできなかったことを反省し、自ら懲罰として〈戦争に反対し、以後次代の人々にしてこの惨苦を繰り返させぬこと。名誉職又は指導的立場に立たざること〉など四項目をあげている。全文は参考資料4とした。また、「自己調書」を書いた翌年、一九四七年二月の手記に〈戦争のために日本人は二百五十万人死んだと思う。戦争を止めるために、その一万分の一の二百五十人が死んだらこの戦争は起こらず、大部分の人は死ななかったであろう〉とある。

「前から結果を知っていたのだ　しかるに止めなかった」（47・4・5）では〈完全敗北以外に道なきを知り、いかなる条件なりとも、この戦争を止めなければならぬと信じた〉が止めることができなかった責任は免れないとした。

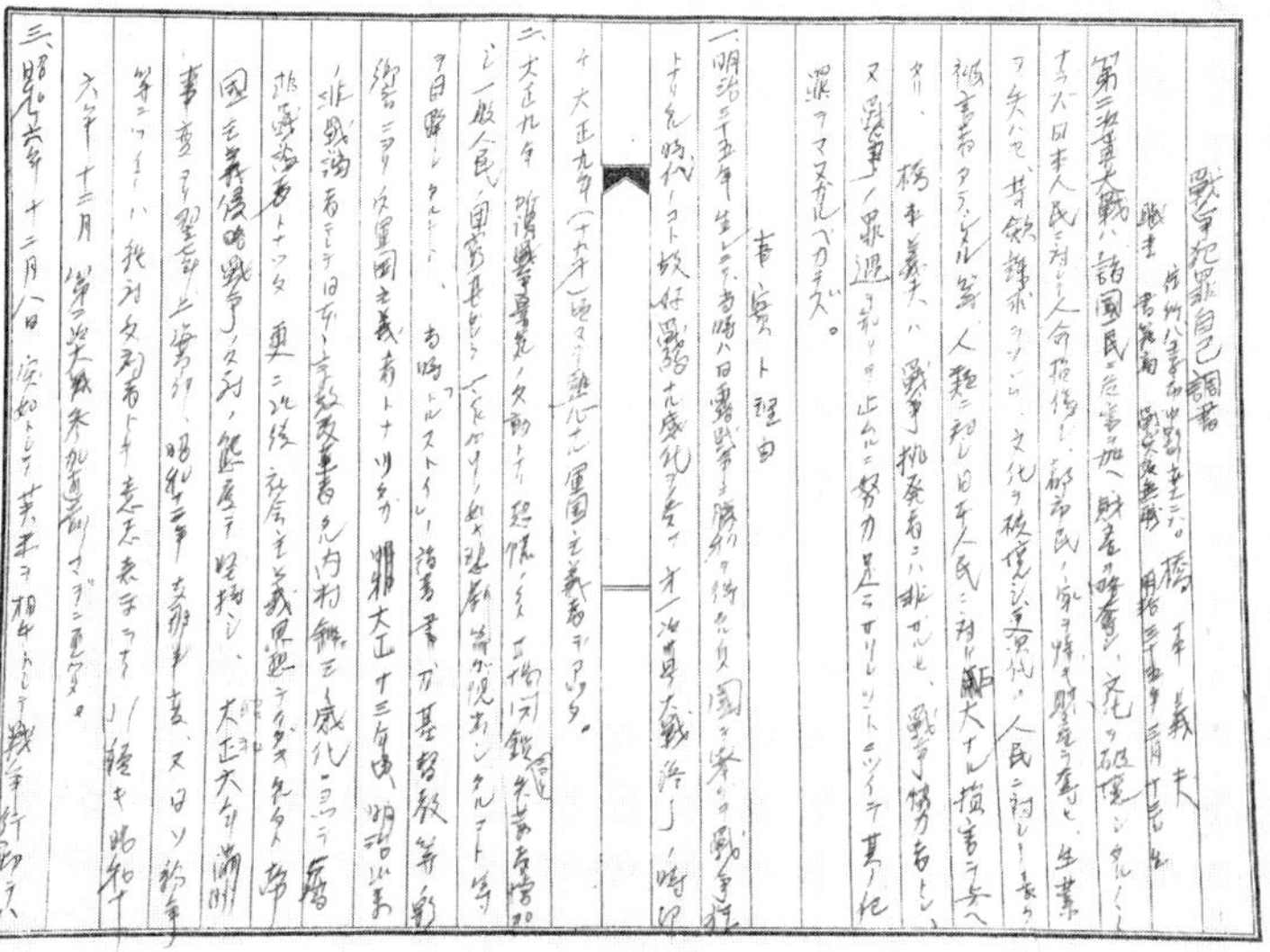

戦争犯罪自己調書

2 戦後の復興策と再建のために何を為すべきかを考える

戦後の復興に期待を寄せた時期があった。何を為すべきかを真剣に考え、方策や夢を描いている。

◇何を建設すべきか（45・8・30）：敗戦の半月後に思いを短い言葉で連ねている。生産では万人が働くこと、すべて科学的合理的、進歩的なること、研究所を先行。生活では配給所、病院、託児所、学校、協同炊事場、住宅、公会堂、図書館、芸術、医療。社会では人民のための社会、幸福、道徳。

◇大空襲で壊滅的打撃を受けた八王子の復興策について：一九四五年十月から十一月に、八王子建設研究会名で四篇、八王子再建教育研究会名で一篇、いずれも義夫の字で複写罫紙に書かれた文書が残る。復興には創造的合理的な都市計画が必要で、「再建市民協議会」をつくり市の再建目標について検討する。そのために新進の経済学者、国土計画研究者、社会政策学者、地理学者等によって研究協議してもらう。戦災小都市復興の一般問題として取り上げれば最良の専門家、学者を集め得るし世論喚起し有益としている。

◇夢、実現されなければならぬ夢（46・2・11）：敗戦直後ノートに記した義夫の描いた未来像である。

小高い丘に学校が美しくこじんまり立っている。子供等と生徒、教師、外国人もみんななかよく朗らかに勉強し、遊んでいる。／清潔で健康な工場が美しく立ち並んでいる。若い男、女も中年者もにこにこ働いている。

中央部は市街、ここには不燃建築が簡素に立てられている。／事務所、配給所、市立劇場、公園、樹木、芝生、植物園、小動物園、彫刻、公会堂、図書館、博物館が配列されている。／病院。伝染病院。共同炊事場。運動場。蔬菜園に囲まれた住宅が南面緩傾斜地にのんびりと立ち並ぶ。／一週六日労働、七時間位、一日休養、朗らかに健康に。合理的、経済、物質生活の上に、豊かに築かれたるロマンチシズム。／道路、美しい道路、貧しさの中に豊かなもののある動的社会。／青年諸君、老壮年のきたならしい夢を、すっかりかなぐり捨て、よく消毒しよう。青年諸君、夢みろ、夢みろ、夢のないところに、復興はないんだよ。

教育の重要性

教育の重要性を訴える文書が幾つかある。

◇現下の教育の諸問題（46・4・16）：新教育勅語は無用、既成教育者の政治進出は変革阻害、変革期の教育はアマチュアの手を必要とする。教育における戦争責任者は人民の手によって追放すべき。

◇日本の資源　頭脳資源の培養としての教育（47・１・3）：日本の資源は人間しかない。人間は頭脳にある。この頭脳の資源に正しいもの、世界共通の法則、愛の価値、科学、技術等を教育（社会環境も加えて）によって注入し、培養するならば、すばらしいことをなし、一国を救うのみならず世界人類のためになるのだ。与えられた条件に於いて日本を救うには日本人の頭脳資源をつくること以外にないであろう。かかる意味の教育こそ今日最も必要。

◇日本の最大資源として脳髄（47・１・３）：父母をはじめ指導的教師の矯正、選択、青年を海外留学、見学をさかんにする。十歳くらいより外国語習得など具体的な提案を記している。

戦後の復興は青年を中心に

戦前に農村文化運動や無医村解消の運動など青年を中心に据えた運動での成功体験があったので、戦後の日本復興は青年を中心に改革を進めるべきと期待を持った。

一九四五年十月、自宅に教育学者細谷俊夫を招き、「教育革新講座」を開いた。この集まりがもとになり、翌四六年一月、細谷を講師に三回の「現代教育史」学習会が浅川国民学校で行われた。また、青年に世界共通の聖書、科学、世界史、世界史の一環としての日本史、経済史などを学ぶ「揺籃社土曜講義」、「男女青年覚醒講座」などを企画したが、誰もついてこなかった。

青年への働きかけの文や企画が残る。

◇青年はいないか、春は無い年か（１９４６？）：青年はいないか。青年が集まってお互いに方向を誤らぬように勉強し、力を集中し、正しい方向に向かうならば何でもできる。新しい日本、再建日本は青年の手でなければ駄目。役所の長も、議員も校長も、どんな団体の長も、青年や苦労した人々によって埋められねば駄目。その日が来なければ日本は立ち上がれない。

◇青年諸君に[*4]（46・10・17）：亡国的日本の復興のために、命を投げ出す人はいないかと呼びかけている。

◇男女青年覚醒講座（46・３・13）、青年教養プラン（47・１・３）：指導的立場の人々のためにと世界史、世界史の一環としての日本史、経済史、技術史、自然科学一般、世界事情（アメリカ、ソ連、イギリス、中国）などを学ばせることを手引きしたい。

◇多摩青年高等学校（46〜47年頃）：新日本の青年指導者養成とし、講義、演習、討議を行う。入学料、経費は自給自足、講師（指導者）は情熱を有する人、聴講生は青年を主とする、各地方に同志を作る、産業と結びつけることなど夢を描いた紙上プラン。

世界共通のものの上に立った青年救国運動を思い描く

昭和戦前・戦時には、日本は「万邦無比」（あらゆる国の中でも、比べるものがないほどすぐれている）、「我が国は神国」など、自国だけが特別と傲り高ぶったことを批判し、世界に通じる価値観を持つことの重要性を繰り返し書いている。

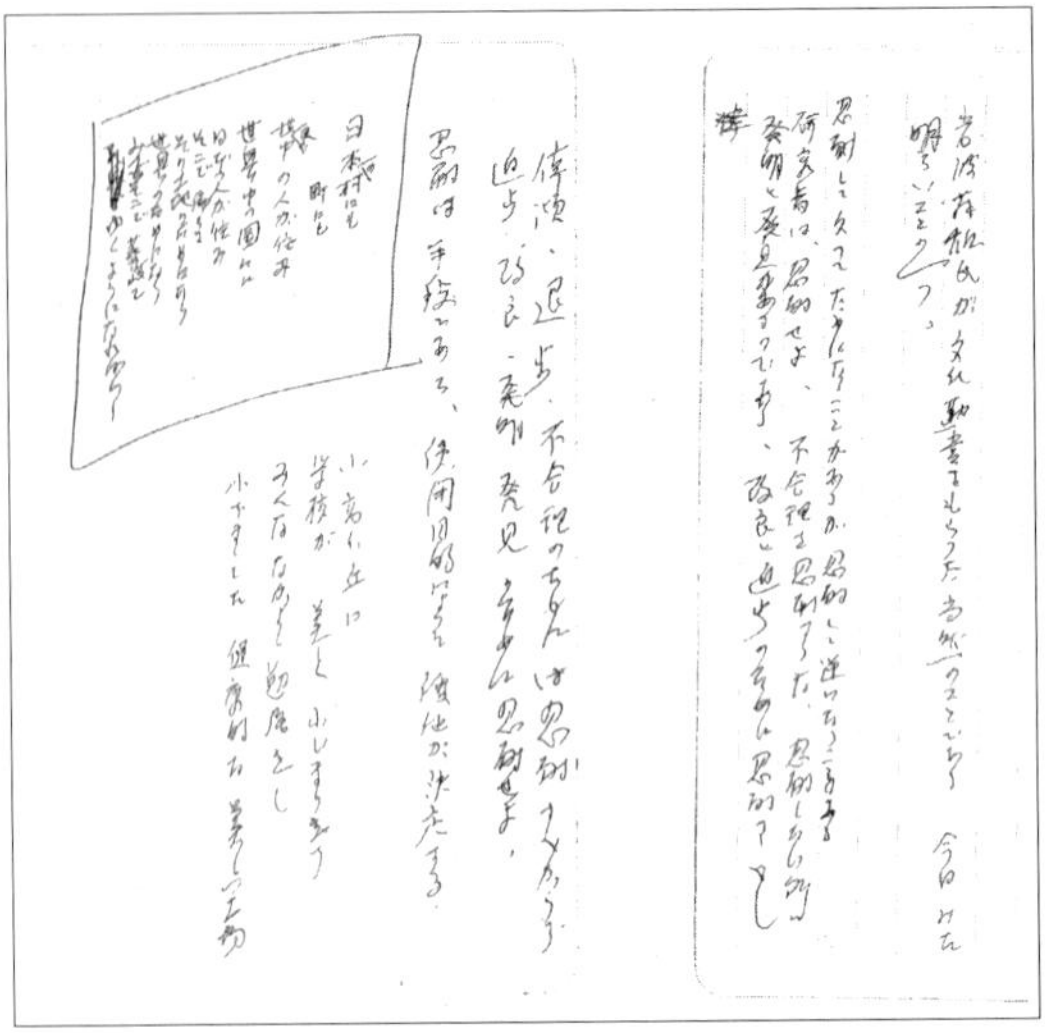
戦後半年、尊敬する岩波書店創業者岩波茂雄の文化勲章受章と世界中の人々とともに暮らす夢を記した詩文の入るノート（1946・2・11）

戦後半年、世界中の人々とともに暮らす夢を詩文にした。：

日本の村にも町にも　世界中の人が住み　世界中の国々に　日本人が住み　そこで働き　その土地のためになり　世界のためになり、みんな　そこで葬られてゆくようになればいい

四六年十月、世界共通を標題にした三篇の文を複写罫紙に残している。

◇世界共通のものの上に立つべし（46・10・11）：法則は一つ、世界共通で、自国だけ特別なぞということはない。世界共通の精神、科学、思想、宗教、道徳の上に立つこと。ただし地理的、経済的環境によって、それに適切な技術は存在する。

◇世界共通なるものの上に生くる手段としてのキリスト教（46・10・11）：世界文明国の間に存在し、発展せしめた事実を検討し、キリスト教が一国だけの専売特許ではないこと、王や皇帝の上にあると同時に労働者平民の中にあることなどをあげている。

◇三つの世界共通語をすすむ（46・10・12）：英語は世界的、エスペラントはまだあまりに微力。科学は世界語、キリスト教は愛の宗教で世界共通語。青年諸君にこれらを学

ばんことをおすすめする。

世界共通のものの上に立つという思いで、キリスト教を土台に幾つかの活動を企画した。「内村鑑三研究会[*4]」は四六年二月より自宅で毎日曜日午後に開くことを計画した案内文だが、続かなかった。また、四六年九月には、愛こそ日本を救うと信じ、愛はキリスト教より出ず、宗教革命運動としてキリスト教を広めたいと考え、生家のある川口村の農業青年男女に唯一神信仰、農業生産向上、農村の生活改善などを試みたが発展しなかった。

その頃桜美林学園を創設した清水安三[#3]を知り、四六年九月、十一月には清水を自宅に招き、話を聞いたりバイブルクラスを開いたこともあった。その後も同学園の先生を招き、知人に引き合わせるなど創設間もない同学園の応援にも力を入れた。

四六年十一月には、青年学生運動によって救国運動を起こそうとし、そのきっかけに「握手運動」と名付け、人を憎まず、媚びず、愛と平和と民主のシンボルとする「平和青年会」を普及しようとした[*4]。いわば、愛の供給源としてキリスト教を利用した運動である。当時激しくなった「闘争」で失われるエネルギーを「愛」と「協力」で資源化しようとした。その試みは四八年頃まで続いたが、共鳴する人はほとんど無く、失敗に終わった。この他、「祖国復興早天祈祷会」や「平信徒会」などを計画したが発展することはなかった。

復興の手段としての「天才　独創性素質者研究」

一九四九年に「独創性素質者（天才）研究」を始めた。五十部限定の小冊子『天才　地方は天才を生むが育てない利用しない』[*3]を地方文化資料として出したのは、十一年後の六〇年で、没後、橋本義夫初期著作集『沙漠に樹を』に載録された。

変人の中に含まれる天才の力を利用することこそ、資源の中の資源を生かすことが狙いであった。素質者の母親や一つの中学校で教師一人でもよいから読んでもらいたいとの願いを記している。

いかにして、八千万人の国民を資源とし得るか、自らが飢え惨たんたる生活の中にこんなことに熱中したのだから、正にウソのような話と後日自身が書いている。一部引用：

全生物は変種の歴史である！　栽培植物や家畜の歴史は、人間社会に都合よき変種の歴史である！　人類文化の歴史もまた変人とまでいわれた例外的な性格の人の、独創、探求、考案等によってなされた歴史である！　と啓示された。変人の中のある部分が新文化を築くのだ。

変人の中に含まれている天才！　天才を早期に発見し育成・利用することこそ資源の中の資源を生かすことである。新しい事、大きい事等は天才の力を待たねばならぬ。日本復興への道である！　と気がついた。〔中略〕

「天才は表われ易く、又埋もれ易し」である。一度世に知られれば、陽気なところのない風采の上がらない弱々しい人物が、国を動かし、世界のはてにも知られるようになる。これが田舎に埋もれれば、食うや食わずの悲惨な姿で朽ちるのが世の常である。

先天的な素質ある者を、青年期に、社会の発展に必要な後天的な条件を加えて方向づければ、世を益するが、青年期に適当な条件を与えなければ埋もれて朽ちる。これは地方の大問題である。地方に住む素質あるものは、すくなくとも中学時代に鑑定し、可及的に早く中央の然るべき教育機関につくために手段を講じ、中央に移住させることである。

3　キリスト教への傾斜

青年期からキリスト教に近づき、また離れる心の揺らぎを繰り返しているが、戦後にも真剣に向き合った時期があった。

科学とキリスト教のどちらも捨てられないという心情をノート「草の叫び」などに綴っている。要旨：

進歩のためには科学以外に道はないんだ。自分のことを始め、いろんなことに宿命的困難があるんだ。生来の能力欠除だとか、家庭上の宿命的な困難とか、日本社会の宿命的停頓だとか考えてもどうにもならん程度だし、それだからとて理想を捨てるとか目的を放棄することもできないだろう。そういう場合にきまって仕方なしに宗教へ行くんだ。

科学は順調期の前進法とし、宗教は停頓撤退ではないよ。一般的にはそうかも知れないが、僕の場合には、困難に耐え、希望を放棄せず、火を消さぬために宗教が不可避なんだ。(46・1・18)

私は不徹底と云われようが矛盾と云われようが、闘争ばかり掲げるようなことはできない。やはり愛は好きである。又、科学も何もすっかり忘れきった愛だけにも入りきれない。私は矢張り科学が好きだ。私は科学だけでは生ききれない。矢張り愛が好き、美しいものは好きである。愛、科学、進歩、世界、日本、といったようなものの放浪者。どれも自分のものという欲深放浪者なのである。科学と愛はどんなに矛盾しようとも、私から奪うべからざるもの。科学だけ取って愛を忘れることも、愛をとって科学を忘れることもできない。どちらかを捨てねばならないなら、私は存在していたくない。

求道・キリスト教遍歴

百部限定の『丘の雑木　地方文化運動記録２』[*1]は自身の文化運動を中心にまとめている。その最後、(附)「青年壮年二十年記」は、自身の心の動きや宗教的な〝探求〟について触れている。抜粋：

本当にキリスト教に近づいたのは、一九二五（大正十四）年からで、翌年内村鑑三のキリスト教に結びつき、最も強く影響を受けキリスト教が身についてしまった。愛、社会のために、教育、この三つのものが焼付けられた。

戦後の復興のための救国運動としてキリスト教を利用しようとしたが失敗した。敗戦直後、愛国熱はいやが上に高まった。祖国復興、青年教育、青年運動が、元来のやって来たことだけにずい分気ばってやった。それは殆んど空虚に終わった。全く絶望し容易に終わらなかった。これは「回心の経験」を得て止まった。

それから道草食いの生活が続いたが、幾度も捨て、幾度もバイブルを離れたが、やがて苦しみがくるといつの間にか取りあげ、これがもう三十五年間にもなる。（不運がつきまとい生きるための絶体絶命から来る）

四八年一月から三月の心の動きを克明に記したノート「回心記録」が残る。〈来世の信仰を与えられるとある〉が、その後キリスト教についてふれることは少なくなっていった。

4　書き残しておきたかったことから

戦災と敗戦から五ヶ月後、自らを顧みて複写罫紙に記した二篇から要旨：

◇故郷八王子と魂の故郷（46・1・27）：八王子を愛し成長を願っていたつもり。そのためには厳しい批判と憎まれ口をきいたけれども、よりよき方向にと考えてきた。八王子は焼け、仕事場も失せ、この町との関係も一段落した。いくらかでも役に立つようにと心がけてきたが、性質上「魂の故郷」という気はしなかった。他の同業者諸君の方がこの町的でふさわしい。私に出る幕ではなさそう。「魂の故郷」を探す旅人になりたい。

◇無題（46・1・10）：闇屋をやりブローカーをやり、利権のために狂奔し、儲けるためにこのどさくさを利用し、火事場泥棒以上の敗戦成金志願者が右往左往している。私も戦火の洗礼を受けなかったら、持っているものの値上がりで今頃は金がしこたま入り、これに病みつき守銭奴か敗戦小成金的存在になったかも知れない。ところが戦火をあびて大部分を失ってしまった。これは不幸であったが、まるきりの不幸ではない。戦争によって受けた人民の飢餓と骸骨の上に豊満の生活をなしたとしてそれが何になろう。私に関するかぎり戦争被害者となったために、破廉恥、守銭奴、敗戦小成金とならずにすんだわけである。だから失うところより得るところがあったと自覚しなければならない。今年で四十五歳、今日の如き変革期に於いては、既に老年である。私は利益になるなら何でもかまわぬということに反対なるがごとく、生きるためならどんな破廉恥な反社会的なことでもすることに反対である。倒れ生が終わっても。

戦争反対だった人と感銘を受けた本

一九四六年一月十六日、十七日の日付の入った「記録」という文書がある。これは書き残しておきたい記録といった意味も込められていたと思われる。十六日付では「身辺の人で戦争反対だった人」と「読書　感銘を受けた本」が戦後間もない頃書かれただけに注目される。

身辺の人で戦争反対だった人は平井鉄太郎、松井翠次郎、須田松兵衛、菱山栄一、岸清次。いずれも義夫の関わった運動の中で名前が出てくる人達である。

感銘を受けた本については書名だけの記載だったので、著者名などを補筆した。戦前に発禁処分となったものも含まれている：

読書　感銘を受けた本：内村鑑三の著書（『後世の最大遺物』、『苦痛の福音』、『復活と来世』、『興国史談』、『内村鑑三全集』）、三木清『歴史哲学』（ライプニッツの「理由なしに何物も存在しない」という言葉に感銘）、永田広志『唯物史観講話』[#4]、エンゲルス『空想より科学へ』[#4]

思っていることについては十二項目を挙げているが、一部抜粋：

どこに住みたいか（日本では）信州、北海道。

何をして生きたいか　農業、科学研究、青年教育（今までのようなものは反対）。

旅をしなかったが旅を好んでいる。同じ所へ何度も何度も旅するような旅が好き。

何処へ行きたかったか　日本なら信州、裏日本、北海道。外国　欧州殊に北欧、中央アジア。研究のための旅行なら日本のどこの隅、どこの果てでもいい。世界のどこの隅、どこの果てでもいい。

欠けているものの一つ　外国語（とくに読書力）、数学。

好む者　平民、労働者、農民、人民。そしてこれらの人々のために献身的に働く人を尊敬する。
きらいな事　金儲け、きらいな話　金儲け、向かない事　金儲け。

書店心得、「揺籃社恩人録」と「恩人録」

「書店心得」は複写紙に書いた文で、年代は記載されていないが一九四六年～五〇年頃である。①～⑤は義夫の考える「書店のあるべき姿」、⑥～⑬は理想的な生き方を書いているが省略した。特定の後継者を意識したのか、自身の考えを書き残しておきたい動きの一つだったのかは不明だが、五〇年に親類が書店を経営すると言い出した時にまとめた可能性もある。以下書店のあるべき姿を書いた部分の要旨…

①書店は単なる金儲けの仕事ではない（戦前も、戦後も、又世界中の何処でも）殊に敗戦後の亡国的現状に於いては　復興のために心を配らねばならない
②世界共通なるものを選ぶこと　科学は共通語であること、宗教はキリスト教なら共通であること、技術は科学と共に基礎になること
③生産に関係するものを置くこと　生産力がすべての基礎になると言っていい。生産を忘れた文学、芸術なぞといったものは道楽に過ぎない
④青年少年ものに力を入れること　未来は彼らのものである。人民は常に存在する
⑤際物に力を入れないこと　昨日も今日も明日も必要なるものに力を入れること

五一年三月に「揺籃社恩人録」と「恩人録」（いずれもきちんとした謄写刷）各一枚を作っている。どのような人に配ったのかは不明だが身辺整理の一つであろう。いずれも名前の後ろの括弧内に短い説明がある。

揺籃社恩人録は一九二五年一月より一九四五年八月二日戦火焼失の日（順序なし）として四十七名を列記し、その他多数の方々としている。

内容は揺籃社の創設・経営に関わった人、地方文化運動関係者・愛書家などが多いが、天野貞祐（京大教授）、岩波茂雄（岩波書店主）、内村鑑三（宗教改革者）、尾崎行雄（真愛国者）は尊敬し、学ぶところが多かった人ということであろう。異色の人として義夫が留置されていた時に好意的に接してくれた古川作次（早稲田署看守）がある。

恩人録は四五年八月二日以降五一年三月、揺籃社が戦災で焼失し、安土に蟄居していた頃で、祖国無条件降伏以来安土の小宅に閉門、主に読書、思考、飯炊きと掃除をな

し、稀には除草、田植え、棒打ち、なぞして暮らしました。東西古今の先人諸先生に書籍を通して教えていただき深く感謝いたします〉とある。三十五名を列記している。

両方に名前のある人は八名で市川英作（八王子学園長）、奥住重義（土建会社）、小島善太郎（洋画家）、榊原金吾（教育家）、須田章（種鶏場長）、留岡清男（教育学者）、平井鉄太郎（教育家）、菱山栄一（農家）であった。富塚清（工学者）、松前重義（工学者）、森川覚三（工学者）、矢内原忠雄（東大教授）四名は学ぶところが多かった人であろう。鉛筆書きで〈困難の時に愛犬ミッキーは最も私を愛してくれたもの　なぐさめたもの〉と付記している。

5　理想と現実の狭間で

空襲で店は焼け無収入、急激に進むインフレで通貨価値の目減りは激しくなった。一九四六（昭和二十一）年二月には、インフレ阻止の経済危機緊急対策として金融緊急措置令が発令され、それまで使っていた五円以上の紙幣（旧円）はすべて金融機関に預け入れさせられ、既存の旧円預金ともども自由に使えない封鎖預金となり、新紙幣（新円）は一世帯当たり、一ヶ月に所帯主三百円、家族一人につき百円までしか引き出せなくなった。

主要食糧は統制下にあり、配給は絶対量が少ないだけではなく、遅配あるいは米の代替品もあり、飢えが現実の問題として存在した時期である。生活は次第に窮屈になっていったが、義夫は生きるためならどんなことでもするのは反対で、庭の畑で食料生産をする以外生活費を稼ぐことも考えず、戦後日本のあるべき理想像を追求し、家のことに振り向ける時間は少なかった。こうした生き方には、妻婦美は不満で、不仲が一層拡大することにもつながった。

義夫の望んだ戦後日本のあるべき姿とはほど遠い現実、期待した青年達は動かず、企画した運動は不発で、四六〜四七年頃には、しばしば自殺の危機があった。本人が書き残した手記（絶望の記録　一九四六）あるいは『丘の雑木』[*1]（一九六〇）その他のノートなどに残る記録から、理想と現実の狭間で苦悩した姿を辿る。

絶望感に苛まれ死を考える

戦時中は愛国、愛国と唱えていた人々が愛国を言わなくなった戦後まもなくから、義夫は戦後こそ愛国心が必要との思いが強まり、祖国復興を目指す青年教育や青年運動に力を入れた。〈ずい分気ばってやったが殆んど空虚に終わった〉と回顧している。その頃綴った「絶望の記録」と題するノートが残る。一部抜粋：

あらゆる犯罪の巣になる。青年は虚脱となる。敗戦後のゴタゴタというようなことは、私のきらいなことだった。全く絶望した。ここに危機が来た。この危機は四六年三月から秋が終わり冬まで続いた。

経済と政治も絶望的となりインフレはいよいよ昂進して止まるところを知らず、生活は漸次困難をきわめ、あれほど好んでいた青年等は足遠くして無為に悩み、身辺の宿命的悪条件[#5]は止める術なく、あらゆる悪口雑言は日と共に多きを加え、牢獄以上の牢獄化し、笑いを喪失した生活が続いている。

六月中旬、朝食もとらずに死に場所をさがし五日市付近の山中に入り、空腹感とたたかいながら山の上に登った。かばんには麻縄が入っている。これを首にかけ木へ結び足を放そうとした。生の執着恐ろしいまでに強く、ついに果せず山を下りた。また、この月高尾山南方の山に入り峯の松を選びながら歩き、これも果せず。

「絶望の記録」にはその後も九月まで二回死を求めてさまよったことが具体的に記されている。

死にたいという気持ちと生への執着から、第三の道を選ぼうと考えた。ノート「絶望の記録」から抜粋：

炭鉱の如き生命に危害を与える職業を選び、そのチャンスを求めるべきか。自分は北海道の炭鉱を選ぶことこそ、無所有とどん底とに身を置く、若き日ののぞみであることを知り、大きな発見のような気がした。基礎無きインテリまがいの職業、虚偽のブルジョア臭い生活をかなぐり捨てることこそ、敗戦亡国日本に於ける我が晩年にふさわしいではないか。

これは［自殺を］決行出来ない暗夜を急ぎながら考えていた名案（迷案？）なのである。ベートーベンは「喜劇は終った！」といいつつ息を引き取ったが、私は「愚劇は終った！」といいながら、北の国で孤独の中に幕を閉じたい。（1946・9・16）

九月二十一日　北海道の炭鉱へ行こうと考え、八王子勤労署の紹介で、都心の小石川勤労署まで出かけた。戦後一年、当時は電車の本数が限られ、乗車券の発売が制限されていたので、朝四時起きして出かけ、待つこと二時間、失業者の中に加わった。ところが、募集条件の年齢が八王子勤労署での説明の四十五歳までと異なり四十歳までで受けつけられなかった。これで北海道行きも、生活革命もおじゃんになった。しかしこれは無駄のごとくして無駄ではなかった。

この時の求人票がノートに添付され残る。

親友須田松兵衛の死

戦争嫌いの歯科医須田松兵衛は、義夫の親友の一人にあげられている。揺籃社時代の満十六ヶ年間は、元日から大晦日まで顔を出していたという。義夫が治安維持法違反という名目で監禁され、解放されたものの起訴猶予の身だったので、交際をひかえた。追い打ちをかけるように空襲で揺籃社が焼け、交流することもなくなった。話し相手を失い、次第に明朗さを失っていき、心の病にかかり、一九四六年十月自ら死を選んでしまった。義夫にとっては生涯このことが負い目になっていた。『真友須田松兵衛』[*2]は義夫が亡くなる前年、最後の力を振り絞ってまとめた追想集で八五年に出版した。この冒頭に「四十年前の言葉」として四六年十月二十二日に複写罫紙に書いた「須田君の死と僕の責任」が収録されている。抜粋‥

敗戦後の世相は地獄絵そのものであった。君は耐えられなかった。（もっとも耐えたという奴らは初めから良心もなく動物的だったので、耐えたのでも何でもない）杖がないのだから！　僕は君を昔の如くに暖かい心で迎えるべきであった！　君を独りで死なしてしまった。僕は六、七、八月頃、まったく絶望のどん底にあった。九月下旬、初めて、生きようと生気を取りもどし始めた。君が死んでから「死なない！　任務がある、命令があるまでは死なない」という気持になった。

君にあやまる。君の死んだ責任の一部は僕にある。僕は君を生かさねばならぬ、あきらめない。君よ　導け。

自身の働き場所を見つけられぬ悩み

戦災で揺籃社が焼失してから一年余、店の再開を期待する周囲の声はあったが義夫は動かず、生計には関わらぬ内外の活動に多くの時間を使っていた。妻の婦美にとって義夫は理解を越えた仙人のような存在となっていた。

こうした状況の中で、一九四六年十一月から婦美は得意の英語力を生かして、米軍基地に勤務することになり、義夫は家事をある程度やらざるを得なくなった。この状態が長く続くことになる。当時の社会では男性が家事をやることに抵抗感があった。日記風メモに見る〝女中代用品〟という自嘲の言葉にその思いがこもっている。

敗戦から二年余、ノート「敗戦降伏後一年それ以後」に、神に向かって身の置き場のない悲痛な叫びとも言える文を書いている‥

あなたはなぜ私に良心を与えたのですか。良心とこれに伴うだけのものが私にはありません。教育でもいいのです。文字が書けるだけでもいいのです。文章が書けるだけでもいいのです。その他何の技術でも一つ与えられれば、それによってこの良心を生かし得たわけです。
　私はもはや中年であります。労働も思うにまかせません。新しい技術を習得するには年をとりすぎています。私は遊んでいることの好きな人間ではありません。何にも技術も資格もありませんが何か私の働けるところをお与え下さい。……
　あなたは私のよりどころの一つを取り上げたまいました。仕事場も愛蔵の書も仕事も。私はあなた無しには生きられません。あなたは私のものを取り上げたまい、そのついでに私の命を取り上げたまいませんでしたことをうらみます。私にはもうなにも新しく得られるものはありません。どうぞあなたがよしと思し召さるものに働かせて下さい。どうぞおもちい下さい。（1947・10・11）
一九五一年頃にも手帳やノートに同様な悩みを記している。
◇広告　職業を求む五十歳男、文字下手、世辞無し、金儲けを好まず。書店経営二十年経験、百姓五年。世話好き、社会のためになることを好む。男子一人高等学校二年。
〔五一年手帳型ノート〕
◇せめて文章でも書ければ細き生活を保てんものを
　せめて文字が普通に書ければ事務員として生きんものを
　せめて卒業証書あらば職業教師として生きんものを
　せめて学歴あらば都市にありて細き生活をなさんものを
　せめて中央にひきあらば生くべき道あらんものを。
〔五一年末〕
◇二十日朝　子供に話す。数学と語学を勉強すること、この二つが無いためにどのくらい研究上不利をしている、発表上不利をしているか。要するに私の研究はこの二つを欠いているために、詩的表現をとる以外に道が無いのだ。私の研究は態度においては学問的であるも、処理にせよ、発表にせよ詩的文章的発表の限界を出ない。世を益し、人類社会のためにはもっと厳密でなければならない。これには語学と数学の二大武器を欠いていては駄目だ。〔一九五一頃のノート　HITORIGOTO RAKUGAKI〕

家庭内の不和・不信から家を出てみたが

五〇年秋頃から、家庭内の不和もあり、家を出て何か仕事をと考えるようになった。原因は義夫が家庭を顧みず、いわば他人事に力を入れ続けることへの妻婦美の不満・不信感、加えて妻と息子の不和がつのっていったことである。ノート「HITORIGOTO RAKUGAKI」から抜粋：
　妻に世話をかけた。迷惑をかけた。如何にしても世の技術なく能力なく資格なし。金儲けを考えることすらできぬ男。名誉はもとより、衣食を給するの術を知らず今日に至った。子供を世話させいろいろ迷惑をかけた。感謝し謝罪する。私には財産がない。何もない。子供と相談し、家を離れることが策と思う。ほんとうの身一つ、子供一つの無一物、餓死するも神よりの予定と信じ決行しよう。大した蔵書でもないが、この蔵書だけは持って行きたい。

五年間一銭の収入も得ず妻の寄生生活をなしてきたが、この終わりは近づく。生活の道は立たない。人のことなら知恵も多少出るし、足も前に出るけれども、自分のことは何一つ出てこない。

一九五一年六月、親類が揺籃社の名前で書店を始めるのに協力することにした。それを契機に、妻との不和もあり、安土の家を離れ店舗に近い所に住むことにした。手帳やメモに思いが残る…

書店を開くのだというから　六ヵ月苦心した。間違いなく発展する法、間違いなく身代の復興をする法を究めたが、一つも行われなかった。肝心のことは聞かず、店主の道楽ごとのクラブのようだった。やっと町に出たら、経営破綻した連れ込み宿に半年住み、電灯が一ヵ月点かず。本は邪魔扱いにされ、勉強も出来ず、売り食いを続け、借金を作り、みんなから馬鹿にされ、いやがられ、はずかしめられた。

うまくいけば、食べるに足る報酬が得られるとでも思ったのかもしれないが、無鉄砲に過ぎた。店主と考えが全くかみ合わず、生活の糧を得られないまま年末には店を辞め、安土の家に戻る始末となった。一九五一年末の手記から抜粋…

自営の古本屋計画成らず、下宿屋計画成らず、北多摩行き成らず。敗残の身　沙漠に横たうために、砂をかむ思いで帰るべからざるところに帰る。

年の瀬迫り／　モチは配給一枚に過ぎず／　友はみな貧し／　親類はみな疎遠になり／　帰るまじと思いし安土の家に帰り／　荒れはてし庭に立つ。

「敗戦の辞」というB5判謄写刷の文も残る。

6　一九四五〜四七年当時の暮らしから

食糧難と対策

一九四五年の米の生産は平年の六十五パーセント程度にまで落ち込む大凶作となり、十一月には餓死対策国民大会、四六年五月には食糧メーデーがあり、配給食糧の遅配・欠配の解消などの要求が掲げられた。小麦の緊急輸入が行われたのは四六年であった。四七年二月、八高線で買い出し列車の脱線事故があり、死傷者の大半は食糧買い出し客だったという悲惨な事故もあった。

敗戦後まもなく義夫が食糧対策としてアヒルの雛を数羽入手して、鋼二が飼育を始めた。また、義夫は屋敷内の芝生をはがすなどして畑を百八十坪程度に拡げた。農業経験のある義夫が主になり、小麦、大豆、さつまいも、じゃがいも、とうもろこしなど主食代替の作物やいろいろな野菜を栽培した。[#6] 戦後四年はいわば晴耕雨読的な暮らし方でもあった。

義夫が残したノート「敗戦降伏後一年それ以後」に家族三人の食事記録や家事雑感を記したものから抜粋：

〈婦美が米軍基地に勤務したことにより〉女中代用品となった。毎日　献立ほぼ同じ。朝：米一合弱、押し麦一合、さつまいも細切れ、混合飯。豆を水に一夜浸し、すり鉢にてすったもので、塩少々入れ　味噌なし「ご汁」菜または大根。昼：甘藷ふかしたもの、朝残りの「ご汁」漬け物、　菜または大根。夜：米一合、押し麦一合、さつまいも混合飯、大根煮付け（煮干し魚三つ入れる）

女中雑感　食事配合の困難、蛋白質及び脂肪の供給難。鰯のごとき魚あれば最も容易なのであるが、これが手に入らない。油類の供給は必要。掃除、食器洗い、冬期は手荒れのため最も簡易にすること。夕食後燃料経済、エネルギー保存のために床に就き眠くなるまで布団の中で書を読む。入浴一週一回土曜日。燃料なければまことに困難。

複写罫紙に義夫が書いた「餓死防止」という文がある。要約すると〈家庭飢餓防止：睡眠、休養、駈け足を止め、消化吸収しやすいように処理して食べる。よく噛む。社会飢餓防止：生産力向上策、分配公平、輸入は見返り物資を生産。隠匿物資没収、戦争犯罪者の財産没収、革命断行〉等々である。

もう一つ注目されるのは「アメリカから貰うべきもの、辞退すべきもの」という題で〈貰うべきもの：進歩性、能率的、科学的、貰うべからざるもの：食糧、資本、指導〉とある。この時期に、アメリカからの食糧援助や資本、指導にも背を向けているのは、独立国の気概を失い属国化するのを恐れたのであろうか。

自転車盗難

義夫の活動のためには不可欠の道具といえる自転車が自宅の庭で盗まれた。四七年五月のことである。戦後収入が途絶えていた義夫にとっては〈貧乏中なので全く泣きっ面になった。〉物のない時代で、物価は想像を絶する値上がりが続いた頃でもあった。しかも、インフレ阻止の経済危機緊急対策として預貯金が封鎖され、自由にならない頃のことである。戦前戦時に蓄えた金からの出費だが、数年前なら家一軒が建つ額であった。

いきさつを記す手記によると〈当分歩いていたが、よそのよい自転車がこの時くらい目についたことはない〉状態が四ヶ月続いた。インフレ対策で預金は封鎖されており、自転車の値段は一家が自由に預貯金を下ろせる額の一年分にも当たるほど高価だった。〈知人の郵便局長の骨折りで、第一封鎖（貯金）を一万円ばかり下ろして買った。〉

この自転車を〝ボンボロ〟になるまで十二年も乗った。以下は一九五九年に書かれた「ボンボロ自転車物語」からの抜粋：

すべてを知りたもう我らの天なる父上、あなたの知りたまうように、今日九千五百円をもって自転車を買い求めました。〔中略〕この自転車は血と汗とで求めたものであります。あなたに捧げます。どうぞあなたの御栄のためにご用に立てて下さい。

この自転車のサドル裏の文字「この器　愛のために真理のために　日本のために。盗難にあい、一九四七年九月二日、八千五百円にて入手したもの」これを買って物品税が加わり市役所で払った記憶がある。盗んだのは家から三丁ほど西に住んでいる町田の小学校の教頭とわかった。この男は自転車を盗み、家の風呂場のガラスを盗んだ。後に警察でわかった。常習者だった。土地も家も貸家も持っている学校の教師が盗みをどんどんしたのだ。敗戦直後の社会風景だった。

第8章　注

＃1　いずれも日本国内で通用させた特殊な論理、神がかった言葉などを意味して使っている。

＃2　終戦反対の動きを指す。戦闘機から撒かれた徹底抗戦のビラが残っている。

＃3　戦前から北京郊外で崇貞学園という中国人を主対象とした女学校を経営していたが、敗戦で学校は接収され、身一つとなり帰国。一九四六年にキリスト教主義を建学の精神とした桜美林学園を町田市郊外に創立。

＃4　内村鑑三の著書の一部を除き、いずれも現存していないが、発行年から推定すると『唯物史観講話』（白揚社、一九三五年発行）、『空想より科学へ』（岩波文庫、一九三一年発行）と思われる。

＃5　〈四十歳頃より家庭的悩み多く、殊に創世記二十二章におけるイサクを捧げるアブラハムの如き悩みとヒステリカルな悪罵と嘲笑の責苦多く、殆ど終身刑的宿命のために、生を呪い死ぬる日を楽しむようになった〉と記す。これは息子も巻き込んだ妻との不仲が続いていることを指す。この部分は『丘の雑木』にも出てくる。

#6　この頃の様子を当時小学校六年生の鋼一の日記（一九四六）から見る。◇六月二日　津久井へお母さんと買い出しに行った。◇六月八日　食糧の遅配は、いよいよひどくなり半月位遅れた。◇六月九日　今週から、食糧が足りない為学校は毎週、水曜、土曜は休むことになった。◇六月二十三日　家の畑の麦刈りをした。午後からじゃがいもを掘った。◇六月二十五日　麦の脱穀を四時頃からやり出して十時頃終わった。（父は）一俵半近く取れると予想している。◇七月二十九日　母と津久井へ（食糧の）買い出しに行った。◇七月三十日　八王子方面の（配給食糧の）遅配は二十五日。◇十一月二十日（庭の畑にまいた）大豆が一斗五升位取れた。◇翌四七年の日記でも家で取れたさつまいもを切り干しにしたものを製粉機でひいてもらったことや麦扱き（収穫）で二俵位取れたと記している。

第8章　参考・引用文献

＊1　橋本義夫、丘の雑木　地方文化運動記録（二）、地方文化研究会、一九六〇
＊2　橋本義夫、真友須田松兵衛、ふだん記全国グループ、一九八五
＊3　橋本義夫、沙漠に樹を　橋本義大初期著作集、（天才地方は天才を生むが育てない利用しない）、揺籃社、一九八五
＊4　橋本義夫、暴風雨の中で　橋本義夫著作集第2集　戦中戦後日記手記、（第二部）、ふだん記旭川グループ、一九九六

第9章　地方文化研究会を作り活動した時代

禿山に木を植える男

ひろい　禿山に／　木を植えている男がいる
乞食の様な姿で／　唯一人
疲れきっているらしく／　休み　休み　植えている
枯れている木がみえる／　いじけた　木も見える
だが　男は木を植えている

ひろい　禿山に／　木を植えている男がいる
しわだらけの顔／　落ちくぼんだ頬
みんなが　指してあざけっている
その男は　その声を知っている
だが　ひとごとの　ような顔だ
苦渋の顔の中に

光が放射している
あの眼をみろ／　あの顔をみろ／　勝利を得たものの顔だ

（1954・5・3）

「地方文化研究会」は橋本義夫が八王子周辺地方での文化運動を進めるために、一九五一年頃賛同者を募って始めたものである。〈文化的に不毛〉な八王子とその周辺地区に〈文化的緑化計画〉を実現しようという悪戦苦闘の活動であった。その内容を大別すると、①記念碑建立と丘陵開発運動や博物館建設運動、②地方史研究と資料出版である。「地方文化研究会」を名乗る活動は六七年頃まで続いた。

この頃の活動を記したものとしては一九六〇年に出した限定百部のタイプ印刷資料(地方文化資料)『沙漠に樹を　地方文化運動記録』と『丘の雑木　地方文化運動記録(二)』[*7]が骨格となる。前者は『沙漠に樹を　橋本義夫初期著作集』[*12]に載録されている。その他、本人の残した原資料や手帳・ノート類及び家を離れた息子宛の手紙などを参考にした。加えて、友人らの書いたものからも一部引用した。

1　地方文化研究会発足

活動資金も賛同者もない中での出発

地方文化研究会の立ち上げから活動については一九六〇年に書いている。[*7] 義夫が動き出し、少数の友人が補い助けた様子が分かる。一九五一年の秋、元八王子村の親しい友人岡村保雄から義夫に「村には自由民権と解放運動の先覚者が出たが、この人達の行為を知らせるために公会堂に額を掲げたい。文を書いてほしい」という依頼があった。このことがきっかけで、義夫が地方文化研究会の名前を使って文化運動を始めることになった。

会員を集めて、会としていろいろな事業をするつもりだったが、やりたい仕事の方が先に進んで、会としての組織などの相談は後回しにして動き始めたというが、義夫は定収がなく〈生活難時代〉で活動資金もなかった。

活動に先だって文書を刷らなければならない。空襲を避け自宅に運び込んでいた揺籃社時代の文具と物々交換して、謄写版用品一式を手にしたのは足利正明の骨折りによった。ところが義夫自身原紙切りをやっては見たが下手で、窮余の一策として、関係者に只で刷って貰うことにした。元八王子村に住む老史家村田光彦は、謄写原紙切りが上手だった。義夫が文案を書くと、直ちに原紙とヤスリを持ち、ボロ自転車をとばして、村田に頼んで帰る。仕上がった原紙を持ち帰ると、直ちに自宅の廊下で刷る。これを封筒に入れ、通知するためにボロ自転車をとばした。

松岡喬一が会の結成祝にと謄写版印刷用藁半紙千枚と、これにハガキ三十枚を届けてくれた。旗揚げしても藁半紙百枚買うこともできず、ほご紙に刷る始末だったので大いに助かった。

立川短期大学につとめていた野口英司と義夫の二人で相談し、短大で刷ってもらった「地方文化研究会規約抄」が残っている。会の目的は「地方史（現代も含む）の再検討と地方文化の向上」とし、事務所は義夫の自宅においた。主事は五人で、企画　野口英司、調査　松岡喬一、事業　清水成夫、経理　足利正明、総務　橋本義夫の名前が載っているが、役割分担は形式的なもので会長ポストはない。

最重点事項は文化的緑化計画で、第一に社会のために尽くし、しかも酬いられず埋もれた人や事業、物を掘り出す。具体的には建碑や、人物記を出すことであった。第二は名所、旧跡、名物、名産の乏しい八王子周辺の地の特長を生かし名物化することで、丘陵開発を構想している。

事業の具体的行動として、記念碑建立と資料の出版（謄写印刷）があった。義夫が企画し、賛同した人達を前に出して動く形で、事業を進めている。

2　困民党の再評価への執念[3]
七十年祭と建碑に至るまで

人々のために働きながら、正当な評価がなされず、忘れ去られてしまった人がいる。〈こうした人に対しては、社会が負債をもつていることになるのだ。しかし、催促もないし、利息もない負債である。これらの人々に対しては、気のついた人が債務を負い、負債の支払いに当るべきである〉[7]と記す。その中でも義夫の執念が生んだのが、困民党関連の名誉回復事業だった。

炉辺で聞いた事件への思いから上告趣意書を筆写し保存するまで

橋本義夫の父喜市は役人嫌い、政治話が好きであった。明治中期における多摩地域を背景に展開した過激な自由民権運動では、地元川口村からは三多摩壮士といわれる行動的な青年達が多数活躍した。多摩出身の村野常右衛門や北村透谷の友人だった大矢正夫が服役した大阪事件（一八八五）など、政治的動機によって行われ犯罪とされた「国事犯」のことを義夫は幼い時からしばしば聞かされた。そして〈子供心に「自分も国事犯にでもなりたいな」と思った〉と『橋本喜市のこと』[8]で書いている。

義夫が取り組んだのは武蔵の「困民党事件」で、一八八四（明治十七）年八月から九月にかけて八王子を囲む村々で起きた。デフレ誘導の財政政策は物価の下落と増税の形で農村の不況・窮乏を招き、債主である私立銀行・金貸会社に返済条件の緩和を求める運動が起きた。債主や行政、警察への大衆的示威行動をバックにした総代による交渉・嘆願が主体である。貧しい村民のために起ち上がった村のリーダー、いわば名主・庄屋的な人々が主謀者として捕らえられ、収監され報われることなく、その家も没落した。

この事件は義夫が物心ついた六歳位の時から、冷やかしかバカバカしい話として、家人や村人達のいわば〝炉辺談話〟として聞いた。貧しい農民のために起ち上がった人達が唯の一度でも「国事犯」といわれなかったことに、義夫は子供心ながら矛盾を感じ、成人になってもその思いを持ち続けていた。

この地の困民党首領塩野倉之助一家は離散し、大きな家屋敷も残らなかった。大正時代に横浜へ移った孫の塩野倉太が事件の経緯、問題点を記した大審院長宛の「上告趣意書」[12]（明治十八（一八八五）年二月二十三日付）を保存していたのを知り、義夫は一九四〇（昭和十五）年に送付を受けて書き写した（写真）。一九二三（大正十二）年の大震災に遭い、辛くも焼失を免れたものであった。義夫

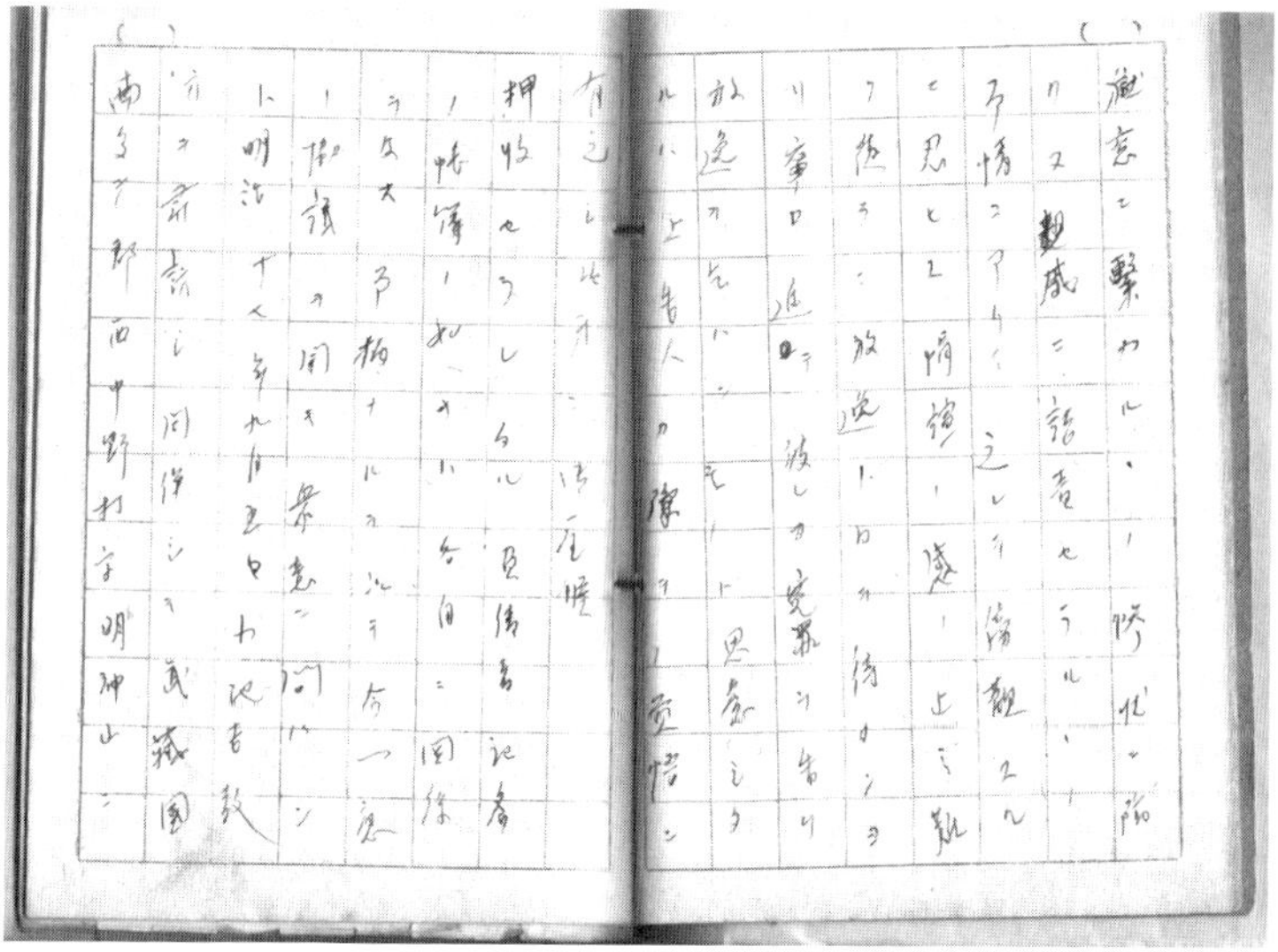

塩野倉之助の上告趣意書写し（1940）
小学校低学年向けのマス目の大きいノートに、義夫自身が一字一字書き写している。このノートに、孫塩野倉太から義夫宛の添え書きなども貼付していた

三十八歳、軍国主義盛んな時代、太平洋戦争開戦の約一年前である。筆写したノートに返送郵便物の局受領証を貼り付けていたのは、記録に留めておきたいという義夫の歴史認識があったかも知れない。この筆写資料もまた一九四五年八月に受けた八王子大空襲の戦火をかろうじて遁れた。

困民党復権の運動と困民党七一年祭

一九五二年秋、困民党祭として犠牲者の霊を慰め、当時を知る老人の物語を記録し、文献を探して保存するため、歴史家、関係者などを集めて追悼法要、座談会、記録出版を企画した。血縁者などの中にはこうした活動を白眼視する人もあったが、翌年一月二十五日に困民党七十年祭をひらく。上告趣意書朗読、祝辞の後、困民党事件史跡決定宣言（民衆史史跡標柱建立）が入っていた。その時義夫が読んだ祭文「おじいさん達への手紙」は彼らの名誉回復を宣言するものでもあった。ここまでに至る道程は平坦なものではなかった。経緯は「沙漠に樹を　戦後地方文化運動記録」の困民党の項に詳しい[*12]。困民党の復権評価に理解と支援をしていた野口英司が地方紙『三多摩新聞』に「困民党七十年祭」を九回にわたり連載し、記念祭の様子や上告趣意書と義夫が書いた「祭文」の全文掲載など詳細に報じた。義夫を「困民党事件を掘り出しこれを世に知らせるべく最も骨折った人々の第一番目」とし、「祭文は形式にとらわれぬ橋本氏の心情吐露によって満場を粛然たらしめた」と記している。[*3]

おじいさん達への手紙（祭文）

七十年祭で朗読された「おじいさん達への手紙」は後に詩集『雲の碑』（一九六八）に入り『沙漠に樹を』でも載録されている。[*12] 一九五三年に義夫が七十年祭に読んだものと比べると、色川大吉らにより武相困民党研究が進んだのを受けて、須長漣造の名前が加えられ、詩文としてやや短くまとめられている。

最初の祭文原稿は、困民党祭を開く当時の状況や義夫の感情がより生々しく書き込まれているので、当時の思いを色濃く出している文を二ヶ所追加し、「祭」と「国事犯」の言葉を加え、いずれもその部分がわかるように傍線を引いた。また数字の誤りとして塩野は憲法発布による大赦で刑が短縮、小池は牢死しているので訂正した。

おじいさん達への手紙（全文）：

塩野のおじいさん　小池[#1]のおじいさん　須永[#2]のおじいさん

この声が聞こえますか？　この祭が見えますか？

七十年の昔、時の政府の過酷な政策で、紙幣《さつ》の整理が強行され、米の値段が半額以下となり、農民達の借金は倍額以上の負担《おもに》となり、ご一新以来最もひどい苦しみをなめました。

おじいさん達は、隠居の年齢《とし》でありながら止むなく、平民の友、農民《ひゃくしょう》の友として起ち、この人々を救うために努力し、町田さんを「借金調べ」に当らせました。ところが官憲は、町田さんを捕え、丹精して書き上げた堆高《うずたか》い帳簿《ちょうめん》を押収してしまいました。

ここに至り、町田さんを救い、借金支払い延期嘆願のために、おじいさん達と、多くの農民達は、ここヒヨドリ山に集合し町に行進しました。

警察に着いて嘆願すると、官憲はおじいさん達を捕え「凶徒聚衆罪」で監獄《ろうや》に押し込み、塩野のおじいさんは四年半。小池のおじいさんは二年後牢屋で亡くなってしまいました。

おじいさん達は多くの財を失い、家は倒れ、子孫達にも不幸が長くつづきました。それなのに感謝する人はなく、かえって冷笑さえ浴びました。そして落ち目の人を白眼視し、茶化したことばかりが、まことしやかに伝えられました。

かくておじいさん達の骨は枯れ、ささやかな墓は藪の中に埋れ、あるいは墓石すらも建たず、泥足にふみにじられ、つばをはきかけられ、忘られた七十年の歳月がつづきました。

塩野のおじいさん　小池のおじいさん　須永のおじいさん
おじいさん達は長い長い世の冷酷な仕打ちにも耐えられましたなあ。おじいさん達の義挙を炉辺で聞いた少年の日の私ですら、湧きあがる怒りを抑えることが出来ませんでした。「自由民権」を看板に騒いだ連中は、「国事犯」と呼ばれ、世に出て偉くなり、尊敬されました。然るにおじいさん達の老いの身を忘れ、下心なく多くの農民のために真底つくしたことが埋れ、朽ち果てることは、私にはどうしても解せぬことでした。これで万事終わるなら、この世に真実も正義もありません。

敗戦後、おじいさん達の義挙が世の鑑である――との判定を公言し得る時になりました。もしも敗戦前に「困民党事件七十年祭」が催されたら、その執行者は必ず刑務所行きとなったことでしょう。

七十年後の今日、おじいさん達に勝利の日がようやく訪れました。

塩野のおじいさんバンザイ！　小池のおじいさんバンザイ！　須永のおじいさんバンザイ！

利己主義のみから出発した、立身出世の高名有力な人々よりも、クチャクチャに踏まれて、朽ちて、砕けた、おじいさん達の方に光栄が輝くその時がついに来ました。当然至極であります。

おじいさん達の、長い長いお苦しみからみれば、七十年祭準備のための障害のかずかずは物の数ではありません。否この障害こそ、かえっておじいさん達への感謝のために役立ちました。

塩野のおじいさん　小池のおじいさん　須永のおじいさん
この多くの人々の声をきき眼で見られておいでしょう。安らかにお眠り下さい。

塩野のおじいさんありがとう。小池のおじいさんありがとう。須永のおじいさんありがとう。

一九五三、一、二五　末見の孫　会の小使　橋本義夫

困民党首領塩野倉之助翁碑と最初の困民党紹介論文

困民党祭開催から一年余、一九五四年四月には、義夫念願の碑がゆかりの地川口村犬目（現八王子市犬目町）の安養寺境内に建った。碑文は「困民党首領塩野倉之助碑」裏面に「明治十七年困民のために起つ」とだけ彫られている。

倉之助は一八二六（文政九）年生まれで、もと名主。当時の下川口村唐松（現八王子市川口町）で油屋と呼ばれ、

油製造業や質屋も営むかたわら養蚕も行っていた豪家の当主、事件当時五十九歳であった。困民党頭取として懲役六年の判決で横浜監獄に収監された。一八八七（明治二十二）年二月、憲法発布の時の大赦令で出獄。一九〇七年没。一家は不幸続きで、資産のすべてを失い四散した。佐倉之助は人情家で「油屋の倉さん泣かすにわけはない。佐倉宗吾の子別れ語れ」という言葉が残る。義夫の母春子の祖母井出マスは倉之助の妹である。

　困民党祭と建碑が成るまで義夫は〈長い間心が平らかではなかった〉と書いている。

　一九五四年に義夫が書いた「困民党事件」が『歴史評論』に掲載された。塩野倉之助の上告趣意書の全文紹介に始まり、事件の経緯や土地、時代、指導者とその末路の悲劇、そして最後に困民党首領塩野倉之助の碑を建てたことに触れ、自作の詩で終わる異色の論文である。[*5] これは「武相地域の困民党に関わる最初の歴史論文で、多摩の困民党が研究者に知られるきっかけになった」と自由民権資料館展示資料解説Ⅱ（一九九四）で紹介された。

困民党首領塩野倉之助之碑
碑は八王子市犬目町・安養寺に現存

3　記念碑建立に狂奔

正当な評価がなされず埋もれた人を掘り出す事業として、義夫が企画し建立に至った記念碑の数は十基を越える。最後まで関わったもの、途中で別な関係者によって完成されたものなどいろいろあるが、徒手空拳ことに当たったので多くは困難の連続であった。費用は個人や関係者の拠金に頼るので、資金不足でつらい思いを重ねた。回想要[*7]旨‥

　一九五三年頃、会は記念碑建立狂奔時代となった。碑を建て始めたら、これもあれもと浮び出てきた。そしてこれを今やらなければ永久に忘れられてしまう。やらなければならないと考え、「建碑計画」というべき構想が浮かんだ。一度に十も出来た、この亡霊ともいうべきものに、責められ、責任感となり日夜苦しめられた。ものすごい貧乏の中で、どんなものにせよ、十も記念碑を建てようとするのである。今考えれば、落語を地で行くようなものであり、気狂の御親類のようなものであった。

個々の碑については七年間、十三の碑の建立にかけた思いや経緯を〝沙漠に樹を植える〟難しさに喩えて書いている。この他直接関わらなかったが建碑を慫慂したもの、歴史的なスポットとして石柱を立てたものなどもある。

記念碑にこだわった理由として〈少額の費用で社会的効果を大きくするのは墓石……記念碑であると気がついた。詩碑は経営費不用の音楽装置、名所碑は無給ガイド[*12]〉と書いている。

埋もれた人の功績を再評価し世に出す

郷土の先覚者が文化や産業発展のために尽くしながらその功績が埋没してしまっている人、あるいは人々のために働きながら正当な評価がなされず、忘れ去られてしまった人を取り上げた碑を建てている。

◇偉農　河合宗兵衛　頌徳碑
二代目宗兵衛は長期にわたり三多摩地方をはじめ各地で栽培された裸麦の優れた品種を育成、また研究実践をもとに新栽培法を考案するなど、近郷近在より「宗兵衛様」と呼ばれ、〈彼の家は民立農業技術伝習所であり、模範農場でもあった〉。義夫はこのような卓抜した民間功労者を埋もれたままにしてはいけないとして感謝と敬意を表し、あわせて地方によき伝統を残し、地方のために、日本のために役立てたいと建碑の趣意書に書いた。一九五二年十月、旧川口村（現八王子市川口町）川口川北岸沿いのところに建碑。〈偉人観を変更するために建てた〉という。

◇林丈太郎墓碑（丈太おかぼ碑）
林丈太郎は干魃に強い陸稲の株を選出し、試作を重ね「丈太郎おかぼ」として村内に普及させた。やがて「平山」と命名され、大正から昭和十年代まで郡内はもとより他府県にまで普及した。義夫は友人松岡喬一の年表作りの手助けで丈太郎の生家へ調べに行ったところ墓石もなく、表彰状は雨漏りする物置にある始末、あまりひどすぎる、このままにしてはならないと思い、一九五三年夏に墓碑[#3]を作る決意したと書き残している。同年十一月除幕。建碑のエピソードは「沙漠に樹を[*12]」に詳しい。

◇近代先覚者讃碑
封建社会から続いた差別とたたかい、明治時代に道を拓いた人達を讃える記念碑を計画した。建設までの長い道のりは〈満身創痍の企画、苦痛きわまりなし〉であった。碑銘も当初案から幾たびか大きく変わった。一九五七年十一月除幕。建碑の趣意書要旨：

此の地は近代社会の変革期に際し「先覚者」を多く生んだ。或る人は教育に—産業に—宗教に—新しい種子をまいた。或る人は、早くより「自由」に覚醒し率先参加し、地方の有力な指導者となった。或る人は、非凡なる眼力を持って、各地の「先覚者」を招き、新時代の温床となった。或る人は特有の力によって、民衆を結ぶに秀で「親父」として、地方のためになった。或る人は古い手工業を近代工業に変え、技術革命のためにつくした。「先覚者」達は、個々の卓越した能力を発揮しつつも、共に結集して封建時代の暗黒な遺制—払拭のために努力した。これは全国に先んずること五十年、然も単なる反抗運動に留まらず、経済的、文化的、自治的な裏づけをした。

◇コックス先生親子三人の碑

近代日本の英語教育に貢献したコックス親子三人の顕彰碑。三人の事績については、ポールの教え子でもある松岡喬一の「青い目の良寛　ポール　コックス先生」[*15]に詳しい。長男ポールは一九一七（大正六）年から一九四一（昭和十六）年まで八王子の西隣の浅川町に住み、八王子にある東京府立二商や立川の府立二中で一九四〇年まで英語教師を勤めた。戦時に迫害され、四五年春強制送還となり、栄養失調で出帆後一週間目に亡くなり水葬された。義夫は松岡からポールの悲劇を聞き〈戦争被害者の異邦人のために何かしてやらなければならない、放置しては日本人の恥と考えた。[*12]〉

しかし、計画後二年余、地元浅川町がまとまらず実行委員会は解散、あらためて足利正明と相談、昭和女子大近代文学研究室の手で慰霊碑を御殿峠に近い八王子市鑓水、多摩養育園内に建てることとなり、内藤濯、人見東明両教授が碑文を作り、五七年十二月に完成した。除幕式では義夫の名前を出さないようにと事前に申し入れをした。式には英国大使館員、在日イギリス人有志代表、早大などで三十五年間教え日本に帰化し古楠遍理と名乗った弟ヘンリーの子息理高らが出席し、英字新聞でも取り上げられた。

完成慰労会には義夫は欠席、〈『岩波茂雄伝』を三百円で買い、慰労会の会費がない。この夜はコタツにうずくまる[*12]〉とある。

史跡・名所つくり

義夫は南多摩・八王子の地が世に知られた名所も旧跡も、名物も名産も、各界で活躍している著名な人や歴史に残る人物もいない、寂しい土地だと感じていた。手書き原稿が残る。要旨：

土地に何も無い位寂しいことはない。然し与えられている自然、歴史、行事、生産、条件は一寸した組合せか、又は手だてで、名物にも、名所にもなるもの。無特長なところに必要な特長を作るのは、乾燥地に植林するようなもので、多少の困難はあるがなさねばならぬことである。世の中は有名になると担ぎ手が多くなるが、無特長なところに特長を作る仕事に援助していただきたいものである。

こうして作られた代表的な碑としては万葉歌碑、絹の道碑、北村透谷碑がある。

◇万葉歌碑[*12]

町村合併でいずれ八王子と合併となると、南多摩郡横山村の名が失われる。一九五三年、丘陵地帯の寒村をうるおいのある地としたいと思い、万葉集に多摩の横山の名が入る「赤駒を　山野に放し　捕りかにて　多摩の横山　かしゆかやらむ」を刻んだ碑を建てて残そうと思った。毎年万葉祭りを開く、碑のある辺りを万葉の公園とするなど幾つかの企画を立て一年、五四年に除幕にこぎ着けた。

式では義夫が地方文化研究会の名で「多摩丘陵開発の先覚者」という朗読文を読み上げた。その中にこの歌の作者である防人の妻、宇遅部黒女の名をあげている。

碑陰に彫られた文と碑の鉛筆書きデッサン[*13]を重ねた草稿

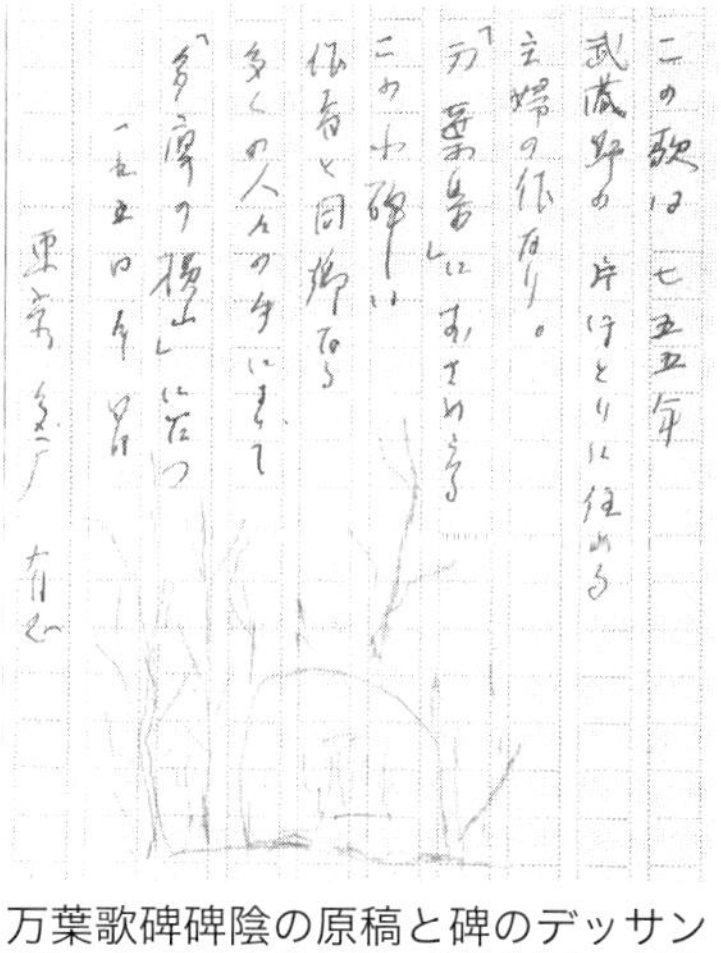

万葉歌碑碑陰の原稿と碑のデッサン
碑は八王子市散田町万葉公園に現存

も残っている（写真）。近くに大きな団地が開発されたのに伴い、碑の立つ丘に公園が整備され、一九七一年万葉公園と名付けられた。

◇絹の道碑

「横浜街道（浜街道）」とよばれた街道が一部ルートを替え御殿峠を通るようになると、全く廃道化した細い道がある。義夫はこの道すじの小さな集落（鑓水）が幕末から明治にかけて生糸の生産・輸出・取引に重要な役割を果たしていたことを検証し、この道を「絹の道」とよび、記念碑を建てられれば「日本蚕糸業史跡」ともなるし、美しい地名になり丘陵地の観光に資すると考えた。一九五六年には『日本蚕糸業史跡　鑓水商人記念　絹の道　多摩丘陵由木

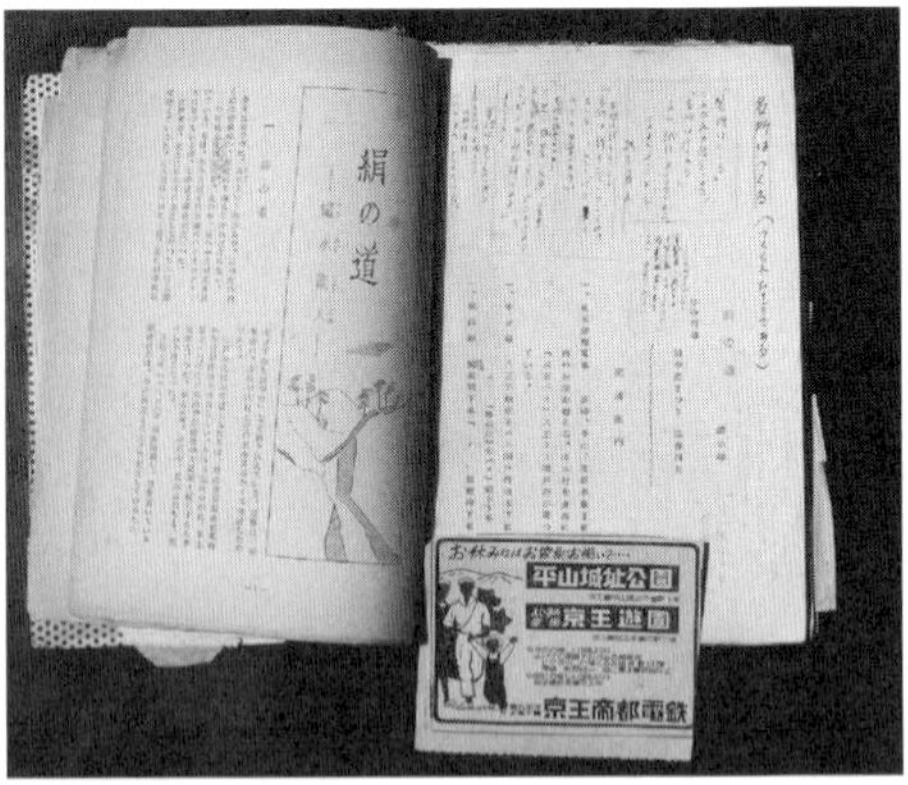

「絹の道・多摩丘陵・由木新名所案内」に残る思い
「名所はつくる」これが私の信念などと書き込んだ日付（1957・4・25夜）も入り、京王線からのハイカーを想定した広告の切り抜きも貼付されていた

新名所案内』というタイプ印刷の小冊子を刷り、建碑の働きかけを行った。東京の人を集めるには「シルクロード」とよぶことなどを地元の協力者に語っている。

碑は旧浜街道に添う丘にあった道了堂跡（大塚山公園）の入り口近くに建つ。碑文は正面が「絹の道」、右側面は「鑓水商人記念」、左側面は「日本蚕糸業史跡」、裏面には「一九五七年四月　東京　多摩有志」と彫られている。

◇北村透谷碑

明治時代中期に短い期間であったが光芒を放った文人北村透谷（一八六八～九四）が青年期に多摩の自由民権運動活動家らと親交を結び、一八八四（明治十七）年晩秋から翌年春まで八王子郊外（旧）上川口村森下の秋山国三郎家に滞在した。透谷はそのことを「三日幻境」に記し、この地を希望の故郷、幻境と呼んだ。

義夫が揺籃社の常連、日野町の滝瀬金吾から透谷の「三日幻境」や「富士山遊びの記憶」などのことを聞いたのが一九三四（昭和九）年であった。生まれ育った村の秋山国三郎に関わることなので、〈早速岩波文庫の「北村透谷集」を手にして小学校同級生であった秋山得之氏を森下に訪ね、国三郎の遺品などを見て、透谷や大矢正夫の暮らした家であることを確認し、資料保存の注意をした。〉[#4]

義夫が戦前建碑を考えてから二十年後、透谷没後六十年を記念して幻境の碑を建立する計画を立てたが、予定地での協力は得られなかった。別の地に建てようとしたが、今度は除幕寸前になって、そこは幻境のゆかりの地ではないと、有力者らがクレームを付けた。急遽除幕の八日前に透谷の『内部生命論』から「造化は人間を支配す　而れども　人間も亦造化を支配す」を選び、彫り込んだ「幻境」（写真下）の文字の上に石を重ね、その左にあった「七年を夢に入るとや水の音」の句を消して作り直した「造化の碑」（写真上）となり、五七年十月ようやく除幕の日を迎えた。[*12]

上は作り直しを余儀なくされた「造化の碑」、下は最初に彫られた「幻境の碑」
「造化の碑」は八王子市みつい台団地谷野西公園に現存

義夫が企画した碑の中で、最も難産の末出来たもので、これを〈満身創痍の碑〉と自称した。

「御母讃《おかあさん》」の建碑は苦く悲しいものとなった

義夫の母春子の「村の母」としての功をたたえるとともに、世のあらゆる母の労と愛に感謝をささげるという趣旨で、母の碑が計画された。生地の旧川口村楢原（現八王子市）にある多摩養育園内に建てるべく、園長の足利正明が企画書を作り事務局として、幾人かの代議士まで発起人に加えて募金をした。足利が碑のデザインをし、ゆかりの人達から、義夫が募金活動をすることを期待した。

ところが一九五三年五月の除幕式には、〈最も愛した「己が郷」からはただ一人の老婦人が参列したのみであり「己が家」からは一人の参列者もなく「己が親族」も又きわめて少ない参加者のみでありました。欲と嫉妬とあらゆる理屈を作り、妨害をし、式の終わるまでそれが持続しました。これが多くの人々を愛し、多くの人々を世話した人の記念碑の除幕式でありました〉[*12]。費用が足らず、式後にはもてなすに茶菓、飲料もない始末で、義夫は人様の前で声を出して泣いた。義夫の兄（生家の当主）とその近隣に住む親類縁者や地元の婦人会長などから強い反対と活動に対する妨害があったためである。

一冊の和綴じの帳面が見つかった。除幕式当日の謄写刷り式次が貼られ、欄外に書き込みがある。〈参列者各位にもうしわけない。いつの日にかもう一度除幕式を与えしめよ。各新聞社来る（朝日、読売）。〔中略〕橋本近親者出席者　西山正子、橋本カク、井出清一、楢原本村高橋エイ老夫人一人出席なり、後の人よ、このときの胸中を知るものありや。〉

また筆字で、〈「お母讃の碑」が建ちました。私の碑のような気がいたします。除幕式がありました。私の葬式のような気がいたします。私は死にました。葬式もすみました。碑も建ちました〉。次頁には〈葬式　参加無用、香典
　受領ずみ。私の死後此の記帳の各位は既に御参列、御香典拝領につき　御迷惑かけぬことをかたく御守り下さい。五月十日　橋本義夫〉と続いている。書いたのは除幕式の日であった。そこに十名余の「御香典」を出してくださった方の記帳がある。親類では姉だけであった。この姉のことは、いつも母の面影を重ねて見ていた。

失われた御母讃の碑（1953年５月建碑）
「御母讃」の碑文が入る

　灯籠型をして灯がともる特異な形をした碑は、隣にあった石柱「橋本春子記念　母の碑」ともども現在は失われてしまった（写真）。碑文[#5]は義夫が作ったものだが、最後に天光光とサインが入り、代議士だった彼女の字で刻まれていた。碑文：

　優しかりしが、強かりき、
　働きたれど、常に感謝しぬ。
　難きことは進みて為せしが、誇らざりき、
　言葉少なからざりしが、黙すべきを知れり、
　美を好みたれど、おぼれず、
　世の多くの人々を愛して、生を終る。

建碑の総括

　橋本義夫が建碑に狂奔した時のエピソードは『沙漠に樹を　戦後地方文化運動記録』[*12]に詳しい。碑を建ててから数十年を経た今、なお多くの人を惹きつけているものから、区画整理などで、形を変えたり、失われてしまったものまで様々である。代表的な数基が、星霜を経てなお人々を招き、語りかけているのに救われる思いがする。

　義夫が進めた文化運動の中で、建碑は最も苦くつらい活動だった。五〇年代後期のノートに〈碑のために親類と故郷を失った。然し多くの友を得た〉と書いている。

4　丘陵開発運動と博物館建設運動

丘陵開発運動

　橋本義夫は八王子周辺に連なる丘陵をこよなく愛し、地方新聞寄稿記事ではペンネームに多摩丘人やオカト・タマを多く使っていた。多摩丘陵開発協会を名乗ってのちらしなどもあるが、ペンネーム代わりにも使ったらしい。

　地方文化研究会の名前で「山村　丘村の開発　近代文化に取り残される傾斜地対策」と題し「南多摩地方に試む!!」の見出しが付いたB４判一枚の謄写刷ちらしが残っている。丘陵のある地方は平地に比べ発展が遅れ、最近代文化から取り残されてきたことを憂い、八王子周辺の丘陵地帯の特長を生かした優しい開発プランを描いた。敗戦から数年後の一九五〇年代初め頃である。骨子を補筆し、タイプ印刷の地方文化資料『沙漠に樹を　地方文化運動記録』（一九六〇年刊）の「丘陵開発運動」[*12]にまとめている。義夫はノートに〈大東京はいわば人間ダムのようなもの、引水し落差をつけて多摩丘陵に落す〉と書いている。

　丘陵開発の構想から生まれたものに、前述した「万葉歌碑」（一九五四年）や「絹の道碑」（一九五七年）の建立がある。

　丘陵開発の視点から八王子地方の観光策を書いた。[*12]要旨：

　丘陵が障害物であるから、これを観光的に利用し、風致住宅として克服し、東京人等を「丘へ招待」する。

　観光的施設は、丘陵の上につくり、これを尾根づたいの道で結ぶ。東京の下町は橋、山の手は坂、丘陵地方は丘が風物である。建築の形、色、線等、すべて、丘と調和しこれを生かさせなければならない。

　この地方は大河も、湖、温泉も、有名建築も、史蹟もない。あるのは丘陵だけである。丘陵プラスXが必要である。〔中略〕

　関西とちがい、関東には、古代の飛鳥、天平の頃のものは殆んどない。だから仮にこの頃のものがあるとすればこの史蹟は、客を招待する。又近代のものは東京人のロマンチシズムを満契させる史蹟であることが必要である。丘陵は夢だ。親しみのある憧憬の場だ。「丘陵住宅」を創作し、モデルハウスを各ポイントに建てることだ。この建築に、何よりも必要なことは、遠望的に設計されねばならない。

　よき地名は、土地の財産である。丘・峠・坂・原・橋・通り等々にすべて深い、美しい固有名詞をつける。但し「富士見」「日の出」の如き凡俗なものをさける。

　名所というと、直ぐに吉野桜を植えたがるが、こんなものは、国中には大規模なものがいくらでもある。バカの一つ覚えでなく、樹種だって、花期だって模倣せず、花期をずらし、支出を少なくして効果の多い効果的名所づくりはいくらでも方法がある。

芸術家と結ぶ。エキゾチックなものも必要である。古いばかりが能ではない。詩歌、民謡、舞踊、等を創作し、マスコミにのせ易いようにする。土産もの類もよく考案し、綜合的に効果的に企画し実行する。案内書なども、古代と近代、科学と芸術、そんなものを巧妙に按配し、フレッシュにしなければならぬ。

「多摩丘陵博物館」をつくる。「丘の祭典」を催し、映画「丘陵」なぞをつくる。すべてマスコミにのるように、はじめから仕組まれなければだめだ。根本的なことは、道路交通機関である。

博物館建設運動[*7]

義夫が八王子周辺に高等教育機関の設置も望めないので、せめて博物館を建てたいと願ったのは、戦前からであった。一九三五年頃武蔵毎夕新聞に「織物史博物館を設置せよ」という文章を投じた。土地の主要産業に結びつけ、しかも国民生活と結びつけるならば、教育的ではあるし、土地の名物ともなり、その益する所は少なくないからである。戦後になっても博物館建設の夢は消えていなかった。一九五四年頃資料館設置のために有志を訪ねて説いている。万葉歌碑を作った時も「多摩横山博物館」を船田の丘に建て、正倉院式の様式で白亜のコンクリート建てを作ろう。そして国道(甲州街道)や中央線沿線から見えるように建てることという設計略図から概要までも書いて配った。

その後一九五六年に書いたタイプ印刷の趣意書では、大正記念館 附属「八王子博物館」の名称を使っている。

橋本義夫が一九五六年に書いたタイプ印刷の趣意書要旨[*7]:

「明治維新」の大生長五十年の後に、大正期が来り、百花が咲き誇った。されば大正期は、明治に続いて日本国民にとって思い出多き時であった。識者の間に華やかな思い出の多き大正期を記念して「大正の正倉院」ともいうべき記念館を建て、時代文化百般を一室に集め、長く後世に知らしめたい。

建造物の所在地はゆかりの大正天皇御陵附近にて、風致絶佳の丘陵上を選び、正倉院様式の不燃焼建築にする。尚土地との結びつきのために、多摩丘陵地方一帯の地方博物館をも兼ね、地方開発及び教育の資ともなす所存である。

全国の有志各位の熱誠なる賛助を乞う次第である。

併設博物館の名は「多摩横山」又は「八王子」又は単に「多摩」でもよいと書き加えてある。これは土地発展のために日本歴史の中から「大正」を抜き出し土地と結ぶための企画で「大正記念館」に「大正史」「地方博物館」を抱き合わせる。但し、実行にあたっては、中央を動かすこと。このルートがないが、これは百方努力して克服することとしている。そして、国、東京都、内外有志、実業家、国鉄、京王帝都、教育機関、歴史家、その他を計画的に動かせ協力させることなど構想をふくらませている。

案を作り一九五七年元旦から各所を飛び歩く。清水成夫氏がよく協力してくれた。労力はかかったが、市役所で第一回の協議会を開くまでになった。この協議会は市長以下、市の幹部を集めたもので〈ある男がべらべらと独演会をやって、盛んに我々をひやかした。私はこの男の前で激怒した。机をブッたたいて三日間手が痛かった。これで終わった〉と回想している。

その後、八王子近郊の町村で可能性を探った。「多摩動物園」の対としての「多摩博物館」を企画し、七生村の村長で多摩動物園招致に成功した朝倉昭郎氏に会い、そのプランを示し、書いた文書を渡した。氏は大賛成でこれをやろうということになった。一方由木村長　谷合勘重郎氏も大賛成だった。この場合は「多摩博物館」と名づけ、自然科学方面に重点をおき、これに歴史を従とすることで詳しい計画書を作った。

七生村は一九五八年に合併して日野町となった。合併に努力した日野町長が新日野町長選に落選した。この落選は助役となる予定だった有能な朝倉氏を失った。「多摩博物館」設立運動の主柱を失った義夫のなげきは大きかった。もう一人の理解者由木村の谷合村長も六一年に退任し、六四年に村は八王子市に編入されてしまう。夢は実らなかった。

一九五七年のノート「権兵衛の記録」に貧しく理解者のいない悲哀と憤懣を記している‥

馬鹿ボスどもが多くて建たぬ。陣馬と城山でもいじっていればいい。このまちに人なし。私が自分で東京へ出て活動したい。洋服及びその他装身具一式一揃い、電車、乗物賃、最低のベントー代、この三つだけあれば人を動かし、「博物館」が出来るのだが。ボスの生態、弱きをくじいて強きにしたがう。地方的、ナワバリ的、党派的、排外的、鎖国的、封建的、非進歩的、親分子分的、新人排斥、他国排斥、移住者排斥。

その後の丘陵は

丘陵開発の構想を描いてから十年も経たないうちに、多摩丘陵一帯には日本最大規模のニュータウンが計画・開発され、義夫が散策した雑木林の多くは倒され、丘は削られ、谷は埋められていった。

一九六二年、義夫は愛する丘陵の破壊を憂い、「丘君・雑木林君」[*13]の詩を作った。この詩は一九八〇年中学校公民教科書（学校図書）「開発計画と住民生活」に取り上げられた：

丘君はブルドーザーで削られ／　赤茶けた　肌が
無残にも露出している
雑木林君は伐り倒されて／　禿げてゆく
土地ブローカーが悪鬼の如くに／　醜くく荒れ狂う
わが友　丘君／　わが友　雑木林君
君たちともお別れだ／　君たちとの別れがつらい
だが美しい君達の姿は／　まぶたに　残っている
私も君達と一緒に／　消えてゆきたい

一九六二・六・二八

義夫はその後も高度成長の中で、環境破壊が進むことに警鐘を鳴らし、多消費型から脱却し、自然と調和した先進国社会を作るため〈喜びつつ抑制する〉[*10]ことの必要性を繰り返し語るようになった。

博物館建設の夢は一九六七年に「八王子市郷土資料館」として曲がりなりにも実現した。

幸い絹の道碑が建立されたことが引き金になり、碑までの一・五キロは「絹の道」と名づけ、市の史跡に指定・保全が計られ、一九八〇年代後半には廃墟となっていた道了堂跡などが整備され大塚山公園となった。鑓水商人らの寄進した石碑や石灯籠などが残る。加えて、九〇年三月には生糸商人・八木下要右衛門の屋敷跡に市の「絹の道資料館」が完成した。絹の道碑のある、未舗装部分一キロは九六年文化庁選定の「歴史の道百選」に「浜街道――鑓水峠越、八王子市」として名を連ねている。

この山道を歩き「絹の道資料館」や周辺の社寺などを訪ねる人も多い。この道にかけた義夫の夢は没後に実現した。

5　地方史研究

義夫が地方史研究を始めたのは、一九五二年六月、生家のある川口村楢原の青年達が、「楢原の郷土史」を調べようということで、訪ねてきたのがきっかけだった。[*12]

義夫は〈若い日から、進歩を妨げるものに好意をもたず、「郷土史」という反進歩的なものは毛嫌い、郷土史家という連中が嫌い〉だが、調べたら楢原の歴史位はわかるだろうと安請合いした。また、「郷土史」という非科学的な名がいやでたまらないので、「地方史」という文字を用いるようにつとめた。青年達が訪ねてきた翌日、隣村元八王子村に歴史好きで歴史の本や文書を集めている人がいるという話を思い出し、初めて村田光彦を訪ねた。地方史研究上における村田の仕事は、〈記録写本を多く残したこと。古文書読みは天才的で、多くの文書が氏によって判読されたこと、民俗学的な報告を多くしたこと〉である。村田は義夫より二十歳も年上だったが、以後地方文化研究会の活動に引き込まれ、資料出版や地方史研究で重要な役割を演じるようになっていく。[*9]

地方史（郷土史）を調べて驚いたこととして[*7]、①江戸時代の初め以前、中世古代はまるきりわかっていないこと。②資料を私蔵して、これを種子に物語を発表し、資料そのものを隠し、後代及び利用者に、研究の便宜を与えていないこと。③各個人が所蔵している資料が、亡失の危険にさらされていること、万人が利用できず埋没していること、これらのためには何にも手を打ってないことを挙げ、それぞれ対応を考えている。

八王子開市の問題　大久保長安復権運動

〈地方史が「郷土史」と名づけられ、非科学的な、でたらめな、お伽噺集をみたような現状なので、「地方史新出発運動」と名づけて、前説をくつがえしたり、事大主義的傾向を破壊しようとして試みた。[*7]〉これは村田光彦[*9]によって提起された十七世紀初頭の八王子開市問題を指している。没後奸賊扱いされ、江戸時代の関係資料からほとんど抹殺されていた大久保長安の正当な評価を主張し、開市の祖とするものであった。

一九五六年に入ると、義夫らの長安復権への活動が活発になった。六月、義夫は地方紙商工日日新聞に「横山宿と大久保長安 ―― 近世八王子ここに始まる」を書いた。村田や義夫の文が、〈ボス史家を刺激し、「人騒がせ」だなぞと、侮蔑的中傷をしたので〉同志らと『大久保長安　日本近世初期開発の大先覚者』を多摩地方史研究団体連合会の名前で刊行した。この冊子は十一月上旬に発行、同月足利正明の支援で「市祖、大久保長安の追悼と名誉恢復の会三百四十三回忌」を開いた。会は出席者も少なく盛会とは言えなかったが、新潟県北村一男知事の「大久保石見守長安公の霊前に捧げる」が寄せられ、義夫の追悼文とともに読み上げられ、上記冊子の付録として配布された。

一九五九年には、村田が偽の史書と断じた『横山根元記』（一八二六（文政九）年）をタイプ印刷ながら複刻し、八王子開市の〝古事記〟的存在とされていた文書に義夫が解説を付して、多摩文庫から刊行、さらに『「横山根元記」の正体　八王子研究最大の障害物』を地方文化研究資料として出し、十八世紀頃の杜撰な文書を長い間そのまま鵜呑みにしていたことを批判している。

商工日日新聞に掲載した大久保長安関連の寄稿記事は一九五六年一月から六五年四月まで少なくとも三十五篇あり、その内義夫が書いたものは三十一篇に達する。

義夫の地方文化運動の理解・支援者で、一九五九年多摩文化研究会を創立した鈴木龍二は『多摩文化』誌を創刊し主幹となった。古文書複刻や民俗資料の記録、地方史研究などに力を入れた『多摩文化』では自身も「八王子開市考――横山根元記を読む」他二篇を書いた。さらに村田や義夫が書き、粗末な紙に謄写印刷した地方文化資料『村落史話』を『多摩文化』14号（１９６４）に再録し、読者層を広げた。

長安が作らせた浅川の堤防「石見土手」が一九五六年に、「大久保石見守長安陣屋跡」が六四年に、いずれも市史跡として指定され、翌六五年には陣屋跡の碑が八王子市教育委員会によって建てられた。一方、市制がしかれた大正時代から〝開市の祖〟扱いされていた「長田作左衛門の邸跡」は「歴史資料として疑問というのが地域研究の定説となり」二〇〇四年に指定解除となった。

地方史に目を向けて生まれたもの

青年らが、義夫を訪ねたのが発端となり、地方史にのめり込んでいくことになったが、この地の中世・古代のことはわかっていない。しかし、文字資料はなくともその時代の遺物・証拠があるはずと思い、研究法を考える。〈貧困が身に迫り、参考書などを買うどころではない。若干あった基礎的な本とか辞書類はほとんど全部戦災で焼失、だが「未知は誘惑する！」全くの「徒手空拳」であったが、このために集中して一ヶ月ほどは新聞も読まなかった。〉この成果は一九六〇年に地方文化研究資料『古代・中世地方史研究法稿』[*12]という限定五十部のＡ５判三十三頁、タイプ印刷の冊子となった。考古学者椚國男は、一九六三年にこれを手にし、〈オリジナリティと科学性に満ち、私が橋本さんに傾倒することになった書〉と評価した。八五年、椚は編者としてこの資料を『沙漠に樹を　橋本義夫初期著作集』に載録している。

八王子の南部丘陵地帯の小さな集落（鑓水）が幕末から明治にかけて生糸の生産・輸出・取引に重要な役割を果たしていたことを検証し、一九五五年、地方文化資料『鑓水

商人　幕末及び明治初期　多摩産業史資料』を作り、五六年には雑誌『東京史談』にも同じ題で発表した。その最後に〈横浜街道、道了様のそばの最も眺望の良いところへ、「絹の道」と風雅な字で書き名勝の石碑でも建て、鑓水商人を記念し、多摩丘陵の名所にしたいものである〉と結んでいる。

6　資料出版運動

資料（冊子）の出版は〝文化的緑化計画〟の一端を担うものであった。失われつつある古い資料を復刻し、利用できるようにしようと試みたり、地方にあって人々のために有用な仕事をしたが、埋もれてしまった人や、その事業を掘り起こして紹介することに取り組んだりした。さらに、自身の身辺のことや考えたことを書き残すという方向にも拡がっていった。

地方文化資料、多摩文庫など謄写刷の資料

地方文化研究会の名前が入っている冊子は一九五二年から六五年までである。地方文化研究会単独の他、多摩文庫刊行会あるいは他にも幾つかの会、協会名を連ねているものがある。これらの多くは地方文化（研究）資料の番号が付いている。また、多摩地方史研究団体連合会単独で地方文化資料の番号が付いているものもある。その他、地方史学史資料、多摩芸能資料、産業人物誌稿と名付けたシリーズも少数出している（参考資料8―1）。

同時期に多摩文庫と名付けた謄写刷の資料が多摩文庫刊行会単独で出ている。これは足利正明の経営する多摩養育園職員の手作り冊子で二十一巻（一九六一年刊）まで確認できる。この多摩文庫にも義夫が書いたものや編集に関わったものが少なくとも十点はある（参考資料8―2）。

全く資金がない中で手がけるミニ出版文化事業なので、地方文化研究会の他いろいろな名称を使っているが、義夫は裏方として、あるいは編集者、著者として関与しているものが大多数である。この十三年間に関わった総数は正確にはつかめないが、地方文化資料の番号は五十二号まであることから六十点を越える冊子を発行したと思われる。

こうした資料の発行年を見ると、一九五九年に二十二点、六〇年に八点が確認でき、この二年に集中している他は少数ずつである。一九六二～六四年は冊子の発行は見当たらない。資料などの出版は一九六五年以降再開するが、地方文化研究会名を付し、冊子として残っているのは同年の産業人物誌稿の二点（『鯉の吉田定一』、『名校長　森耕一』）と季刊雲の碑増刊とした一点（『忘れ得ぬ人中村光

流』）だけである。六六年から六七年にかけて出した四点は発行所名が八王子文化サロンに変わっている（参考資料8―3）。

資料の出版配布について義夫はその思いを一九六〇年に書いている。[*7] 要旨：

資料出版配布には先ず書くことであって、これは古文書ならばこれを読んで写すということである。村田光彦氏がずっと前々から丹念にやって居り、地方史学界のための大きな利益だった。先ず同氏が功労者の第一である。

また記録しておくこと、書くことである。これは私が不得手な文や文字で無理して書いた。いずれにもせよ「蒔かぬ種子は生えぬ」、書かぬものは広く資料にはならない。

次は印刷である。これは少なからぬ経費がかかる。印刷費は利用者が支弁するのが当り前だが、部数[#6]が極度に少ない上にこれを只で貰いたがる人はあっても、経費まで支弁してくれる人は非常に少ない。これが大きな難関である。

本気になって書き、それに時間やら経費やらを消費し、少なからぬ印刷費を自弁した上に、只で配給して終わることは、何としてもバカなことである。

筆者は印刷費に苦しんでいる。書くことも大変だが、一冊ずつ配って憐れみを乞うという乞食的なことが骨身にこたえて嫌である。

本来は地方自治体とか、地方の有志なぞというものが、母のような気持で育ててゆかなければ、育つ筈がないのだが、八王子辺では市役所にしても、一般有志と云われている連中にしても、そんなことはまるきり関心がない。

実に惨憺たる苦心をする。こうゆう時にあって持田治郎、斎藤良平、須田静子、清水成夫の諸氏及びここには書かないが極少数の支持者の援助は実に有難い事である。この人々の援助は記録され後代に伝えられなければならない。

資料復刻運動と〝紙の碑〟

義夫の生家や村の古文書などから「地方文化資料」として五点を出している。『村の古文書一　東京都南多摩郡川口村楢原』、『常民の論語　近世末期頃に於ける教訓集』、『ひらたの比礼　近世後期に多摩入間地方に普及した農家経営基準書』は生家の古文書から、『唐松日待帳　百八十年間の村落珍記録』は義夫の育った楢原の隣の村落に残っていた記録文書である。いずれも義夫が編集に関わっている。

義夫は戦前、生家での古文書調べから、八王子千人同心の記録を地方紙・誌に発表していた。知人で歴史家の高橋磧一が一九三六年、大学卒業時に『史学』誌に発表した論文「八王子千人同心について」もその頃手にしており、五六年に復刻の承諾を得て「地方文化資料」とした。この復刻資料には、義夫が一九四〇年に『多麻史談』に発表した「千人同心」と「千人隊」も遠慮がちに加えている。同時期に「千人同心研究のすすめ」という自身の手書き謄写刷チラシ、その後これに手入れをして「千人同心三百六十年祭記念、多摩地方史研究団体連合会」の名前で謄写刷チラシを作っている。

資料復刻配布運動について義夫は[*7]〈割合軌道にのった。又その風潮がでてきて、大部各方面から出すようになったことはよい収穫であった。未来に思わぬ拾い物になるかも知れない〉と前向きの評価をしている。

一九五九年商工日日新聞に「資料集を出す　配布、保存、利用」を執筆し、歴史の研究には資料集めとその究明が大切で、亡失の危険があるから、なるべく多く出して各所に配布しておかねばならないと述べ、我々も三十冊を超えるパンフレットを出したと現状を紹介している。経費捻出に苦労しているが、喜んでくれる方々をみると、その心労を忘れて、どんどん出そうという気になる。最後に、ただで届けてもらったら、たまには配給元に礼状の一本も出すのが礼儀、作った者のみが知る苦心と苦言も呈している。

また一九六〇年には、足利正明氏の「多摩文庫刊行会」と、鈴木龍二氏の主宰する「多摩文化研究会」が資料復刻でよい仕事をしていると書いている。[*7]多摩文庫は多摩養育園の職員の手で謄写印刷、簡易製本したもので、復刻関係は八点ある。

義夫は古文書の複刻について詩文で思いを記していた‥

戦国乱世のとき　中世の記録は亡びた
明治の混乱で　近世の記録は殆ど失せた
今度の混乱で「明治」以来の記録は失せてゆく
世は変る　変ってもよいが　記録だけは　残したいものである
残るように　読めるように　分けるように　と思い百部にした
貧しけれども　この一つ一つ　あとまでも残り　物語したまえ

石に刻む記念碑に対するいわば〝紙の碑〟（印刷物）として、活動や社会的な貢献を知って欲しい人、あるいは記憶に留めて欲しい人を取り上げた冊子がある。一九五〇年代半ばから十年間に二十点ほどあり、地方文化資料、産業人物誌稿、地方史学史資料、多摩文庫その他いろいろな名前で出している。多くはタイプ印刷の冊子で部数は少ない。

明治中期～大正時代、多摩地方の政治家林副重、明治二十五年から四十五年間八王子周辺で地方伝道を行ったメイラン神父、教育関係では太田秀穂、平井鉄太郎、森耕一、藤田俊一、山岡藤助、医師　野口君平、産業振興では吉田定一（養鯉家）、林丈太郎（農業）、明治初年から長い被差別地の暗黒を除くために努力し近代化を進めた『八人の先覚者』、地域貢献の二人を取り上げた『御衣公園の出来るまで』、社会運動の岡村保雄、地方史関連の小林浅洲、村田光彦、中丸光流等々である。この他歴史上の人物としては江戸時代の八王子関係資料からほとんど抹殺されていた大久保長安の正当な評価を主張したのも、この範疇に加えることができる（5　地方史研究参照）。

身辺のことや体験を書く

身辺の人々を取り上げたのは母春子が最初であった。一九三九年一月、母の葬儀において参列者が故人の逸話を次々と語り感謝することに驚き、認識していなかった母の姿に感動し、その時の逸話をノートに記録していた。没後十五年経った一九五四年に出した『村の母　一家庭主婦の生涯』は謄写刷二十一頁のささやかなものであった。その後大幅に書き加えて一九六六年に写真入り八十七頁の『村の母　橋本春子のこと』を八王子文化サロンから刊行、さらに七四年には、ふだん記文書として再刊している。義夫の思い入れの強い出版であった。

一九五九年から六一年にかけて精力的に身辺の記録を書いている。五九年には、自身の育った家や先祖のこと、村のこと、出入りのあった人々などを取り上げた『伽羅の木のある家　一農家の歴史』、幼少年時代の『明治の末　少年の思ひ出』を出した。いずれも五七年頃にまとめたものであった。これら限定百部の冊子は、一九七六年に合本の形でふだん記新書として再刊している。[*11]また、明治末期から大正頃の『農家の年中行事』を書いている。

特異なものとして、戦時中に治安維持法違反で拘留された体験を『小さな実験』と題し、一九五九年に多摩文庫の冊子とした。これは一九八一年にふだん記新書『暴風雨の中の小実験』として再刊、さらに没後まとめた『沙漠に樹を　橋本義夫初期著作集』の中に「小さな実験　監禁の記録」[*12]として載録されている。

一九五九年に叔父小谷田弥市が亡くなった。漢詩を書き、書画が巧みで剣道は天然理心流六代目として指南を継ぎ道場を開いた叔父のことは、この年に『洞水　生涯・作品・思い出』、『天然理心流』、『地方と芸能　一芸能家の追悼』の三冊の冊子にまとめている。

戦前、戦後に自身が関わった文化・教育運動のことは一九五九年に『地方の教育運動　昭和戦前の八王子と周辺[*12]』、翌六〇年には、『沙漠に樹を　戦後地方文化運動記録[*12]』と『丘の雑木　地方文化運動記録　（一）』を限定百部の冊子とした。

『平凡人の教育・文章[*6]』は地方文化資料予定の「教育」と「文章」を合本とし一九六〇年四月に地方文化資料四十八集として刊行した。第一部「平凡人の教育」では大多数を占める常人の教育は技術教育であり、工業技術教育が教育の中心にならなければならぬと主張している。第二部の「平凡人の文

地方文化（研究）資料として出した冊子の一部

章」では、八年後に始まったふだん記運動の根底となる考え〈万人の道具としての文章、下手でも何でも万人のものとしての文章を書けばいい〉を説いている。後記に〈五十からの手習いの独学でこんな実験をいたしました。どうぞみなさんお書きください〉とある。「平凡人の文章」は、一九六八年一月にふだん記誌が創刊されて間もない、同年四月に刊行した『みんなの文章』、七〇年の『ふだん記について　万人の文章』中にも収められている。（218ページ写真参照）

六一年十月には父のことをまとめた『橋本喜市のこと[*8]』を出した。〈剛直な性格の父を理解するのに死後二十年かかり、あとまわしになってしまった〉という。この冊子の最後に〈これで私の書債が終わった。私の仕事はもう無い。何時「死の招待」があってもよい〉と結んでいる。地方文化資料と名付けて出していた冊子発行はこの五十二集を以て終わる。

7　一人息子が家を離れ札幌へ

義夫は大島正健著『クラーク先生とその弟子たち』（1937年刊）を蔵書として持っており、内村鑑三の信奉者でもあったので、息子もそれを見て、北海道大学とそ

の前身である札幌農学校に憧れを抱くようになっていた。

一九五三年四月、息子は初めて親元を離れ札幌で学ぶことになった。合格し家を離れるという事態は、継母婦美との緊張関係をやわらげ、少しずつお互いに認めあえるようになっていった。同時に義夫と婦美の関係も落ち着いたものに変わっていった。

　息子は家へ送る手紙を義夫から言われたとおり婦美と義夫の連名にし、折に触れ書くようにした。義夫は保存・手紙と書いた小さな箱に、在学中息子が送った手紙を残していた。息子もまた、父からの手紙を保存していた。以下入学が決まった時の義夫の日記と在学四年間息子宛の手紙の一部抜粋である。

義夫の日記から

◇鋼二　札幌農学校合格[#7]。神は導きたもうてここまできたれり。神は彼の行方を導きたまわん。願わくは人類のために祖国のために用いたまわんことを。（53・3・19）
◇子供は私有財産ではない。子供が教育を受ける　私企業の投資ではない。学校のために社会が存在するのではない。学校のために人がいるのではない。留岡〔清男〕[#8]先生から来状。どうも普通の人とはケタがちがうので恥ずかしい。それで親切なのだから驚く。今度生まれたら先生のように生まれたいものである。（53・4・4）
◇鋼二　北海道へ発つ。身体をこわさぬようにして、学問を学び、世を益し、真理に身をささげんことを祈る。一切無力なれば唯ひそかに祈るのみ。全国の新入学生を守り給え。大学へ行けず、高校へも行けぬ多くの青年を覚えたまえ。（53・4・13）
◇学資をかせぎ出さなければならない。うんと腰の低い威張られる仕事をしよう。現在の仕事にいそしむのが愛だ。ことに分業時代となって然りである。私は愛を仕事と切り離して考えがちであったところに大きな誤解があった。（53・4・15）

義夫の手紙から[*1]

息子は理解者が少ない当時の橋本義夫の数少ない聞き役の一人でもあったが、このような生き方はしたくないとも考えていた。義夫は地方紙記事「父への手紙」（57・4）で〈仲がよさそうで仲がこそばゆい（円満でない方言）。仲が悪そうに見えてそうでもないのが父と男の子の仲である。ところがこの父と男の子との潤滑油の切れたような仲でも、遠くの方へ進学するとその遊学が潤滑油になるものである〉[*1]と書いている。義夫の手紙は息子に対する励ましなど素直な思いが垣間見られる。以下来信の中から地方文

化研究会の活動も伝えているものを主に抜粋した[#9]‥
◇第一信十八日午前十時四十分頃到着。気象通報の放送をきいて何だか札幌通信のような気がします。留岡先生から親切なる手紙が今十九日到着。「小生で出来ることなら何でもします。万事小生が引き受けますから御心配なきように放念下さい」と書いてあります。早速お礼状を出しました。何でもお世話になることに決めて下さい。十九日の〝光をかかげた人〟の時間に〝少年の父留岡幸助〟というＮＨＫ第一放送がありました。留岡先生のお父上です。留岡先生にはどんなことでも相談して下さい。留岡先生も君と同様に五才位でお母様に病没され、継母にそだてられたはずです。私の不運とはいいながら、君にいろいろと長い間重なる苦労をかけていることはすまぬことと、殆どいつも四六時中考えています。私に悪意があって自ら招いたことではありませんから、空しく朽ち、空しく終わることはないでしょう。やがて芽の出ることもあることを信じています。（4・21朝　義夫）
欄外に「涙と共に蒔きしものは喜びと共に刈らん」[#10]
◇すばらしいお手紙、いつも嬉しく読み、人さまにも見せています。鋼ちゃんが北海道へ去った後しばらくぼうとしていました。それから後には不思議に文章を書く意欲が出て二百枚以上書きました。話を聞いてくれる人物がいないから、書く気になったのでしょう。五十歳過ぎて文章を書くのではいささかどうかと思います。（53・5初め）
◇橋本春子記念「母の碑」除幕式案内のチラシの添え書きから：五月十日　君の誕生日に十四年間の懸案のことが成就いたしました。なかなか盛会でした[#11]。各新聞が取り上げました。私のやることもここらで一線を引っ張ることにしようと思います。記念碑の類もこれでおしまいでしょう。〔碑文の脇に〕これ母（おばあちゃん）の生涯です。私が死んでも残るでしょう。（53・5・11）
◇万葉東歌が石に刻まれることになりました。おかげで文士数人を訪ね、彼等の生活の異常を知りました。名所名物の創造も、長く世話のやける仕事です。何か土地のために役立つことになるでしょう。（54・3・6）
◇原子核エネルギーの乱用で地球異変、気候が狂っているようです。これは人類最大の危機のようです。水爆戦争なぞやらないうちに生物異変が〔生じ〕人類が絶滅するかも知れません。〔中略〕私は君を忘れてはいないがいつも「不肖の父」と他人に言っています。文章を書くことがこの青年期に必要でしょう。文士のような小手先の文章でなく、地球を目の前において書くような大きな筆が今こそ必要のようです。（54・5・20）
◇雌伏十年いくらか芽が出はじめたような気がいたしま

す。いくらか各方面で知られ信用がついて来ました。敵対する人も少しはありますけれど。ここ十五年の中で最もはりきっています。(54・12・22)

◇「中世地方史研究」の「研究方法」を研究しています。わかる人があって話し相手「少なくとも聞き手が必要」になること、参考図書が必要ですが、両方ともなくて靴の上から足をかいています。君を思うに切でありますよ。(55・1・28)

◇語学はものすごく必要ですよ。数学的知識は必要ですよ。海外見聞は絶対に必要ですよ。この三者がないために、私はだめなのですよ。この内何れか一つでも自分のものになっておれば、こんなに自分を卑下し、社会からも冷遇されませんよ。せまいバカ国にあっても語学一つ、英、仏、露どれか一つマスターしていれば牢獄にあっても、世界に友を持てる。世界の人と交わることができますよ。世界の人に訴えることもできますよ。道があきますよ。(55・2・26)

◇〔君が帰省したので〕たのしい二十日間をおくりました。話し相手なく、本気になって考えたことでも聞いてくれる人なく、友なく、支持者なく、わかる人のないところと時に、のびのびといたしました。お互いに貧乏な日本国のために少しでも役立つようにいたしましょう。三多摩にも役立つ人を作りましょう。(55・4・15)

◇今月には『一都市の性格形成者』というプリントができます。これはイミテーション産業、つまりハタヤ(機屋)の性格が市民の文化を形成することを概説したものです。誰も手を着けていなかったことと思い微笑をもっています。「古代中世地方史研究法ノート」これは本当に書くと最小限度五ヶ年と本がたくさん入用ですが、略説梗概だけまとめて刷りたいと思います。まねしないで大胆にやっています。希望なき時代に希望をもって未来と将来のためにやってゆきたいものです。私も『シュワイツァー』を読みました。ヘレンケラーのものも読んでいます。ヒントを得ようとしています。(55・10・25)

◇『峠[#12]』ありがとう。非常に良くできています。私は私のことが活字になった経験がありますが、微笑の程度でしかありません。しかし、こんどの「戦争と童心」は嬉しかったです。サンデー毎日に出たものや、これは長く保存されるでしょう。

①歴史やある土地に結びつき、もう再び来ないことは文章にしておくということは必要なことと思います。②誰も言わず書かず、しかし必要のあることは書かねばならないと思います。③近頃クロード・ベルナールの『実験医学序説』(岩波文庫)をくりかえしくりかえし読みました。最

も大切なこと、最も基本的なことだけは厳密でなければならぬと思いました。（55・11・18）
◇私は文章を毎日書いています。これが最後の道と思って。（55・12・18）
◇十一月以来毎日文章を書く癖を付けています。①毎日書くこと、②何でも書くこと、③書いたものを何回も推敲すること。これを一ヶ年も続ければ普通文はあたりまえに書けるという自信がつきました。近頃私のすすめにしたがい、短い文章を書いている人がふえました。（55・12）
◇私はほとんど独学です。これですから劣等感ばかり多く、その発表がひどくおくれ、ひどくいじけています。だが最近考えることは、もっと大胆でなければならぬということです。例の「天才研究」は整理も七分すみ、まとめています。夏頃までには小冊子にして発表します。「古代中世地方史研究ノート」も四分はまとまりました。これは秋頃までには必ず発表します。たのしみです。今着手しているる「実用歴史学」（題を変えるかも知れません）の方が早くまとまるかも知れません。（56・1）
◇二十二日「万葉横山まつり」が盛大に行われました。これは催促なしに行われました。どうやら年中行事の創作が成功したらしいようです。京王電車の案内をもってきてくれた人があり、私が立てた林丈太郎の碑（平山陸稲）が写真入りでのっていました。（56・4・25）
◇日本のように上の方はバカやボスが層を成し皮膜を作っているところではなかなか思うように動きが行われません。丁度コロイド様のものを煮るとき（熱が）上に伝わり難いようです。だがほんとうに煮沸すると煮えます。思っていること考えていること等をどんどん書いて発表すべき時です。いつかは芽が出ると思います。（56・5・17）
◇試験ごくろうさま。記録と思い〔地方紙に〕ラクガキをしました。（下略）（56・11・11）

「親の心配――子供の受験心配記――」橋本義夫『商工日日』（56・11・9）記事から抜粋：

〔国家公務員上級職〕受験の翌日成績を予想採点し、その末尾に「多分落ちないだろう」と書いてよこした。「一次パス」の電報が来た。二次試験の発表は十月十三日とのこと、お十夜の十三日は朝から雨、九八パーセント合格とは信じていたが、親というものは知らせを見ないと不安である。前から「電報を打て」といってやったが、さて昼になっても、三時になっても、六時、七時になっても来ない。不安はいよいよ増大した。この日朝から仕事に手がつかず、本も読めず、考えも出来ず、ただ取り越し苦労が高ずる一方で日を過ごす。雨を冒して問い合わせの電報を打ちに行く。家の外灯をつけて電報配達のために入口の戸をあけておいて夜具の中に眠らず知らせの来るのを待った。十四日朝はあきらめに似た気持ちがでていくらか落ち着いたが精も根もつきてしまった。朝八時半速達が来た。「合格しました……」　嬉しい気持ちよりもただ「良かった！」という安心の気持ちだけであった。傍観者のようなこんな親でも、これだけ心配するのだから世の親、ことに母親の心配はどれ位のものだか考えてみるとぞっとする。

◇卒業式おめでとう。卒業論文　紙片拝見。大変だったでしょう。君の手紙全部保存してあります。今日その小文#13を書いて出しました。二百通を越えています。「涙と共に蒔きしものは喜びと共に刈らん」#10　どうかのんびりした日を送って下さい。（57・3・25）

◇就職一年生おめでとう。お体大切に。文章を書きたまへ。北海道は文章書きの場所らしいようです。（1957・4・3）

◇近頃「博物館」を作ってやろうと活躍しています。大部熱心家もできてきましたので、物になる日が来るでしょう。ただし人物と伝統のない所ですから、努力と時間がかかると思います。つねにつとめるものは、やがて勝つ日が来ることを信じましょう。いろいろなことを思うにつけ、必要なことをねばって、図々しくやることが実に必要だということに気がつきました。（57・6・7朝）

◇透谷〔碑〕でき、先覚者〔碑〕でき、コックス〔碑〕までできました。今年文章を書くつもりです。心理や技術をさぐること、そのつぎには、内容のある文章のような気がします。（58・1・1年賀状）

◇『岩波茂雄伝』は十二月二十五日に買いました。どうもありがとう。『十勝平野』はほしいなと思いましたが、まだ買っていません。帰省の春がとてもたのしみです。（58・1・14）

◇先日詩人八木重吉の詩碑を堺村相原大戸に建てました。これで私の関係の記念碑はすべて終わりました。中にはあとに残り土地の風物になるものもあるかも知れません。私がやらなければ永久になかったものがあるかも知れません。味もそっ気もない八王子へんに、なんか味なものにしてやろうと志したのですが。（58・5・5）

第9章　注

#1　小池虎馬之助吉教　西中野村戸長、もと八王子千人同心、豪家。副頭取として懲役六年の判決を受けた。一八八七（明治二十）年四月獄死、五十二歳。その家族は皆不幸な生涯で家は絶えた。虎馬之助の父蔵右衛門は橋

本別家「隠居」の出身。また、橋本本家十一代三八郎吉照、十二代陸之助は江戸時代文政年間（一八二〇年代）に小池汶次の娘を妻とした。汶次も橋本別家「隠居」の出身であり両家の関係は深かった。

＃2　須長漣造　一八八四（明治十七）年六月まで若くして四ヶ村の戸長、小豪農。塩野、小池らが逮捕されてからも請願運動を組織化し努力。八六年一月から半年入獄したが、その後も村民のために奔走、家産を失って行商人になる。長命だったが、自身の過去を語ることはなかったという。

＃3　この碑は八王子の東隣日野市にある。地元の平山小学校では開校百三十周年記念の二〇〇三年に、「平山陸稲」を復活させたいと願い、農水省の研究機関で種籾を保存していることを知り、地元ＪＡの支援で栽培を試み、復活させた。小学校では、「平山陸稲」の栽培を伝統とし継承し、子供達はその栽培を通して林丈太郎の生き方を学び、ふるさとへの誇りと愛着を育んでいるという。

＃4　ソ連の捕虜となり亡くなった関文月の立正大学卒業論文『北村透谷』を一九七三年に復刻し、義夫が編集・刊行したふだん記本の中に「不思議な糸」の題で自身の透谷への関わりを書いている。

＃5　『村の母　一家庭主婦の生涯』（一九五四）及び『村の母　橋本春子のこと』（一九六六）、いずれも冒頭に碑銘となったふりがな付きの文が載っている。この碑のあった辺りには、新しく大きな建物が建ち、敷地内の別なところに新しく彫られた「御母讃」の碑がある。碑文の最後に天光光とあるが代議士だった彼女の字とは異なる字体となっていた。新しい碑では碑文の作者と判断されたものであろう。

＃6　奥付に限定〇〇部と入れているものが多い。最少は五十部で、橋本義夫著『古代・中世地方史研究法稿』、と『天才』が該当する（いずれも『沙漠に樹を』[*12]に載録）。多くは限定百部で、最多は三百部の『平井鉄太郎』だった。これは「図書塚」碑を建てるための募金活動に使われた。

＃7　北海道大学の前身。クラーク博士や内村鑑三、新渡戸稲造、宮部金吾らのイメージと重ねている。

＃8　留岡清男。一九三七年に教育科学研究会の活動で橋本義夫と知り合い、親交があった（第5章3参照）。この頃は北海道大学教育学部教授で、留岡幸助が遠軽町に設立した少年の矯正施設、家庭学校を引継ぎ校長も務めていた。著者が札幌に着き先生を訪ねると、「鋼ちゃん大きくなったね」などと言われ、学生寮を紹介して下さったり、何かと面倒を見ていただいた。

#9　義夫から鋼二宛の手紙は一九五三年から六二年までを旭川のふだんぎ44号から49号に連載、六四年から六九年までを50号と51号に掲載している。
#10　聖書の1節（新約聖書　詩篇一二六篇六節）から。義夫は折に触れ、この言葉を引き、慰め、激励した。卒業祝いの手紙にもこの言葉が入っている。
#11　「御母讃」の碑は苦く悲しい（九章3）参照。息子への通信にはそのことは全く触れていない。
#12　北大仙台学寮の文芸誌。「戦争と童心」と題し、戦時中の義夫との会話や空襲の時のことなどを書いた。
#13　「父への手紙」と題し、由井丘人のペンネームで『商工日日』（57・5・7）に掲載。

第9章　参考・引用文献

＊1　橋本鋼二、父からの手紙、旭川のふだんぎ44号から51号、二〇〇六〜二〇〇九
＊2　橋本鋼二、建て替えられていた「御母讃」の碑、ふだん記雲の碑22：表紙説明とグラビアページ：、二〇〇八
＊3　橋本鋼二、橋本義夫の生涯に大きな影響を与えた「困民党事件」、ふだん記雲の碑30：193〜、二〇一二　（旭川のふだんぎ57号：66〜、二〇一二にも掲載）
＊4　橋本義夫、村の母　一家庭主婦の生涯、地方文化研究会、一九五四
＊5　橋本義夫、困民党事件、歴史評論61：50〜、一九五四
＊6　橋本義夫、平凡人の教育・文章、地方文化研究会、一九六〇
＊7　橋本義夫、丘の雑木　地方文化運動記録（二）、地方文化研究会、一九六〇
＊8　橋本義夫、橋本喜市のこと、地方文化研究会、一九六一
＊9　橋本義夫、村田光彦、多摩文化14号：354〜、一九六四
＊10　橋本義夫、抑制の哲学、ふだん記全国グループ、一九七五
＊11　橋本義夫、伽羅の木のある家　附・明治の末、ふだん記全国グループ、一九七六
＊12　橋本義夫、沙漠に樹を　橋本義夫初期著作集、（地方の教育運動、沙漠に樹を、天才　地方は天才を生むが育てない利用しない、古代・中世地方史研究法稿、小さな実験）、揺籃社、一九八五
＊13　橋本義夫生誕100年を記念する会、紙の碑——橋本義夫の生涯と自分史の源流展図録、揺籃社、二〇〇二
＊14　松岡喬一、橋本先生と地方文化研究会、町田地方史研究4（故橋本義夫先生追悼特集号）：34〜、一九八六
＊15　松岡喬一、青い目の良寛　ポール　コックス先生、多摩文化18：228〜、一九六六

第10章　地方新聞に書き続けた十五年

地方紙投稿記事の切り抜き

この章のもとになる資料は、橋本義夫が書き、そして残した膨大な地方新聞の切り抜き記事である。それらの一部は自身あるいは友人達によって選ばれて、『雲の碑　地方の人びと』[1]（1966）はじめいくつかの刊行物となっている[2][3][4][5][6][7]。

また、四宮さつき、松岡喬一は義夫自身が保存していた記事の表題を発行日順に整理し、索引をつけた『何でも書いて験してみた　五十歳から十五年間地方紙執筆文記録』[5]（以下『執筆文記録』と略）を一九七九年に刊行している。これが二千篇を越える地方紙執筆文の全体像をつかむのに参考になった。

二〇〇〇年代に入って著者が切り抜き記事を再点検し『執筆文記録』を参考にしながらデータベース化したことで、年月日あるいはテーマで検索できるようになった。義夫はおよそ十五年にわたり、様々な話題を取り上げ、地方紙に投稿した。この「何でも書いて験してみた」経験が誰でも書ける、みんなに書かせたいという思いへと拡がっていった。無報酬で書き続けた体験が、「大きな拾いもの」となり、やがてふだん記運動へと連なっていくことになる。

1　何でも書いてみた

書き始めたのは

戦後地方紙に投稿したのは一九四八（昭和二十三）年が最初と見られる。三多摩新聞に投稿した二篇が残っている。日本の今日を予見する内村鑑三の簡潔で迫力のある文を引用し、難しい字を並べたてる愚を批判した「簡潔な言葉と文章」[*6]と愛犬を失った悲しみを書いた「私を愛してくれた友」である。その後、一九五二年末までは何も見つかっていない。

義夫は「雑文十年——約二千」[*6]（64・10）で〈ローカル紙に雑文を書き始めたのは昭和二十七年頃である。これは当時立川短期大学の教授であった野口英司氏のすすめによったもので、同氏のすすめが無かったら、文を書くことは無かったであろう〉と記している。その代表例「近郊地方の基督教」（53・3）は立川で発行している三多摩新聞に六回にわたり連載した。〈野口英司氏の骨折りで活字になる。感謝。パンフレットを作るつもりであったが費用がなく〉とある。この新聞は週刊紙なので、その後も散発的に投稿を続けたが、受け皿としては限界があった。

八王子には日刊の商工日日新聞（以下『商工日日』と略）があり、一九五四年頃から少数であるが投稿記事が残っている。この新聞に熱心に書きはじめた動機は、同紙記者で戦前からの知人であった丸地倫一と五六年の春、偶然再会した時に「何か書いてくれませんか」と誘われたことに始まる。執念のようになり、それから飽きずこりず、書きつづけた。

何でも書いて験してみた

「何でも書いて験してみた」と言うように、内容は多岐にわたる。本人が切り抜き記事を適当に分類し綴じたものをベースにすると、歴史・昔話：地方の歴史や明治・大正時代のことなど、社会：社会一般、人：人物評論・紹介など、八王子：八王子関連のいろいろな問題、本：入手した出版物の紹介、書評など、文：文を書くこと、書かせること・文章論など、私：本人やその周辺の人々に関連するいろいろな問題、など様々である。

2　執筆文の整理

どのくらい書いたか

地方紙に書き出した経緯などに触れた六四年の記事「雑文十年——約二千」[*6]の後半部分に『雲の碑　地方の人びと』の刊行のための準備の様子を書いている。要旨：

最近、多摩文化研究会主幹鈴木龍二氏から、まとめて単行本にしてはとすすめられた。約十年、計二千ほどの雑文を書き、ほとんど全部切り抜きが残っているが、この整理を考えると憂うつだった。しかし一度整理しておくことが必要と心得て、意を決し、九月十四日早朝から着手した。まず続きものと冊子にしたものを除き、切り抜き八百枚を選び出し、昼間は終日、夜半、早朝にも起きて分類し、紙に貼り、全文を読み、校正し、脱字、誤字、句読点をあらため、二十八日をもって第一回の整理を終えた。この十五日間は、文字通りに全エネルギーを傾けた。

この整理は大きな勉強になった。何しろ独学の文であるから、何事も失敗して気がつくという非能率的な方法のつみ重ねで、しかも全体が即興的であり、十数年間の自分のみにくい姿を鏡に映すのと同じであった。

何よりも大切なことは何回も読んで、推敲、つまり直し、他の人が判る文にすること。よく「校正恐るべし」といわれているが、書く人は一字ずつ読み直しを忘るべからず、読み直しを怠たると、必ず失敗が来る。文章の秘訣はどう読み直すかにある。読み直しが即勉強であって、人生そのものもどうやらそんなことらしい……。鈴木氏のすすめで文章十数年の自己反省ができ、心からの感謝である。

一九七九年、四宮さつき・松岡喬一らの努力と義夫が記事の整理取りまとめに集中したことによって、『執筆文記録』が公刊された。残っていた執筆文の表題を発行年月日順に並べて整理し、さらに表題による索引をつけている。戦後の一九四八年から一九七〇年までに地方紙に掲載されたものの大多数二千百九篇をカバーしている。その後義夫が亡くなるまでの地方紙執筆文は僅かに十一篇に止まる。また、ここで記録されず、その後に発見された記事は百七十篇余である。これは、義夫がいろいろな本や印刷物などに切り抜き記事を貼り付けていたり、あるいは挟み込んだりしていたためで、二〇一〇年代に入っても新たに見つかる記事があった。

現在は二千二百九十篇程度が確認され、データベース化している。この中には二回から二十回以上にわたって連載した記事までを含むが、それらはすべて一篇としてカウントしている。掲載紙名が不明のものもあるが、九割以上は商工日日新聞、これに次ぐのが三多摩新聞で数パーセントと推定される。

一九五六年から六七年まで十二年間の執筆数が多く、中でも五九年（二百三十一篇）、六〇年（二百三十七篇）、六三年（二百七十四篇）、六四年（百九十七篇）が目立つ。

六一年は連載記事が多いので、実質は六〇年に比肩する執筆量であった。ふだんぎ誌創刊の二年前にあたる一九六六年（百篇）頃から地方紙執筆数は減少し、六八年には半減、書く対象は『ふだんぎ』誌などに移っていき、七〇年でほぼ終わった。

限られたスペースの中に嵌めきれないものは連載記事としている。二〜三回から二十二回までであるが、力を入れたとみられる長編についてふれる。

一九五七年の「名所製造法」（丘陵開発）は五回、「八人の先覚者」（建碑）は九回連載し、地方文化研究会での活動内容を紹介している。

一九六〇年十二月から翌六一年六月にかけては、八王子地方の人々の暮らしに関わる事象の近代史（明治時代から戦後に至る）を連載として取り上げている。「土木三代[*3]」は十回、「地方新聞史」八回、「近代地方娯楽史　八王子地方[*4]」十二回、「近代地方交通史」として「自転車と八王子地方[*3]」六回、「歩行編[*4]」十一回の二シリーズ、「近代地方習俗史　恐怖と除け物語[*4]」は二十二回に及ぶ。「女性解放史　子守物語[*3]」六回、「近代地方宗教史　八王子救世軍小隊」七回、そして「八王子図書館五十年」十一回などである。

その後、一九六四年から六五年にかけても六篇の連載記事を『商工日日』に執筆している。「八王子の河原町　明治大正の風物」（64・8）六回と「恩方街道物語」（65・8）十回は六一年の連載と同じ流れである。加えて自身が在学した東京府立農林学校での生活を書いた「寄宿舎物語」（64・10）九回、多年にわたり愛用した自転車のことを「五十二年の履物」（65・3）五回に、十五日間の旅を「北海道紀行[*2]」（65・7）十七回にまとめている。

『執筆文記録』では編集に携わった四宮さつき「ローカル新聞掲載余聞」、松岡喬一「編集を終えて」、奥住喜重「橋本先生の「切り抜き」」と義夫の「だれでも書ける文章をさぐって」[*5]が規模と記事の内容を補足説明する役割を果たしている。

本や冊子に入った執筆記事

後年、地方紙執筆記事を選んで小冊子あるいは単行本にしたものが七冊ある。その他に、残された頁を埋めるように十六篇を載せた本[*8]もある。発行は六〇年代のものは多摩文化研究会、八王子文化サロン、七〇年代以降のものはふだんぎグループとなっている。

◇雲の碑　地方の人びと[*1]

新聞の記事のままでは散逸がさけがたいということで、一九六四年に多摩文化研究会の鈴木龍二に勧められ、義夫の友人達の協力もあり、最初に書籍化された。取り上げたのは八王子と周辺の「地方の人びと」で二分冊とし、Ⅰは四十八篇、Ⅱは八十八篇、合計百三十六篇を収録している。

◇北海道紀行[*2]

一九六七年息子と家族が住む札幌を訪ね、北海道を巡る旅を連載したものに写真などを加え補筆し、地方文化研究会と八王子文化サロンの名前で同年に小冊子として刊行した。これは『橋本義夫と北海道』[*10]（１９８５）にも再録されている。

◇庶民の記録並びに地方の記録

ふだん記運動が始まって三年余の一九七一年、ふだんぎグループから『庶民の記録』[*3]の書名で、かつて謄写印刷で小冊子にした「多摩奇人伝」「農家の年中行事」などに、明治・大正期の「自転車」、「子守物語」、「土木三代」の新聞連載記事を加えている。その翌年にはふだん記本『地方の記録』[*4]で同様、一九六一年にまとめた「地方の交通」、「地方の娯楽」、「地方の習俗」の連載記事に「身辺の短文」二十三篇を加えて単行本とした。

◇「時」の魔術師の手のひらに[*6]

一九八〇年に短編を選んでふだん記全国グループから刊行。編集に関わった四宮、松岡、奥住が選んだものと、義夫本人が選んだものの中から二人以上が選んだ七十二篇を収録している。内容により「自然」十一篇、「風俗習慣」十九篇、「自分」十五篇、「社会と人生」九篇、「書くこと」十八篇の五章に分けている。すでに単行本等に載録されているものや長文、檄文、八王子だけに関するものは対象から外したとある。

◇大きな拾い物は小さな顔をしていた[*7]並びに暴風雨の中の小実験[*8]

一九八一年に二冊をふだん記八菅グループから刊行している。前者[*7]は義夫が自選したものをベースに足立原美枝子が編集した。「失意の時自然が友になった」で十一篇、「過ぎし日のもの　みななつかし」で十五篇、「ひと　ひと　ひと」で十一篇、「人生の断面」で十六篇、「動く　変わる　すすむ興味」で十篇の五章に分け、計六十三篇を収録している。後者[*8]は本題の「戦争被害の実験記録」、「天才　地方は天才を生むが、育てない、利用しない」の言わば付録の形で「真似のつまらなさ探求の面白さ」の章を設け十六篇を選んでいる。

ペンネーム

『執筆文記録』では署名の有無やペンネームなどの個別情報はないが、義夫本人が自分で書いたと認めたものをまとめている。個々については、その後データベース構築に際し、判るものはペンネームを含めて整理した。無署名記事では三篇が社説扱いされた。また、「赤鉛筆」というコラムに十二篇が確認できる。

署名が確認できるのはおよそ二千百篇で、ほぼ半数は本名を用いているが、残る半数はペンネームである。義夫は『商工日日』に同題の署名記事（69・8）で〈ローカル新聞に無闇無性に書いた。一番多い日は私の文が五つ出たことがあった。こうなると名前がダブるのは気の毒だ。鋭い世評をする時本名ではあたりが強すぎると思った時即興的にペンネームをつけた〉と書いている。

一番多く使われたのは「多摩丘人」（たまきゅうじん）で三百七十五篇、多摩丘人から別読みした「オカト・タマ」は五十一篇、その他〝岡〟や〝丘〟または〝山〟を入れた名が四十九篇残っている。丘陵への思いがあったのであろう。

「大橋正夫」は友人浪江虔の小説『光村々に』[#1]で義夫をモデルにした書店店主が登場、その名前で七十九篇、「菜梨言平」または「名梨言平」で百篇ある。

「荒木貞兵エ」あるいは定平ヱなど荒木姓を使ったのは、激しい口調の時評の時で、戦時中最も嫌った荒木貞夫[#2]をイメージし、〈この男に悪罵を浴びせるつもりで使った〉もの、「赤穂士郎」、「炭焼三太郎」は馬鹿げたことを非難する時使った。

「中野吾作」は中野に住んでいるので「田舎の田吾作」をもじってこしらえたもので時評に使った。

四宮は「ローカル新聞掲載余聞」[*5]で七十以上のペンネームを列挙している。一回しか使わなかったものも少なくない。その他、八王子市民生、八王子市民有志といったものや、地方文化研究会、あるいは知人名などを借用したものもあった。

3　誰でも書ける文章
——万人に文を書かせたい

書くことを勧める——ふだんぎ創刊前後——

万人に、あたりまえの文を書くことをすすめる文を『商工日日』などに時々書くようになったのは一九五九年「これからの文章　万人のもの」（59・8）からで六三年までに九篇となった。次頁写真はその一つである。

自身が関わって発行にこぎ着けた文集の内容は「多摩婦人文集　第一集」（67・10）の題で紹介し、今後こうしたものが各地にでき、若い世代に受け継がれ、アマチュアの文が世を賑わせればよいと思うと結んでいる。

「ふだんぎ第一号」[*7]（68・2）は多摩丘人の名前で創刊間

もない『ふだんぎ』の紹介・宣伝記事を書いた。「みんなの文章　ふだんぎ八号読む」（69・4）は内容紹介、「誰でも可能　ふだん記十四号」（70・7）は誰も彼も仲間のような気がして、わけへだてなく話を交わす。いろいろな職業の人がいる。学歴での劣等感が薄くなったとグループの成長を伝えている。いずれも本名で執筆した。

読者寄稿

文章は誰れでも書ける

多摩丘人

〇万人の文

教育が普及した上に交通、通信機関がものすごく進歩した時代ともなると自国語の外に文明国に通じる外国語一つ位は自由にしたいものと考える。近頃この位の夢をもつ人が物すごく増えた。

義務教育が行なわれるようになってから既に九十年になろう。実際的に万人がそれを実行してからも五十年にはなるだろう。その結果、日本人は共通の国語を話し、誰れでも普通の日本文なら読めるようになった。

ここで起ってくることは日本人は誰れでも日本語の文章がつくれるようにしたいという願いだ。

本を読む連中が「読書階級」などといわれたのは戦前までであった。文を書く人間を「文章家」とか「著述家」とか「文士」とかいったのは、日本文を書く日本人を特別扱いする前近代的な遺物であろう。

同じ国語を用い、同じ国語の本を読み、同じ国語の文を書くのは、国民として最も普通水準の技術に他ならない。こんなものを特別あつかいし、特別に曰く因念のあるようなことを云っているとは馬鹿々々しいことである。

〇話が模範

筆者は戦後、五十才頃になって文を書いて見ることにした。前近代的な名文とか、美文とかいうくだらぬ文句を信じ、それまでにそんなものを標準にしていたためにできない相談ととり組むようなことをしてさじを投げていた。それから何十年もたった、どうせ後十年もたてば死ぬだろう。「恥をかく」つもりで「文をかく」ことにした。その結果はどうだったかというと、誰れでも「文は書ける」こんなものは普通の職人芸と同じことであることに気がついた。

はっきり云えば、普通の職人の技術習得と同じで、二十代ごろ三年も修業すれは[illegible]何んでもあたりまえのことなら書けることがわかった。

友人、知人、若い人につとめて書くようにすすめ、自分の経験を話した。ところでそれをやった人のうち二十台の人は大体成功した。五十台からはあんまりものにならなかった。職人技術と同じことだ。ただ何を書くかということは自分のあたま次第である。

〇普通技術と同じ

ところが若い十台の人にもすすめた。これはどうもすぐ理想ばかり高くもち、結局美文、名文にあこがれ筆をもつ習慣を身につけず結局は本ばかり多くあつめて読んで感心したり、観賞にひまをすごして時をむだにして物にならない。

「感心ばかりしたのでは[illegible]」「読むばかりでは書けない」「書くことを習うには「時」があるが、「読書はいつでもできる」こんなことをいってきかせるのだが、矢張りわからない。

最初に必要なことはリアリズムであろう。友人の杉山夫人が、私の文をよんで「話をなさると同じですね」というのが最もうれしい。アクセサリーばかり多いのは過去の美文だったが、アクセサリーは着物ではない。「話をすると同じに受けとれます」という杉山夫人の批評が最もうれしい。美文として受取られるよりも、話すと同じに受けとられればそれでよい。それが万人の文だ。[illegible]、そんなものは誰れにでも書ける筈だ。みなさんお書きになってはいかが。

文を書くことを勧める新聞寄稿記事
（62・11、三多摩新聞）
発行後に切り抜き、手を加えている

地方紙に書き続けた思い

満五年の感想を「執筆満五カ年」（61・4）に書いている。その後半部分に、地方紙執筆に向き合った姿と本音が垣間見える。その要旨：

揺籃社を経営しているころ、店で売っていた文具の一部は空襲を避けるために郊外の家に疎開したので、大量の便箋と封筒が焼け残っていた。原稿用紙代わりにその便箋を使い、二重封筒に入れて投稿したが、五年で便箋はほとんど使いきり、封筒もずいぶん減った。貧乏なので郵送費を惜しみ、大方は自転車で届けた。書いて手許に置くのが嫌で、すぐに届けた。一日に二回位届けた日も多かった。新聞は毎日郵送してもらっているが、保存用に翌日余ったものをもらいに行った。続き物を書く場合は途中が切れるといやで気になり、忘れず取りに行った。

この新聞記事切り抜きの欄外に、〈執筆に対する報酬は経験であった。そして一銭ももらわず無報酬であった。ただでも五ヶ年載ったことはせめてもの拾いものと考えよう〉と記している。

この頃の義夫のつぶやきから抜粋：

◇ヒューマニズムという貧乏神の同伴者となり、惨憺たる貧乏である。これは文筆で食えるようになれば、もとが取れるらしいが、そうでなければ、失うところばかりで何も得なし。死んだ後には何か残るか知れないが、これとても記録者がいての話で、いなければ全く貧乏神との心中というわけである。(60・4・16)

◇いつの日か私の書いた原稿を誰か持っていき、依頼も校正も発行も支払いもやってくれる時があるだろうか。生きているうちでも、死んだ後でも。まことにあわれな毎日である。(60・4・20)

◇一九六〇年八月からもらっていた多摩養育園理事の手当三千円が八ヶ月でストップし辞職したが、その間出していた食扶持が出せずに悩み、持田治郎先生に口をきいて貰い、商工日日新聞に若干の執筆料を出してもらえないか交渉したが実現せず、辞めて五ヶ月、外で働く妻にそのことを話せなかった。(未発表原稿「三千円の話」から要約)

地方紙執筆まとめ

地方紙執筆を止めてからおよそ九年後、一九七九年に刊行した『執筆文記録』[*5]の序文で、義夫は〈焼け野原となった八王子にあって、明治以来細々と続く地方新聞に、戦災で職を失い貧乏と失敗続きの五十男が、しょうことなしに書いたボタ山のような文、これが図らずも「ふだん記」の根っ子になった〉と回想している。

同書の最後に地方紙執筆を〈約十五年間無茶苦茶に書き、ローカル紙に出した文で、見たこと、やったこと、感じたこと、考えること、ことごとく文章の材料とし、験しに書いた。書いたればこそ生き残り、木にもなった〉と総括している。そして最後に発表機関を持とうと呼びかけている。その一つは「ふだんぎ」のように各自が経費負担しながら発表できる雑誌を各地に作ること、もう一つは地方新聞で、〈みんなこれにつながれば発表も出来、地方文化の形成に密着する。地方新聞なしに地方文化はない。これを育てることだ〉としている。

地方新聞に書き続けた十五年は、「ふだんぎ」を産み育てるための雌伏の年でもあった。

第10章　注

#1　『光村々に』柏葉書院（一九四八）は、浪江虔『図書館運動五十年』日本図書館協会（一九八一）に部分載録されている。

#2　元陸軍大将、陸軍部内の主要ポストを歴任、A級戦争犯罪人として終身禁固刑。

第10章　参考・引用文献

＊1　橋本義夫、雲の碑　地方の人びと、Ⅰ、Ⅱ、多摩文化研究会、一九六六
＊2　橋本義夫、北海道紀行、八王子文化サロン、一九六七
＊3　橋本義夫、庶民の記録、ふだんぎグループ、一九七一
＊4　橋本義夫、地方の記録、ふだんぎグループ、一九七二
＊5　橋本義夫・四宮さつき・松岡喬一編、何でも書いて験してみた　五十歳から十五年間地方紙執筆文記録、ふだんぎ全国グループ、一九七九
＊6　橋本義夫、「時」の魔術師の手のひらに　五十歳から十五年間の執筆、ふだんぎ全国グループ、一九八〇
＊7　橋本義夫、大きな拾い物は　小さな顔をしていた、ふだん記八菅グループ、一九八一
＊8　橋本義夫、暴風雨の中の小実験、ふだん記八菅グループ、一九八一
＊9　橋本義夫、沙漠に樹を　橋本義夫初期著作集、（沙漠に樹を　地方文化運動記録、雲の碑）、揺籃社、一九八五
＊10　ふだんぎ北海道グループ合同編集、橋本義夫と北海道、ふだん記旭川グループ、一九八五

第11章　ふだんぎ運動への序奏の十年

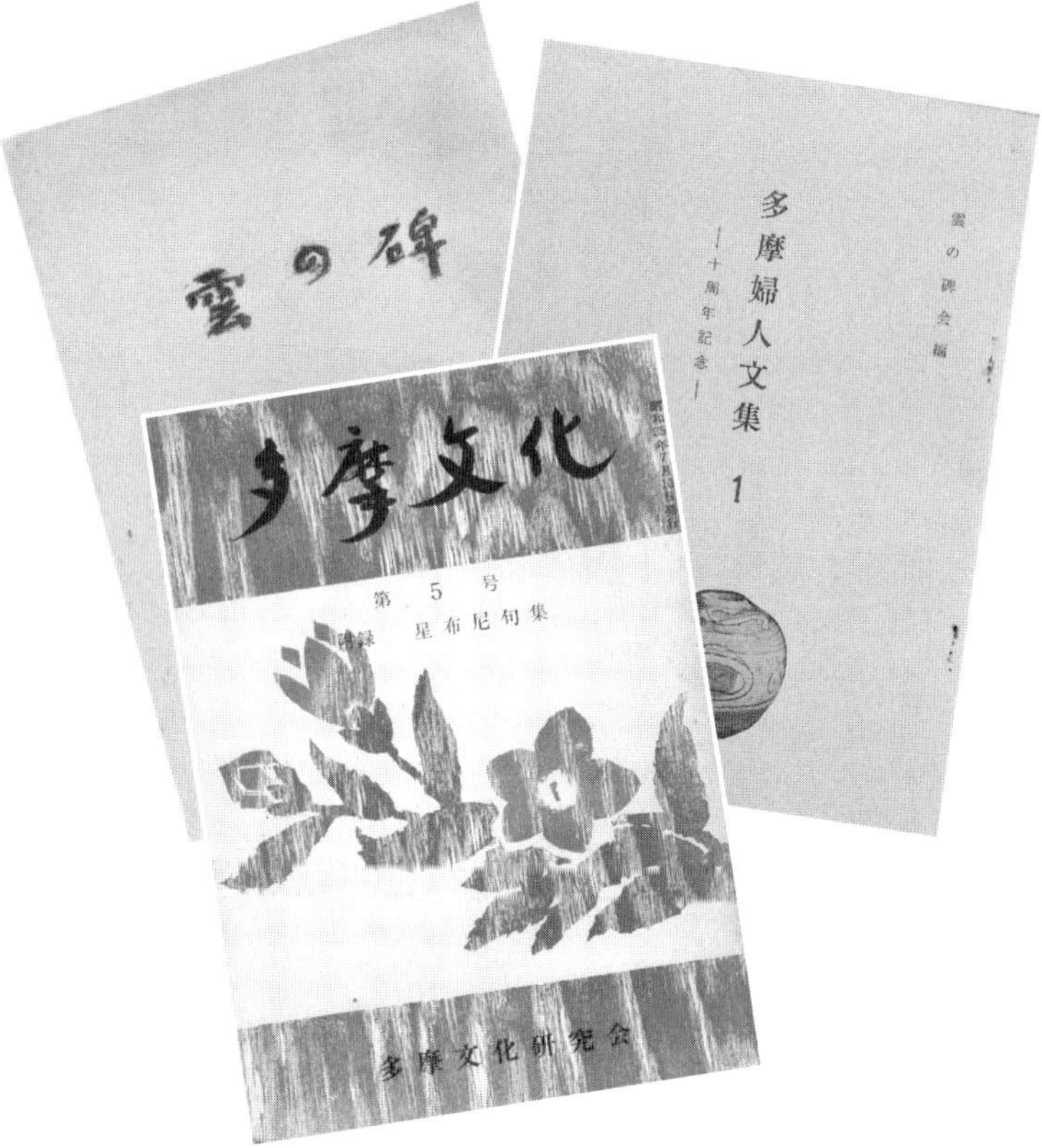

ふだんぎのさきがけとなる文集、同人誌

一九五八年からの十年に最も力を入れたのは文を書くことで、この間に地方新聞に投稿した数はおよそ千八百篇にもなる。その体験は、誰でも書けるから万人に書かせたいへ、さらに発表機関を作るための試行へと展開していった。活動の足跡を示す資料も豊富になっている。

特記したいのは、活動の仕方や義夫を巡る人脈にも変化がみられたことである。気がついた者がやるという思いで、孤軍奮闘、なりふり構わず動くところがあったが、然るべき人を主役やキーパーソンに据え活動をもり立てていくという、脇役あるいは相談役としての姿勢が目立つようになり、かえって成果は上がってきた。義夫を包む温かい環境が醸成されてきた。

1　橋本義夫の活動を巡る人脈の変化

一九五八年頃から、地方文化研究会の名前での活動の力点は資料出版に移っていった。活動の一翼を担い苦難の多かった建碑運動では尻ぬぐい役もした、僧侶で福祉事業家の足利正明とは考え方に不一致が目立つようになり、六一年以降二人は行動を共にすることはなかった。また、地方文化研究会初期の活動を支援した野口英司は八王子から離れ高崎、名古屋で教鞭を執るようになり、一緒に活動する場面は失われた。古文書を読み、復刻や謄写印刷のガリ版切りにも協力を惜しまなかった地方史研究家村田光彦は高齢になり、六七年に亡くなった。義夫の主導した地方文化研究会を名乗る活動は低迷期に入っていった。

一九五九年は義夫のその後の活動に大きな影響を与えた二人との出逢いがあった。鈴木龍二と色川大吉である。

一九五九年初めには、八王子の経済人として重きをなし、文化活動に理解が深く、地方史研究家でもあった鈴木龍二が多摩文化研究会を立ち上げ、四月に季刊誌『多摩文化』を創刊した。義夫は編集幹事になり、地方文化研究会の活動に参加した友人達も加わった。

鈴木は義夫が進めてきた文化運動や地方新聞に書き続けた文筆活動にも関心を持ち、良き支援者となった。また、彼を通じて義夫に理解を示す八王子の有力者が増えたことは、その後の活動にも好結果をもたらしていった。

一九五九年三月には新進の歴史学者色川大吉と会い、交流も始まった。色川の動機は一九五四年末に義夫が歴史評論に発表した「困民党事件」の資料などについて尋ねたい、具体的な逸話や故人らの直話なども聞きたいということからであった。[*16]

色川は義夫との初対面で、「困民党の研究なんかやるものでない」と言われたが、実は「専門の歴史研究者が取り扱ってくれて嬉しい。我が友を得たり」という語感は響いていたと語っている。[*22]

義夫は六二年頃から、色川が発表した論文や公刊図書を地方紙に紹介、読むことを勧める文をいくたびも書いた。また、多摩・八王子の文化活動をする人々とふれあう機会を増やしたいと考え、[*10]行動している。戦前、教育科学研究会の留岡清男ら青壮年の学者・文化人をこの地に招いて文化運動を進めた時、〃文化の灌漑〃と表現したことが思い出される。

色川は『多摩文化』に論文を発表したり、集会で話をするなど、鈴木龍二や義夫らによる多摩の文化運動にも参加するようになった。

六八年四月、義夫は色川の薦めで彼とともにＮＨＫテレビ「村の百年」に出た。義夫の生家のある川口村を中心に近代百年を描いた一時間番組であった。色川はその後も折あらば義夫の活動を紹介し、マスコミに取り上げられる機会が増えていった。その後、色川が中央公論誌に発表した「現代の常民　橋本義夫論」[*2]やベストセラーとなった『ある昭和史　自分史の試み』[*3]の中でも義夫の半生が取り上げられ、注目された。義夫の生涯にとって転機となる運命的な出逢いともなった。

一九六二年、井上コレクションと呼ばれた貴重な考古資料（古い土器や古代瓦など）の寄贈の実現のための運動の中核となった考古学者で高校教師の椚國男[*11]と交わるようになった。後日、椚は義夫の書いた『古代・中世地方史研究法稿[*20]』と題する小冊子を手にし、そのオリジナルな発想と科学的認識に感銘を受け、足繁く義夫の家に通うようになった[*6]。六五年には郷土資料を保存する会など三団体による「塩野半十郎、橋本義夫両氏を囲む会」を企画し幹事役を務め、義夫に思いの丈を語らせている。また六八年には、詩集『雲の碑』発行の推進役ともなった。また義夫を支える若くて親しい友人として、没後はふだんぎ運動と義夫の生き様を伝える〝語り部〟役となった[*20*21]。九六年に彼が書いた『土の巨人　考古学を拓いた人たち』では、十章のうち三章を義夫と井上郷太郎に割いており、寄贈実現の運動についても詳しくふれている[*6]。

万葉歌碑や北村透谷碑を建てる運動で最大の支援者となった持田治郎は、足利正明が去った後も義夫の活動の唯一人のパトロン役を続けた。彼が一九六三年に「八王子文化サロン」を立ち上げ、市の文化人、いわば変わり者同士の集まりを開くようにした。このプランも義夫との話から生まれた。六六年に出した『村の母　橋本春子のこと』[*12]や翌年の『多摩婦人文集1　十周年記念[*13]』（以下『多摩婦人文集』と略）の刊行は八王子文化サロン名で、持田ら同サロンのメンバーの強い後押しがあった。

2　書くことから書かせることへ

誰でも書けると呼びかけ

地方紙を舞台に実践を重ねた体験から、万人にあたりまえの文を書くことを勧める文を、地方紙などに時々書くようになったのは一九五九年からである。

「これからの文章　万人のもの」（59・8）は美文・名文を標準にしない。あたりまえの文。何を書くかにある。

「みーんーなーの文」（60・2）は下手でよい。どんどん書く。少額の出費で少部数のタイプ印刷書冊になるから、みんなが出して欲しいとミニ出版をも勧めている。

「誰でも書ける　アマチュア文章」(60・8)は自己流でよいが、相手にわかるように読み直しをすることと書いた。

六二年には「職人技術と同じ　だれでも書ける文章」(62・7)と「文章は誰でも書ける」(62・11)を投稿(188ページ写真参照)、誰でも書ける文、誰でも読める文を狙って考えたり、験したりして一年以上になる。文を書くのは職人芸と同じ。若い時に二年くらい書く癖を身につければ、一生書ける。文人になる前に職人になることが必要と訴えている。

六三年十月には日を置かず名前を使い分けて三篇を書いた。「ふだん着の文」、「平文のすすめ」、「あたりまえの文　万人の文はこれだ」で「ふだん着」という言葉を表題にした記事が初登場した。

六五年の「年表は脊椎[*19]」(65・4)では年表の上に、個人なり、家族名なり、地方なりをのせ資料を基にすれば、書くのは容易だし、読んでもわかると具体的に説明している。

「情熱と冷静　書くこと直すこと[*19]」(65・8)は情熱がなければ書けない、冷静でなければ直せないと自身の体験を記す。

六〇年の四月には冊子『平凡人の教育・平凡人の文章』を地方文化資料48集(218ページ写真参照)として出した。これは機関誌『ふだんぎ』創刊三ヶ月後の六八年四月に『みんなの文章[*14]』と改題し、増補・再版、七〇年にはさらに改訂三版が出ている。

回覧誌作りから始まった「ふだんぎの会」

一九五八年七月に、義夫は「ふだんぎの会」の狙いと会の進め方を書いた二つの文をまとめている。その趣旨に賛同した義夫の知人である数人の婦人らが文を書き、それを回覧誌とする小さなグループを作った。〈五十歳から恥をかくつもりで文を書いた。これが原因で、男女を問わず多くの人に文を書くすすめをした。『平凡人の文章』はアマチュアの庶民の文のすすめで書いたもの。随分すすめたが、結局中年婦人が若干受けて続いた。〉

「ふだんぎの会」と名付けて発足、〈「ふだん」の生活をよくしよう。／「ふだんぎ」でつきあいたい。／「ふだんぎ」ではなしたい。／「ふだんぎ」でものをかきたい〉と会の狙い、〝「ふだんぎ」のきめ〟は回覧文集のガイドラインを示したものである。『多摩婦人文集[*13]』の最後に資料として掲載されている(参考資料6)。回覧ノートは結局三冊くらいで終わった[*18]。

手書き稿には最後に会の名前について〈ふだん世の中に

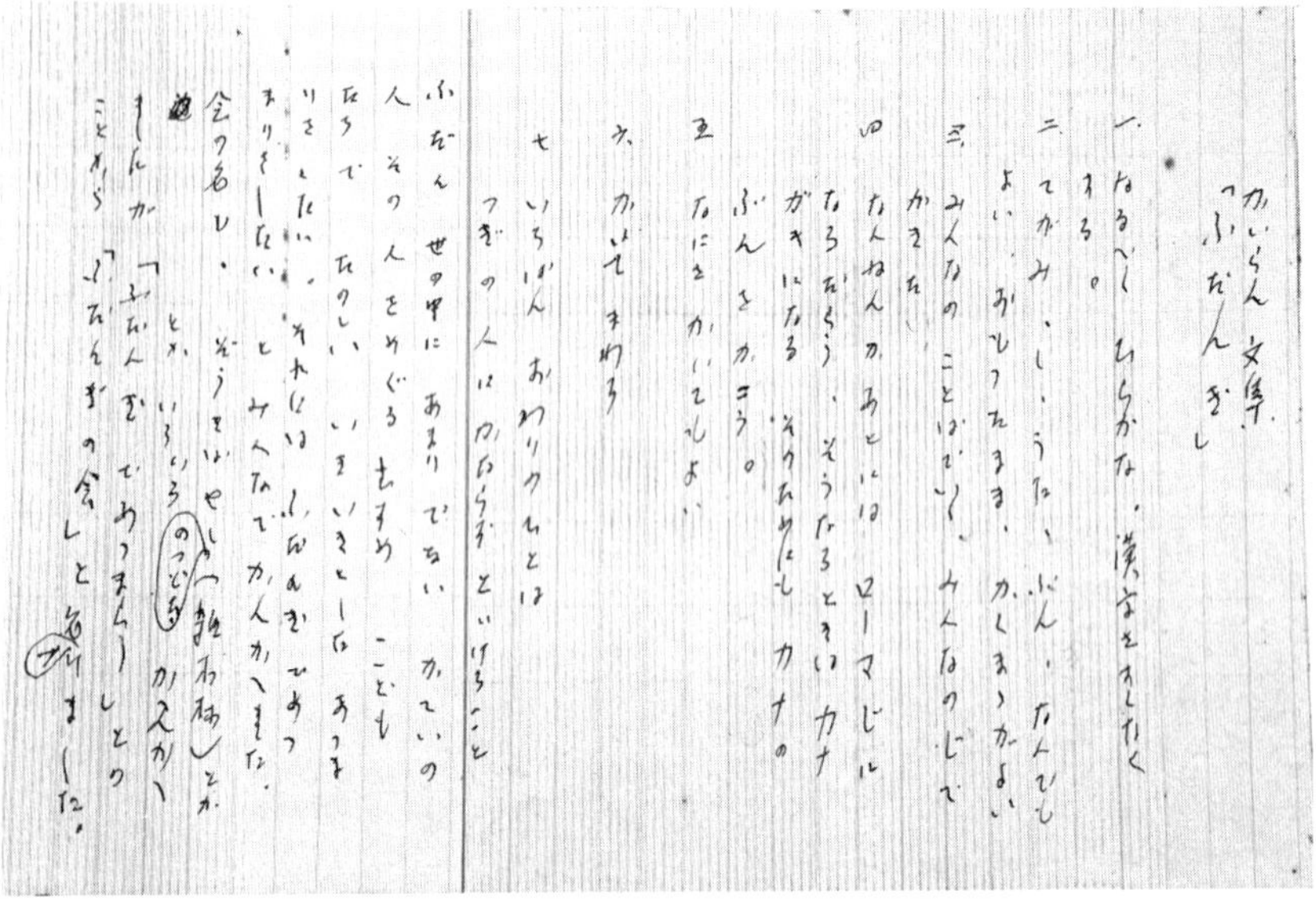

かいらん文集
「ふだんぎ」
一、なるべくひらがな・漢字をすくなくする。
二、てがみ・し・うた・ぶん・なんでもよい。おもったまま。かくまゝがよい
三、みんなのことばで、みんなのじでかきたい
四、なんねんかあとにはローマじにならなくゝ。そうなるときはカナがきになる　そのためにもカナのぶんをかこう。
五、なにをかいてもよい
六、かいてまわろ
七、いちばんおわりのひとは　つぎの人にかならずとどけること
ふだん　せの中にあまりでない　かていの人　その人をめぐる　むすめ　こども　たちで　たのしい　いきいきとした　あつまりをしたい。それには　ふだんぎであつまりをしたい　とみんなでかんがへました。
会の名を　ぞうきばやし（雑木林）とか　いろいろ（のつどい）とか　かんがへましたが「ふだんぎであつまろう」とのことから「ふだんぎの会」と名づけました。

かいらん文集「ふだんぎ」の進め方を記した手書き稿

あまり出ないかていの人、その人をめぐるむすめ、こどもたちで、たのしい、いきいきとしたあつまりをしたい。それには　ふだんぎであつまりをしたい、とみんなで考えました。会の名をぞうきばやし（雑木林）のつどいとか　いろいろかんがえましたが「ふだんぎであつまろう」とのことから『ふだんぎのかい』と名づけました〉と書いているが、この部分は『多摩婦人文集』には入っていない。

3　発表機関を作ることへの試行

季刊『雲の碑』の発行

一九六一年六月には『友』誌発行についてというB４判一枚にタイプ印刷した趣意書を作っている。この構想は実現せず、『友』誌が発行されることはなかったが、義夫の目指す方向を示すものとして注目される内容が含まれている（参考資料７）。

雌伏四年、この構想に近いミニ季刊誌発行につながった。

一九六五年七月、『雲の碑』を誌名にしたタイプ印刷B５判十四頁の同人誌を出した。発行は地方文化研究会名で義夫が編集発行者となっている。

1号は冒頭に、いつの日か雲の碑を建てたいという思い[1]

を次の「名助産」では『鯉の吉田定一』という冊子の発刊を多面的に応援してくれた盆栽の大家大貫忠三に相談したところ、自分のことをやったらいいと言われ、その言にしたがって『雲の碑』を出したと発行に至る経緯を書いている。その後に「企画」、「紹介」（出版物など）、「動き」（友人たちの活動状況）など四頁と編集後記が続く。〈書く習慣、出す習慣をつけて流れにしましょう。流れ出したら止まらぬようにしましょう〉とある。

2号（六五年十一月発行）はトップがいきなり「動き」で二頁半、二段組の下に義夫の短文が三篇載る。「一人一冊以上」は〈本誌の関係者にあつい・うすいは別として、みんな一冊以上の著書を持たしたい。これが私たちの夢である。夢ではなく実行するつもりである〉。「六文残し遺産なり」では〈言葉は万人のものだ。文は昔は特権者のものだったが今は万人のものだ。うんと書きどんどん本にして出すことだ〉とふだん記個人文集作りに連なる思いを記している。五人ほどの投稿文（関山花子他）と詩（須田静子、黒沢敬子）が入った。編集後記では、みんなに書かせるから発表機関をどうするかに踏み込んだ考えを書いている。要旨：

只で貰うなら紙くずでも貰っておこう。出すのは舌でも惜しいというのがいる。自費出版で一番癪にさわることだ。『八王子の方言』が出るが、図書館、資料館、専門の研究者といった方面に優先配給する。

みんなに書くことを勧めると、発表機関の確保に一苦労する。本誌なんかもその一つと思っているが、これにはお互いが書くと同時に印刷費を負担するという基本条件を知っていなければならない。自分も書くが他人にも書かせる。そして印刷費も持つということを、しっかり腹におくことである。原稿なんかいくらだって書けるし、集めもできる。苦労はそれを印刷する費用にある。

3号（66年1月発行）も2号とほぼ同じ構成で「動き」には友人達へのメッセージも込められている。伊藤愛子、足立原美枝子、橋本譜佐《ふさ》らの短文の投稿と瀧井孝作、色川大吉、清水安三、加藤蒔夫、井上郷太郎らの書信が載っている。編集後記では原稿がたまりす

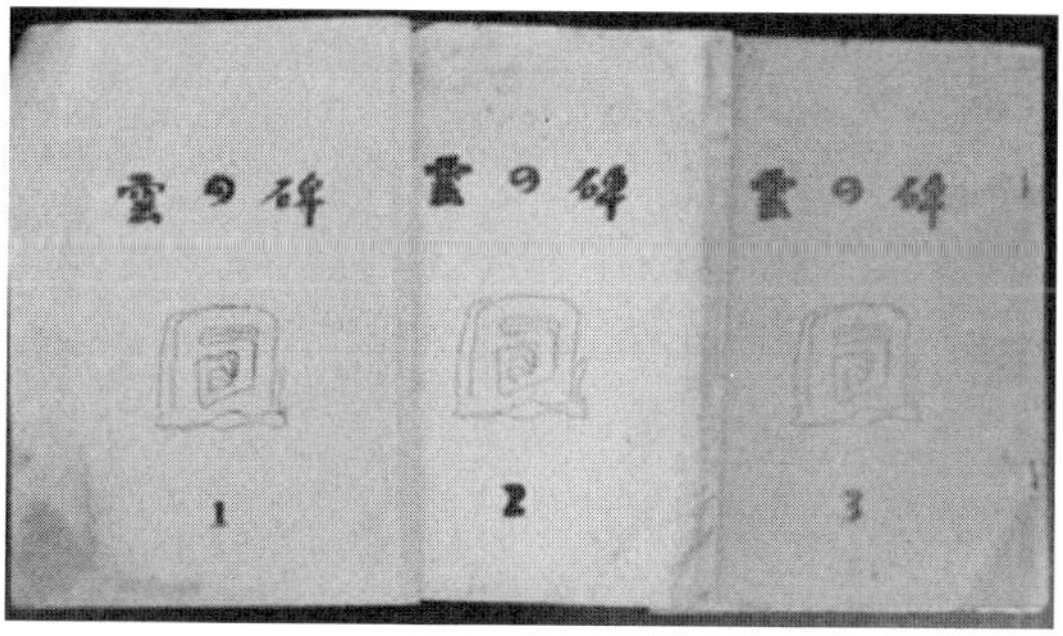

季刊誌『雲の碑』は３号で終わる

ぎ、印刷費がかさむので、早く出すことにした。印刷費が調達できれば何回でも増刊、今年はいろいろな文集を出す、などと書いている。

義夫のミニ季刊誌試行の思いは、続けて定期的に出すことではあったが、会員募集などはしない、金など集めない、自然な成長を待つという姿勢だったこともあり3号で終わった。この試みは初期の『多摩文化ニュース』に受け継がれた。

多摩文化ニュース

『多摩文化ニュース』が八王子印刷の中村甲太郎によって創刊されたのは一九六七年六月である。〈いくら文無しの種子蒔き屋の私でも、印刷費タダでやってもらうのは気がひけた。しかし車は走りだした〉とあるように、義夫の思いを感じて中村が動きだしたのであろう。創刊号からB5判四頁で毎月発行を続け、十一月には第三種郵便物に認可された。印刷費は中村が負担していたらしい。義夫は44号で創刊五周年を回顧し、「継続発行これ第一」という短文で発行に至る経緯を書いている。

本誌の内容は義夫や鈴木龍二の文化活動に関わる友人、知人達の周辺ニュースと短文が大部分を占めている。新刊案内は地方のミニ出版なども拾っている。最初の3号までの編集は多摩文化ニュース編集部の名で、中村に義夫が協力して進めた。4号（六七年九月）から多摩文化研究会発行となり、題字を書いた『多摩文化』主宰の鈴木龍二がより深く関わり、編集・発行支援をするようになった。同誌が大冊化し発行間隔が開いたことを補う役割を果たし、会員の短文や動向、関係イベントなどが載っている。

寄稿者の名前をみると、創刊号から橋本義夫、鈴木龍二、井上郷太郎、持田治郎、杉山峰吉、金井郁夫、3号から松岡喬一、小泉栄一、香川節、7号から色川大吉、椚國男といった『多摩文化』を購読・投稿し「八王子文化サロン」の集まりにも顔を出す人達が大部分であった。加えて、創刊号では橋本普佐、平井マリ、藤本きぬ子、須田静子、関山花子、黒沢敬子、2号で四宮さつき、3号で伊藤あい、8号で田中紀子が短文を寄せており、その後も時々彼女らの投稿が載っている。この婦人達の投稿は、義夫が書くことを勧めてきた「ふだんぎの会」の婦人達『多摩婦人文集』[*13]の五人と招待席という形で一文を寄せた四人である。この内八人は六八年一月に創刊した『ふだんぎ』にも登場している。

8号で〈『多摩婦人文集』の婦人達を中心に新しい人々を加えたグループが「みんなが書くために、みんなの発表機関を」と近くお互いの協力で『ふだんぎ』を出す。四宮、大野、秋間の諸氏がガリ版きりに忙しい〉と『ふだんぎ』創刊を伝えている。翌月の9号で〈『ふだん着』は2号から『友』と改題し、四月に発行する。男女諸賢の投稿を待つ〉とあり、『ふだんぎ』の誌名について〝着〟を使い、揺れている状況がうかがわれる。

四頁の紙面なので、数は多くないが、ふだんぎ創刊後も幾人かの婦人達が短文を載せ続けた。義夫の関わりは七二年頃までである。

一九七〇年八月発行の33号で『多摩文化』鈴木主幹が病気のニュースと編集担当者交替制での発行予告があり、没後十二月に追悼特集とした37号を出した後しばらく休刊、七二年十一月40号から小冊子型で隔月発行となった。義夫の文章が載った最後は81号（七六年十一月）である。

4　多摩婦人文集[*13]

義夫が勧めて、書かせ、地方紙などに出し、その切り抜きを配る。これを十年も続けたので多摩地方の諸ローカル紙や、発表機関に婦人の名が多く顔を出すようになった。勧めを受け、一九五八年にふだんぎの会と名付けたグループが発足してから、関山花子、須田静子、黒沢敬子、平井マリ、橋本譜佐の五人が続けた。

義夫は〈一度文集にまとめる時期でもあろう。これは去年からの計画であったのがようやくチャンスが来た〉と捉え、六七年十一月に雲の碑会　橋本義夫編集『多摩婦人文集1　十周年記念』が持田治郎の経済的援助を受け、八王子文化サロン名で発行された。

『多摩婦人文集』で取り上げたのは、主として地方紙に出した彼女らの文を義夫が〈勝手にまとめて編集〉したもの。彼女らは戦前に高等女学校を卒業した婦人達、家業で中核となっていたり、他に活動分野を持っている人達であった。

この文集の「招待席」には四人の婦人の短編各一と、義夫の「松岡タカ」の生涯を六頁にまとめた文他二篇が入っている。

義夫は〈第一集は私が発行をはじめ編集は責任を負うたが、第二集以降はみなさん自身がなされるであろう。これで私の仕事の一つが終わった〉と後書きの最後に書いている。第二集は出なかったが、新たなメンバーが中心になって手作りの後継誌『ふだんぎ』が二ヶ月後に出た。

義夫はノートに「覚書き」として〈ほうっておけば何も出ず愚にもつかぬ回覧で終わるところだったが独断強行のおかげで「文集」一冊が出た。十年のしめくくりになった。悔ゆるところはない〉と率直な感想を記している。

出版記念会が『ふだんぎ』創刊のきっかけに

この文集の出版記念会が十一月二十五日に八王子市内で開かれ、五人の婦人に加え、招待者として短編を載せた田中紀子、伊藤愛子、藤本きぬ子、四宮さつきの他に大野弘子、松岡喬一が出席、来賓に井上郷太郎、鈴木龍二の名前が残る。四宮と大野は義夫の意を汲み関山花子が誘った。[*4]

その席上、義夫が「誰か謄写版でいいから文集を出しませんか」と話したところ、すぐに賛成したのが四宮だった。「半分は引っ張られて賛成したのではないかと、今は思っております」[*4]と大野は語っている。

四宮は〈「ガリ版でよければ私がやってみましょうか」と言ってしまった。よくも大それたことをと今考えても冷汗である。そして一九六七年暮れの二十日すぎ、原稿を幾つかもって来られた〉などと書いている。[*7]

四宮さつきと大野弘子・聖二夫妻は二ヶ月後に創刊した手作り「ふだんぎ」発行の中核となっていく。

5　多摩文化研究会と『多摩文化』

一九五八年秋に橋本義夫の呼びかけがあり、[*5]翌年一月、義夫、松岡喬一、清水成夫、沼謙吉が鈴木龍二邸に招かれ、旗揚げの編集会議を開いた。[*23]経済人としても有力な鈴木龍二が中核となり多摩文化研究会を設立、四月に機関誌として季刊を目標に『多摩文化』を創刊した。義夫は松岡、清水らと編集幹事を務め、鈴木は庶務・会計を担当する幹事になった。2号からは鈴木が主幹として活動した。

義夫が地方文化研究会で目指した地方史研究や史資料公開についても誌面に取り込まれ、重視する方向となった。鈴木は定期購読者に加えて、広告掲載社（賛助会員）を得ることに力を入れ、2号（七月）、3号（十一月）と号を重ねるとともに質・量いずれも充実していった。

また、会が主催する研究会、出版記念会、講演会なども開かれ、義夫が思い描きながら思い通りにできなかった文化活動は、鈴木が主宰することによって軌道に乗り、進み始めた。

機関誌『多摩文化』から

義夫は五九年八月、『商工日日新聞』に多摩丘人のペンネームを使い「『多摩文化』第二号」という題で内容紹介と今後への期待を書いている。要旨：

八王子地方で文化的な地方雑誌が必要と言われていたが、多年の宿望がかなない「多摩文化研究会」が振興信用組合専務理事鈴木龍二氏その他有志によって組織され、雑誌『多摩文化』を創刊、このほど第2号が発行された。地方雑誌というものは1号がよくて、2号でやせ、3号でおしまいというのが一般例であるが『多摩文化』第2号をみると、1号より厚く、内容もよく、立派な印刷となって飛躍的に成長している。

名物「岩つばめ」を取り上げ、林業試験場で鳥類研究をされている権威者宇田川竜男博士や由井中の教師で多年つばめの研究で有名な金井郁夫氏が書いている。新進史家沼謙吉氏が「八王子地方に於ける明治大正製糸業の変遷」を発表、篤学青年の仕事の一端がうかがい知れて頼もしい。本誌には横川家にある河野文書と近代教育資料として横川楪子女史関係の未発表の文書が多く紹介され、後学者に便を供している。これはすばらしい仕事だ。鈴木龍二氏の「銀行取り付け騒ぎ」はその当時銀行にいた人の実話ものせ興味ある読み物である。松岡喬一氏が「古楠談」（英国人教師コックス親子の話）を発表、人マネや蓄音機型とちがって味があり忘れられない。

何よりも願うことは継続ということだ。八王子地方人が大いに支持してやるべきだ。こういうことが土地の教育水準を高め市民の利益になることだ。

5号が出た際には、地方紙で鈴木主幹の『多摩文化』発行に対する努力と苦労にふれ、投稿者に中央の学会でも注目される新進学者が加わりだしたこと、野田允太、瀧井孝作、鈴木龍二らの努力で特別附録に八王子が生んだ江戸末期の女流歌人榎本星布句集を丹念な校訂の後加えたことなどを伝えている。

その後も、ほぼ毎号のように同紙に内容紹介と激励、期待のメッセージを地方紙に書いている。〈文化不毛などと酷評されている八王子に、地方文化研究団体が根を張り、『多摩文化』14号は堂々四百頁を超える大冊をもって一旧村「元八王子の研究」に使われている。民間地方団体も、ここまでくれば日本的だろう。八王子に過ぎたるものは市民会館、イチョウ並木、『多摩文化』という人もあった〉は六四年八月の記事である。

季刊発行はやがて不定期とはなったが、一冊の頁数は大幅に増えていった。

多摩文化研究会は機関誌『多摩文化』発行の他に、講演会や研究会を開くなど活発な活動を始めた。義夫は六五年一月の「生きていてよかった「多摩文化」新春集会」[*11]の記事で〈『多摩文化』の新年会　バラァティに富む顔ぶれ集まる。文化人、技術者と実際社会とを実践的に結びつけ、至難と言われることを着々と実行。鈴木氏によって結びつく。希有の幸運〉と記している。義夫の活動にとっても多摩文化研究会は追い風となった。義夫は地方紙で『多摩文化』の内容紹介や活動について五九年二月の発行近しから、七〇年一月の22号発行まで合計十九篇の記事を書いた。

義夫の寄稿は、一九六五年に発行の二冊を除き、創刊号から22号（1971）までは続いた。鈴木主幹の急逝後に出た鈴木龍二記念の22号の裏表紙に〈『多摩文化』はこの記念号で終わったとみなす〉と書き込みがあり、編集幹事役を退いている。登載数は五十五篇で、ペンネーム（栖原次雄、多摩丘人）や他の人の名前で出したものもある。内容は地方史関連、地方人物記、書評、あるいは自身の体験や随想まで様々である。地方史関連では、かつて地方文化研究会で出した謄写印刷資料の復刻や戦前生家の古文書調べから地方誌などへ投じた文書の再録、学校史、明治・大正時代の八王子と周辺の話（棒屋、お日待ち、水車、街道にそう長い村）などである。

創刊号の「雲の碑」[*9]は建碑運動の中では取り上げられなかった「雲を讃える碑」への思いとそれを傍で聞いていた少女の話で、〈多摩の丘の雲のゆくところに碑を建て、このお嬢さんに序幕の綱を引いてもらいたいと思う〉と結んでいる。[#2]

自身の戦争体験記録は「小さな実験」が治安維持法違反による拘禁記録、「戦火の八王子」は八王子大空襲の体験記だが、2号と八王子戦災体験記をまとめた21号にも同文が載る。

21号（1969）は特集「多摩の百年」で色川大吉論文二篇「明治百年と多摩のあゆみ」、「神奈川県下の民権結社」が巻頭を飾っている。この号に義夫は「二通の手紙」と題し、色川が困民党事件について話を聞きたいという最初の手紙と面談後の礼状を載せ、十年前に色川と八王子とを結びつけられた喜びを回想している。[*16]

義夫が地方紙に投じた「『多摩文化』第2号」（59・2）の感想記事では、「婦人達よ書け」を小見出しに〈婦人達の文章や詩がのっているのがうれしい。第二次大戦後はじめて婦人の近代的解放が実際的に日程にのぼったのである。婦人達はどんどん文を書き、どんどん発表すべきである〉と期待を述べている。義夫が勧めて書かせた婦人達へのメッセージでもある。

当初は地方史研究の他に随想、詩文などの発表もあり、義夫の期待した牧志保子（関山花子）、松枝ふさ（橋本房子＝譜佐）、田中紀子らの投稿もあったが数は増えなかった。誌面も次第に地方史や復刻に力が入り、婦人達にとって、あまり魅力的な発表の場ではなくなったのかもしれない。義夫も編集方針への不満を誌中に書き込んでいる。

『雲の碑　地方の人びと』Ⅰ、Ⅱの刊行と出版記念会

義夫の地方紙への執筆活動を評価していた鈴木龍二は、その片鱗でもよいから残して散逸を防ぎたいと考え、沼謙吉、椚國男らの協力もあり、一九六四年秋に本作りを図った。内容は義夫の書いた新聞登載記事の中から〈地方にあるがために、知られないで埋もれる人びと〉を主に取り上げた百三十六篇に絞っている。

印刷屋にⅠの原稿をわたしてからその店がつぶれ、収束に時間がかかり、Ⅱはタイプ印刷となってしまった。須田静子が金拾万円を義夫には無断で、鈴木龍二に託したのが出版の最初の動きで、友人達の応援が大きかった。義夫は私に長文の手紙で、この間の事情や記念会の様子を伝え、須田静子に礼状を出してくださいと付け加えている。

書名は義夫の好きな『雲の碑』を椚國男が選んだ。六六年七月二分冊は不揃いではあったが発行され、幻の本に終わらなかったのでホッとしましたと書いている。

あとがきからには、〈本書は破片の一つである。土器の破片を集め石膏でまとめる操作を思い出して微笑する。十数年前にささやかながら「碑」づくりをした。また、「碑」の代わりに紙の碑と思って幾つも文を書いた〉とある。

この本が送られると友人達から出版記念会を開こうとの声が上がり、八月半ば、開催の一週間前に五十通の案内状を送ったという。急に決まったなかで、三十九名の文化活動を通じての新旧友人が集まった。発起人は代表となった鈴木龍二をはじめ椚國男、井上郷太郎、色川大吉、沼謙吉らで、戦前から教育・文化運動に参画した松井翠次郎、楠正徳、広沢堯雄、榊原金吾、小島善太郎（画家）らや、戦後の地方文化研究会の活動に加わった松岡喬一、清水成夫ら、ふだんぎの会の関山花子、橋本房子、黒沢敬子、それに加えて金井郁夫ら多摩文化研究会関係者や植竹圓次市長も出席するなど人脈の広がりも見られた。発起人になったが出席できなかった須田静子、持田治郎や幾人かの欠席者の丁重な返信も残る。

これらの人々が交流して織り上げる文化活動は地方文化研究会ベースとは異なってきた。義夫を理解する友人の輪が広がり、文化運動にも好ましい環流が起こり始めた。

記念会での義夫の挨拶メモが残る。要旨：

ボタ山に灌木が生じ、枯れ木に芽が出て小さいながらも花が咲いた。賞められた経験のない人間にはいささか勝手がちがい面はゆい。

みんなで育てるようにすることが地方出版を豊潤なものにする。みんなが文を書き、みんなが本を出す。これが私の夢！

記念会のアルバムは椚が作り、会の三日後義夫に届けた。『雲の碑』よりも出版記念会の方がよかったとアルバムに書き込みをしていた。

八王子を地方文化の不毛地と呼び自らを〝沙漠に樹を植える男〟としていたが、この頃周囲に緑地もあるオアシスの存在を感じたようである。

八王子文化サロン

〈学芸に秀でた人や何かを探求している奇人変人たちを集めて会を持つというのは、地方文化にも意義があるが、これらの人々には社交性が乏しく我が道を行く人ばかり。これらの人々を集めて快い会を持たせたら地方文化のためによいという念願を持って実行した奇特な努力家は持田治郎氏である〉ということで、会の名前は植竹圓次が命名、幹事役に鈴木龍二が動き、一九六三年七月に初会合、義夫も満足するすばらしく楽しい会であった。その後も大貫忠三宅の盆栽を鑑賞する会など、いくたびか集会の記録が残る。

八王子文化サロンの名前で、六六年に『村の母　橋本春子のこと』[*12]を刊行した。この本には植竹圓次市長、持田治郎八王子文化サロン主宰（多摩病院院長）、鈴木龍二多摩文化主幹（振興信用組合専務理事）の三人が序文を寄せている。

六七年には義夫の著作『多摩の材木商人　浜中儀作』を出したが、題字は持田、後書きに植竹が一筆している。

同年六月には息子夫婦の住む北海道を訪ね、七月中旬から地方紙に『北海道紀行』を連載、これをまとめて写真入りの冊子とした。さらに十一月には前述した『多摩婦人文集』をまとめた。いずれも八王子文化サロン発行、多摩文化研究会後援となっている。印刷物としては写真などが入り、質量ともに改善された冊子となっている。

この他義夫が編集に関わった塩田真八『八王子の方言』は六五年、持田治郎『蝉の抜け殻』は六八年に八王子文化サロン名で出版されている。

ふだん記グループの名前で六八年に発行した『詩集　雲の碑』、『ふるさと』、六九年の『ともだち』といったふだんぎ文集にも多摩文化研究会、八王子文化サロン後援を入れている。参加者から見れば、文化サロンと多摩文化研究会は重なるが、文化サロンの方は持田を主宰に据えた、より緩やかな集まりであった。

鈴木龍二の死と多摩文化の終焉

一九六九年九月発行の『多摩文化』21号は五百五頁の大冊、特集の「多摩の百年」に「八王子戦災体験記」が十九篇加わり、鈴木も三篇書いている。翌七〇年十月、鈴木龍二主幹が死去、享年六十三歳であった。そのため22号の発行は大幅に遅れ、七一年六月末に鈴木龍二記念号として発行。グラビアページには、六〇年の河野家文書発見者の鈴木龍二と同行した義夫、村上直、清水成夫、六六年八月義夫の『雲の碑　地方の人びと』出版記念会、六九年七月鈴木龍二氏を囲む夕べ、同年十一月のふだん記グループと共にの四枚が載っており、多忙の中義夫と行動を共にする姿が浮かぶ。鈴木龍二記念号や多摩文化ニュースに追悼文を書いている。要旨：

扇の要を失った後、八王子地方の文化運動は暗中模索の時代に入ったと市民達が言う。「ふだん記」はよき後援者を失った。

明治四十年高尾山下に生まれ、少青年のころ各地で曲折ある生活をし、戦後八王子に振興組合を創立し、手腕を発揮した。一方、文化方面にも情熱を傾け各種の文化団体の育成に努め、昭和三十四年多摩文化研究会を創立し、機関誌「多摩文化」を発行、資料の収集、研究、保存出版、教育、芸術等の発展に関係を持った。組合本店は文化センターであり、専務室はまさにその事務室、書斎であった。全国に金融機関多しと雖も鈴木氏の部屋のごときは無類であった。

献身的な努力は多摩地方ことに八王子では曾てなき文化の花園となり花咲き始めた。

経済力と才能と熱心さの三つを持った八王子に希有の文化人で欲や権勢欲の可能な場にあって文化欲に傾けた稀な人だった。この町には曾ていなかった。

義夫は「鈴木龍二記念号」の表紙の裏に、鈴木あっての『多摩文化』という思いを記し、編集委員を辞めている。『多摩文化』は24号で終刊となった。

詩集『雲の碑』[*17]に「過去と未来」、「つぶやき」という長い詩文がある。鈴木龍二が畢生の事業とした江戸時代の八王子史『桑都日記』（塩野適斉著、漢文）全四十二巻五十冊の和訳完成の出版記念会で、義夫自身が朗読した。一九七二年、没後三年の集まりであった。

6　文化運動余録

井上コレクション寄贈実現化運動

一九六二年、井上郷太郎は多年にわたり収集した貴重な考古史料の寄贈を市に申し出たが、適切な収蔵施設がなかったため受け入れ条件で難航した。小・中・高校社会科教師らの「受け取って学校教育に役立てたい」という願いが盛り上がり、やがて市の文化財保護の委員らも加わる幅広い運動となり義夫も世話人になった。義夫はこの運動の脇役でしかなかったが、井上の心情を理解する友人としての関係が醸成されていった。

六三年十二月の市議会で、植竹圓次市長が東京オリンピック開催の記念事業として、八王子の歴史資料を収集・保存しようという展示・収蔵施設の建設を表明した。それを契機に、井上コレクションとして知られた、先土器時代から歴史時代までの系統的な考古史料や古代瓦約千点は市に寄贈されることが決まった。六四年には、中央高速自動車道の建設にともない、市内宇津木町向原遺跡の発掘が行われ、多くの土器や石器が出土した。これが運動に弾みをつけた。

六七年三月七日、四月開館を前に義夫は〈井上郷太郎氏来る。二人で市役所へ行き、市長、助役、教育長に会う。資料館のこと〉と手帳に記している。寄贈式の日であった。

義夫は戦前から博物館を八王子に建設したいという思いを持ち、戦後の一九五六年にも運動を試みたが、実現への道は遠く長かった。

義夫は井上を〈少年の日から「土器」という古代のやきものにつかれ、考古学を友として収集三十年に及んだ。代々絹織物を業とした彼は天分に恵まれ、織物製作の技術者として知られた。独創と制作を焦点とする彼は単なる繰り返しに耐えられぬ。織物も後継を得て他に委ねた〉こと、そして彼の陶芸への挑戦を〈先進に学び、経験を生かし、古代と近代を結び……〉と詩文で描いた。

義夫の告別式での井上の弔辞（要旨）[*8]：

　橋本さんと初めて出逢ったのはコレクションの寄贈を市に申し出た数日後でした。幾人かの人と来られた橋本さんはコレクションを前にして、ボツリと「市にこれを受け入れ活用してゆく力がありますかねえ」と言われた言葉が妙に心に残りました。その後まもなく、私は死を心に秘めて旅に出ました。寄贈を市に申し出たのも身辺整理の一つでした。

　やがて備前の地に焼き物に生を求めました。その私を追うようにして橋本さんから励ましの手紙が続きました。「多摩の地に、あなたの窯の煙が上る日を待ち望んでいます。郷土資料館の建設運動も椚さんをはじめ多くの人達が盛んにやってくれています。あなたも頑張ってください」まるで私は点滴を打たれているようでした。意欲がわいてきました。三年後帰郷した私を橋本さんは温かく迎えてくれました。それから交友は深まっていきました。

相沢日記、明治・大正・昭和、七十八年間の日記刊行を勧める

相沢菊太郎は一八六六（慶応二年）年横浜に近い相模原で生まれ、明治、大正、昭和と三代九十六年間そこに生き、世を去る一週間前まで七十余年丹念に日記を書き続けた人物である。神奈川県相原村（現相模原市）村長を務めた大きな農家で、横浜鉄道（現JR横浜線）橋本駅開設や相模農蚕学校（現相原高）の誘致につくす。

鈴木龍二は九十四歳の菊太郎に「昔話の一端」を書かせ、グラビア写真の説明で翁と日記のことを『多摩文化』3号（一九五九年刊）で紹介した。また、12号（一九六三年刊）では、相沢栄久が日記の概要とその中から明治二十年八王子で開催した連合繭糸織物共進会関連部分を公開している。義夫はこの相沢家と縁続きでもある鈴木龍二を通じ、菊太郎の三男栄久に日記類を見せてもらった。そして、それらの価値が理解される日がくるであろうことを予見し、復刻・公開を待望する思いを伝え、その後もしばしば自転車で御殿峠を越え訪れている。[*1]

一九六四年四月、地方紙に「相沢日記　空前の大記録」と日記の概要を紹介し、〈出版普及されるならば、史学上に役立つことが多いだろう。その日を心から待望する〉、「記録の虫・相沢菊太郎」（上、中、下三回）では〈時がたつにしたがって値打ちが出る。価値がわかる日がくるであろう。……保存と文化財的開発をするように心がけるのが後人のつとめ〉と激励している。

菊太郎の三男相沢栄久は法事に配る饅頭代わりにと生誕百年の六五年四月に約三百頁の『相沢菊太郎相沢日記』[#3]を上梓（私家版）した。後書き（要旨）：

この企ては地方史家橋本義夫先生、日本近代史家色川大吉先生、血縁の畏友鈴木龍二氏（多摩文化研究会主幹）ならびに伯父牛久保長一（母の実弟）他諸賢のお言葉に甘えた私を逡巡から解放して一気呵成にペンを運ばせ、明治十八年から二十五年現在地に分家を創立、居を構えた期間に至る全記録が書き取られることになった。ねんごろな序文をお寄せくださった諸先生に対しては、亡父と共に衷心より深甚な感謝を捧げるものである。

刊行されるや義夫は地方紙「相沢日記の活字本」（二回連載）に、当時から多摩と相原は密接な関係にあったので、武蔵相模両地方の貴重な資料と評価している。

翌六六年に続巻が刊行され、義夫は出版記念会の様子を伝え、全巻刊行の後援会をつくりたいという声の出たことから、相沢日記復刻公開について私の仕事終わると文末に加えた。

六七年には続続巻発行を受けて地方紙や『多摩文化』20

号に「相沢日記　全巻を待ち望む」を書き、復刻事業にエールを送るとともに、印刷発行費を相模原市その他で支出して欲しいものだとも書いている。その後、さらに二巻が刊行されている。[#3]

相沢日記の保存については、義夫が必要性を指摘してから三十九年後の二〇〇三年に相模原市市指定有形文化財（歴史資料）に指定された。また、この日記など菊太郎の記録は一九七五年から一年、雑誌『暮らしの設計』に連載記事として紹介され、これを加筆した一般向けの図書が八三年に出た。[#4]

こうした活動の中で義夫は六六年九月、相沢栄久に案内され愛川町八菅山に妹の足立原美枝子を訪ねている。修験道八菅明神大先達の家という。後にふだんぎ運動の重要なメンバーとなった人との出会いである。季刊誌『雲の碑』2号（65・11）は「動き」で三十六人の動静を伝える中で足立原のことを短く三行で紹介、3号（66・1）には彼女の文章が載っている。足立原もこの頃のことを短く記録している。[*1]

雲の碑へのこだわり――叶わぬ夢を印刷物で――

義夫は雲を眺め、丘を歩くのが好きだった。私が子供の頃一緒に家の裏から丘に登り雑木林の中やなだらかな頂部の畑を抜ける道を散歩したものである。そうした中で、雲の美しさや名前、特徴などを教えてもらったりした。愛蔵書として戦時中に発行された尾崎喜八の『雲』が残っていた。

雲へのロマンチックな感情は、やがて、雲を讃える碑を丘の上に建てたいという思いに膨らんでいく。一九五二〜五四年頃、埋もれた人材の頌徳碑や魅力ある土地とする丘陵開発を念頭にした建碑運動に努めた。その時の構想では最後に雲を讃える碑を建てたかったと書いている。万葉歌碑建設の前、一九五三年頃らしい。

雲の碑を思う詩は一九五六年頃の作として草稿が残っている。詩「明覧様」の中にあった:

雲　雲　雲／　丘の上に／　雲が流れる
丘の上に／　雲をたたえる碑を／　たてたいなあ

「雲を讃える碑」の建設は叶わぬ夢として、「雲の碑」と名付けた①季刊誌（小冊子）（一九六五〜六六年）、②『雲の碑　地方の人びと』（一九六四年計画、六六年刊）③『詩集　雲の碑』（一九六八年刊）、といろいろな印刷物を一九六〇年代に相次いで出し、〝紙の碑〟としたのである。その他に『多摩婦人文集』（一九六七年刊）では雲の碑会編と表紙に刷り込んでいる。六〇年代に雲の碑という言葉をあちこちで使った一時期があった。

『詩集　雲の碑』のプロローグは雲の碑を建てたいという思いに共感してくれた少女須田潤子さんとの会話である。[*15] また、「雲の碑」という題の詩が雑紙やそれを写した原稿用紙を紐で綴じた「詩稿　雲の碑」[#5] の中にあった：

雲に惹かれるのは　我が性
そこばくの碑を建てしとき／　この碑も数う
されど　この碑のみは成らず終わる
季刊「雲の碑」が出た　小著「雲の碑」が出た
「詩集　雲の碑」も出る
せっかちの性も／　「雲の碑」のみは急がず
幻の碑は　いろいろなものを生んでくれた
「雲の碑」は　友の胸にも　私の胸にも
すでにもう建っているらしい（68・6・26）

「雲の碑」という言葉は橋本義夫のいろいろな思いや願いを包み込んだ言葉であった。

第11章　注

#1 『多摩文化』1号[*9]（一九五九）に掲載した「雲の碑」という文を再掲。

#2 義夫没後の一九八六年、友人達の手で高尾山に「雲の碑」が建てられ、序幕は傍で聞いていた潤子さんと義夫の孫娘ありさが綱を引いた。

#3 一九六五年：『相沢菊太郎　相沢日記』、六六年：『相沢菊太郎　続　相沢日記』、六七年：『相沢菊太郎　続続　相沢日記』、七二年：『相沢菊太郎　相沢日記　大正編』、七七年：『相沢菊太郎　増補　相沢日記』が刊行された。国会図書館、相模原市近隣の市や大学の図書館にも寄贈された。

#4 小木新造『ある明治人の生活史——相沢菊太郎の七十八年間の記録』、中公新書七一四、一九八三

#5 『詩集　雲の碑』に載っているものとは違う草稿で、様々な思いを自由詩、散文詩に託している。本人は後に「ふだん詩」と表現した。愛読書などに落書きのように書きこんでいたものを写したり、夜中に布団の中で記したままの、字の乱れたものもある。

第11章　参考・引用文献

*1 足立原美枝子編著、十年を顧みて、師と友のてがみ　ふだんぎ運動を中心として、ふだんぎ全国グループ・八菅グループ、一九八五

*2 色川大吉、昭和精神史序説　現代の常民——橋本義夫論、中央公論一九七四年八月号：123〜

＊3　色川大吉、ある昭和史　自分史の試み、（ある常民の足跡）、中央公論社、一九七五

＊4　大野弘子、ふだん記の始まった頃、ふだん記雲の碑18：199〜、二〇〇六

＊5　椚國男、『多摩のあゆみ』と地方文化、多摩のあゆみ81：98〜、たましん地域文化財団、一九九五

＊6　椚國男、土の巨人　考古学を拓いた人たち、（四章、七章、十章）、多摩歴史叢書、たましん地域文化財団、一九九六

＊7　四宮さつき、十年――ふだん記と共に――、ふだん記全国グループ、一九七六

＊8　四宮さつき・香川節編、橋本義夫先生追想集、ふだん記全国グループ、一九八六

＊9　橋本義夫、雲の碑、多摩文化1：34〜、一九五九

＊10　橋本義夫、私の注文書、多摩文化6：56〜、一九六一

＊11　橋本義夫、雲の碑　地方の人びとII、多摩文化研究会、一九六六

＊12　橋本義夫、村の母　橋本春子のこと、八王子文化サロン、一九六六

＊13　橋本義夫編、多摩婦人文集1　十周年記念　八王子文化サロン、一九六七

＊14　橋本義夫、みんなの文章、みんなの文研究会、一九六八

＊15　橋本義夫（椚國男・中村甲太郎編）、詩集　雲の碑、みんなの文化研究会、一九六八

＊16　橋本義夫、二通の手紙　色川大吉先生の一、二信、多摩文化21：126〜、一九六九

＊17　橋本義夫、詩集　雲の碑、ふだん記全国グループ、一九七六

＊18　橋本義夫、ふだん記案内　万人の書く文・出せる本、ふだん記全国グループ、一九七六、

＊19　橋本義夫、「時」の魔術師の手のひらに　五十歳から十五年間の執筆、ふだんぎ全国グループ、一九八〇

＊20　橋本義夫、沙漠に樹を　橋本義夫初期著作集、（古代・中世地方史研究法稿）、揺籃社、一九八五

＊21　橋本義夫生誕100年を記念する会編、紙の碑、橋本義夫の生涯と自分史の源流展」図録、揺籃社、二〇〇二

＊22　『暴風雨の中で』の出版を祝う会編、丘もゆる「暴風雨の中で」刊行記念記録、一九九七

＊23　沼謙吉、鈴木龍二と『多摩文化』の頃、多摩のあゆみ132：4〜、たましん地域文化財団、二〇〇八

第12章　ふだんぎ運動最初の十年　万人に文章を書かせたい

文章街道

この街道には、車のラッシュがありません
コンピューター、機械づくめ、規格がないんです
この街道は、静かです。さわやかです。暖かいです
サラリーマンも、職人も、若人も、年寄りも、他地者《よそもの》も、
誰でも、みんな胸をはって伸び伸びと歩きます
この街道は、心が通《かよ》います。心が通《つう》じるんです
どんなに離れていても、到着が同じなんです
遠い所ほど、道が開けるんです

この街道は、夢を運んでくれます
喜悦《よろこび》も、悲哀《かなしみ》も、談笑《わらい》も、なみだも、みんな運んでくれます
この街道は、時を越えるんです
昔を運んでくれます
現在を運んでくれます
未来を運んでくれます

文章（ふだん記）街道

この詩文は1970年３月にまとめたもので、78年ＮＨＫテレビで「ふだん記十年」が放映された時に、自身で読み上げており、録音が残っている

ふだん記《ぎ》運動最初の十年は、橋本義夫自身が青年期から続いた長い道程の〝探求五十年〟が終わり、目標が定まっての実験期と捉えている。一九六八年、手作りながら、機関誌『ふだんぎ』を創刊し、試行錯誤しながら次第に形が作られていった時期である。

ここでは、義夫がどのような考えでふだん記運動を進めようとしたかに重点を置いて取りまとめた。資料としては、少部数の印刷物でも、義夫が関わったものについては残っている。それらには、本人のコメントなどが書き込まれている場合が少なくなかった。その他に、メモや手帳、ノート類の中で参考にしたものもある。

ふだん記グループとしての具体的な活動については、四宮さつきの書いた『十年ふだん記と共に』[*5]（１９６７～76年）、続刊の『続十年』[*6]（１９７６～80年）、『続々十年』[*8]（１９８１～85年）、その他各地グループが発行した資料[*23]などがあるので、そちらに譲りたい。

1　ふだんぎ創刊からの一年

『ふだんぎ』創刊の動きを義夫は『ふだんぎ』20号で回想している[*19]：

　不思議なものである。まさに消えなんとするグループの記念にと出した『多摩婦人文集』の出版記念会が「他血導入」[#1]のチャンスとなり、その年末にはガリ版〔刷〕機関誌『ふだんぎ』の発行計画が進行し、翌六八年一月、大野聖二、弘子夫妻、四宮さつき氏の努力で、手作りの第1号五十部が初めてお目見えした。

　義夫は〈自分のために発表機関をつくりたいと思わない。アマチュアのもっとも普通水準の人に文を書かせ発表機関を持たせ伸ばし、良い伝統をつくりたいのだ。そのために発表機関をつくりたい。来年の一月頃から支度をしたい。1967・12・9記〉とメモを残している。

『ふだんぎ』創刊号

　発表機関をつくりたいとの思いを強める中で、発刊のことばとなる序文は〈眠っていたら急にささやきが聞こえて急いで記録した〉とメモ帳に記している。以下その全文：

　　発刊のことば

一九六七、一二、一八未明

　人類の勝利の大きな原因の一つはみんなが言語をもつことであった。

　だがその勝利を一層決定的なものにしたのは、文字とその組合せによる文章をもつことであった。然し、この文字、文章も、長い長い間は、直接には一部の特権者や、そのための文章職人等のものであり、上意下達的存在であった。

　とに角、言語と文字は人類社会を今日の如く大きく発展させた。更に其の能率を高めるためには、「言語が万人のものである如く、文字も又万人のものでなければならぬ」と信じる。

　これが我々の道である。然し、世の多くの発表機関は未だに過去の習慣の中に沈み、（何とか理屈をならべているが）門を閉している。文字が万人のためであるためには発表機関も又門が開いていなければならない。

　我々は、我々に開かれた発表機関を各地、各方面で持つ必要がある。殊に末端にこうゆう機関がある事が万人に機会を与える上に極めて必要である。我々の課題は必要なそれを作ることだ。人類文化の発展の公道にあるという。その旗の下にある機関とは云え、お目にかけるものは何とささやかなことよ、それがよい、それが底辺を満たすことだから。だがこの目標はあやまっておらず、その勝利は必至である。

　言語も、文章も、共に、習慣、つまりくりかえしの技術である。ささやかなこの印刷物にもられた文は、何十何百回とこれからくりかえすだろう、くりかえしとつみあげの一歩である。多くの仕事はこうしたものの上に築かれるのだろう。我々の一九六八年はここから始まる。

編集用の一冊の欄外に〈もう少しやわらかく書くべきだった　その火をひろげよう　その火を消さないで!〉と書き込みがあった。

　創刊号は一九六八（昭和四十三）年一月十五日発行、発行所は関山花子方　ふだんぎ会、印刷所はふだんぎ会西グループ　大野弘子方、編集　橋本義夫方　雲の碑会となっている。

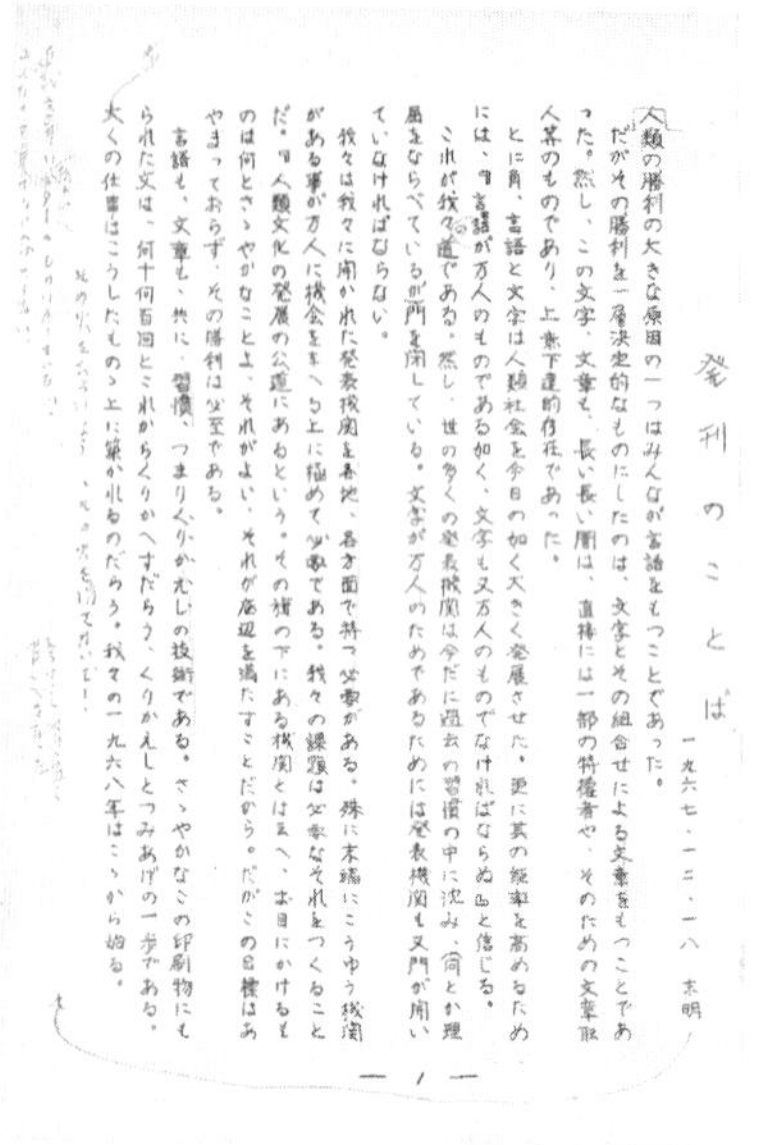
発刊のことば
一九六七・一二・一八　未明
人類の勝利の大きな原因の一つはみんなが言語をもつことであった。

だがその勝利を一層決定的なものにしたのは、文字とその組合せによる文章をもつことであった。然し、この文字、文章も、長い長い間は、直接には一部の特権者や、そのための文章職人達のものであり、上意下達的存在であった。

とに角、言語と文字は人類社会を今日の如く大きく発展させた。更に其の能率を高めるためには、言語が万人のものである如く、文字も又万人のものでなければならぬと信じる。これが我々の道である。然し、世の多くの発表機関は今だに過去の習慣の中に沈み、何とか理屈をならべているが門を閉している。文字が万人のためであるためには発表機関も又門が開いていなければならない。

我々は我々に開かれた発表機関を各地、各方面で持つ必要がある。殊に末端にこうゆう機関がある事が万人に機会を与へる上に極めて必要である。我々の課題は必要なそれをつくることだ。人類文化の発展の公道にあるという。その種の下にある機関とはいへ、末日にかけるものは何とささやかなことよ。それがよい。それが底辺を満たすことだから。だがこの目標はあやまっておらず、その勝利は必至である。

言語も、文章も、共に、習慣、つまりくりかえしの技術である。さゝやかなこの印刷物にもられた文は、何十何百回とこれからくりかへすだらう、くりかえしとつみあげの一歩である。大くの仕事はこうしたものゝ上に築かれるのだらう。我々の一九六八年はこゝから始る。

その火をひろげよう　その火を消さないで!

― 1 ―


感想を書き込んだふだんぎ「発刊のことば」（1968・1）

　寄稿したのは『多摩婦人文集』[*10]の五人、その「招待席」欄に短文が載った四宮ら三人に加え、新たに加わった大野ら六人の婦人と義夫（オカト・タマ）であった。義夫が息子の嫁である橋本緑の手紙文に期待を寄せて、勝手に加えたものも含まれる。
　謄写版を刷るのは特定郵便局長の大野聖二、ガリ切りは四宮さつきが主役だった。
　大野弘子は〈一号の一冊目ができたとき、先生は手に取られ、「今にこれが博物館に並ぶようにしてみせます」と、おっしゃいました。私は本当にあんな不思議な気持ちで先生のお言葉を聞いたことはありません〉と回想している。[*2]
　編集後記とお知らせには投稿する人達への活動指針が含まれている。抜粋：
　「万人のための万人の文」だってみんなの発表機関が無ければ物になりません。このために止むなくつくったもの、言わば小学校的な発表機関です。これがなければみんな高嶺の花になってしまいます。〔中略〕
　みんな顔が違っているように、性質も差があります。各々個性を生かし、みんな癖を大いに出した方がいいと思います。この際必要なことは、他人にわかるように、読み直すことです。「和して同ぜず」。「みんな特長を生かして仲良く」これです。

発表機関が少ない。それで各ローカル紙、ＰＴＡ誌、いろいろな機関誌、何でも選り好みをせずに投稿していただきたい。これをやらないと文章技術は自分のものにならない。

編集用の一冊に義夫はいろいろな書き込みをしていた…

どうしたらみんなが文を書けるか　その実験。
どうしたらそれが全国に広まるだろうか　その実験。
どうしたらめいめいが自分の文を書けるか　その実験。四宮氏が「書かせる宗教」とはいみじくもついたね。

私はふだんぎの会一部の幸運な人間には奉仕しない。我が道を行く。ふだんぎ出る、まずよし。配る、三人熱心家がいれば大丈夫。

創刊からの一年　2号から6号発行まで

創刊号を出してから二ヶ月後の三月に2号、その後も隔月発行を続け、十一月には6号を出している。発行所は1号と異なり2号から5号まで橋本義夫方　雲の碑会になっている。印刷所は大野聖二方となり、編集は橋本義夫と個人名に変わった。

編集に使った機関誌には感想から経費などまでいろいろな書き込みがあり、当時の活動状況や思いを知る資料として参考になる。

2号は二ヶ月後の三月に発行。寄稿したのは義夫も含め十六人、女性十三人、男性三人であった。男性は以前からの義夫の文化活動に理解を示していた杉山峰吉、若林牧春である。

表紙裏の書き込みから…

「八王子地方を実験地として取り上げよう。そうすれば日本的に広がる」

上手な人の提灯を持つのでなく、初めての人に書かせ、その人を大切にする。みんなの文章運動は書いたものを笑って批難することはしない。書かないことを笑ったり批難する。

上手になるより参加し続けることに意味がある。

3号は五月発行。寄稿したのは義夫を含め二十三人で、女性は十三人と変わらず、男性は十人に増えた。義夫の文化活動に協力してきた椚國男、塩田真八、三入生一が初投稿、四宮に誘われ、後に『小っちゃな八百屋』で注目された小金井巽も加わった。

四宮は〈大野氏手首を痛め、カッポー着の上からたすき掛けで刷った〉[*5]と奮闘の様子を書いている。

４号は七月発行、編集後記に〈原稿が多すぎて印刷奉仕の限界　常連で文章が自由に書ける人は新人優先にしたがって、なるべく短文にしてほしい〉とある。裏表紙の裏に〈大野さん夫妻と四宮さんが刷る。大野さんがわざわざ〔義夫宅まで〕配達される〉。二ヶ月に一度の手作り作業の苦労がうかがわれる。

５号は九月発行。「読ませる文集」から「書かせる文集」へ、その試み。九月十五日朝ノートに書いた覚書。要旨：

　大事をなす内助者は女性が良い。こまかいところに気がつくから。『みんなの文章』[*11]を全国に広めること、機関誌の発行を続けること、印刷物をつくること、この三つが大切なことであとはどうでもいいことである。誠実な人は大切に扱うが不誠実な人ははじめからあてにしないこと、努力せず義務を果たさず利用専門と自己の存在だけに力を入れる人をさけること。

６号は十一月発行。二十八篇、二十七名寄稿。十三名は男性で、従前から多摩文化研究会で義夫と関わりのあった人達とは違う、新しい人達が多くなった。編集後記の最後に〈これは提案だが「みんなの文章」を略称愛称として「ふだん記《ぎ》」としたらどうだろう〉とある。

この頃書かれたメモでも同様で〈ふだんぎ　万人文章運動〉の記述があり、〈肝心の狙いは「日本国民みんなに文章を書かせたい」という熱意に燃え、それへの努力が一番大切。そうゆう人を重要視するのも当たり前である。このことを忘れて文章もなければグループもない、「ふだんぎ」もない、友もない〉と目標を明確にしている。

発行の経費と労力奉仕についてふれておきたい。

経費について義夫は創刊直前の六七年十二月、ノートに均等な負担（頭割り）は好ましくないとし、「喜捨」を期待した文を書いている：

　これは経常の小支出向きだが、将来の大きい支出の場合にこれを行うと、貧しいものや若い者が不相応の支出を負担しなければならず、結局貧しい人や若い人を追い出し、金持ちの中老婦人のお日待ちになってしまう。貧しい人や若い人を入れて伸びてもらうためには幸福な人や、ゆとりのある人等が多く負担しなければならぬ。もしも、何でも「頭割」でやるなら、苦労はいらず、私たちの努力は必要がない。

　喜捨した金を種子として使えば何百倍になる。また、呼び水になれば泉のもととなる。喜捨が生きればより喜捨になる。（１９６７・12・３晴）

四宮は〈７号までの機関誌づくり経費のほとんどは大野さんが出していたが、喜捨してくださる人がだんだん出てきた〉と記している。[*5]

手作りなので、労力奉仕が不可欠で、四宮、大野らに頼った。配布する機関誌中に入れた義夫手書きの紙片は〈一年間発行に奉仕された大野聖二氏その他に感謝の手紙を出してください。みんなの文化研究会（ゴム印）〉とあった。

みんなの文集と個人文集

一九六八年十一月に『ふだんぎ文集　ふるさと』[*12]が発行された。テーマ文による「みんなの文集」の最初の号である。「はじめに」では〈時折は小舞台をしつらえて、楽しい勉強の時を持ちたい。そうした夢がこの文集となった〉と狙いを書いている。

四十八人が寄稿、大部分は八王子周辺在住者だが、北は樺太から南は九州までバラエティに富んだ出自で、百四十頁の興味深い出版物となった。『ふだんぎ』で書き始めた人だけでなく、多摩文化研究会メンバーも多数寄稿している。

読売新聞が地方版で「故郷を語るのに肩書きはいらないという橋本さんの方針で、だれもがのびのびと書くことを楽しんだ結果、鮮明に故郷を書き残すことに成功している」と紹介記事を載せた。

発行はみんなの文化研究会で後援がふだんぎグループ、多摩文化研究会、八王子文化サロンとなっている。こちらの印刷実費は各自負担ということで、名簿入りの印刷された会計報告が残る。四百部の印刷費は数人の喜捨を加え赤字にならずにすんだ。

最初の個人文集は『多摩婦人文集』の中核をなす五人の婦人の一人、平井マリの文集で、六八年八月にみんなの文化研究会名で発行された。後援がふだんぎグループ、多摩文化研究会、八王子文化サロン。平井は義夫の勧めもあり、地方新聞にも投稿、書く習慣を身につけた。その中から義夫が選んでA5判八十六頁の冊子とした。ふだん記草紙5『平井マリ文集』である。

序にあたる「ひとことふたこと」で義夫は〈みんなに文を書かせよう運動の最初の個人の収穫。楽しんで書いて楽しんで読める日常の文章の具体例〉などと書いている。

一方、覚書と書いたメモがノートに残る：

一将功成って万骨枯れるのは好まない。だれでも一冊の本をつくってやりたい。小型がよい。五万円でつくってやりたい。

「日本中の人が普通の文が書けるようにしよう」という狙いなのだが、女性たちは小事に騒ぎ、嫉妬深く世話の焼けることおびただしい。目的を忘れないことである。

個人文集は人間関係を含め、試行錯誤しながら動き出したらしい。

『みんなの文章』と詩集『雲の碑』の刊行

『みんなの文章』[11] 万人文章論の奥付を見ると一九六八年四月十五日増補再版となっている。初版にあたるものは、一九六〇年に橋本義夫が出した地方文化資料48集『平凡人の教育・文章』の中の「平凡人の文章」の部分である。三十三頁の内、書き足し分が十一頁ある。継ぎ接ぎのままでやや体裁が悪いのは、拙速を重視する義夫流で出したからであろうか。三百部印刷。ふだん記草紙1とし、

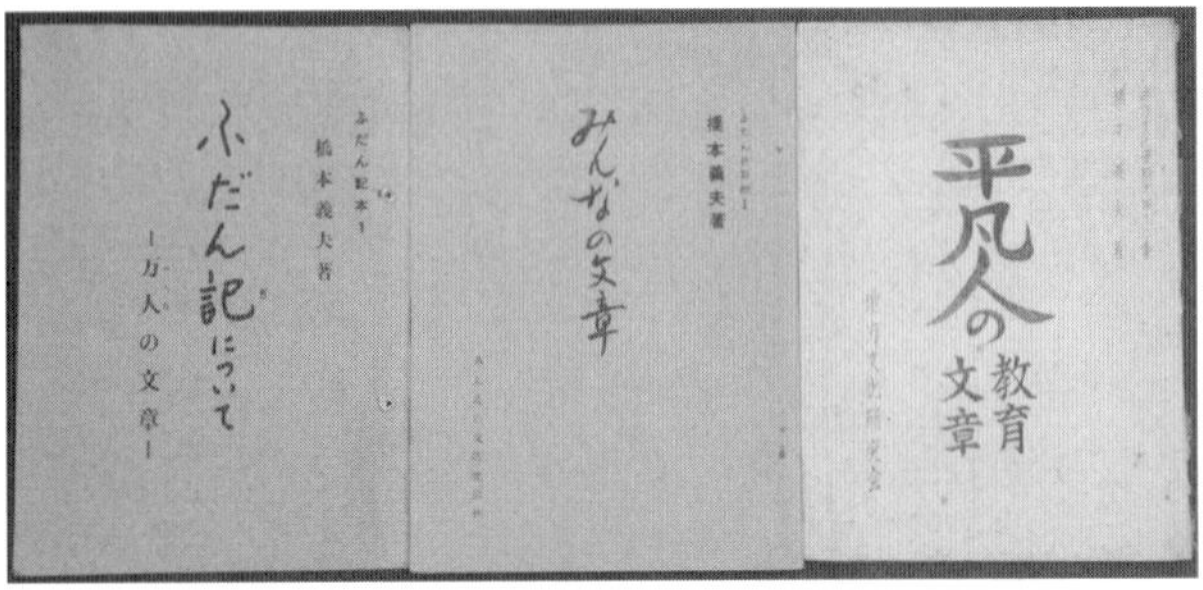

文章を書くことをすすめた冊子
右から　平凡人の教育・文章（地方文化研究会　1960・4発行)、みんなの文章（みんなの文研究会　1968・4発行)、ふだん記について　万人の文章（ふだんぎグループ1970・4発行）

発行所はみんなの文研究会、後援がふだんぎの会。

あとがきの要旨：

文章は誰でも書けます。私は五十歳から書き始めました。五十歳からの手習いというより五十歳からの独学でいろいろやってみたその結論といったものです。どうぞ皆さん文をお書きなさい。早く始める方がよいです。教育でも文章でも同じこと……。

恥をかくつもりで文を書いた。／一銭にもならぬ文を書き続け、そのボタ山が高く積もった。その苦労が小冊子となった。／あれから八年、もう小冊子は残っていない。／一友人が『平凡人の文章』を読み、筆写しているのを見て増補再版を決意した。／誰でも文を書けるようになり、拡がってゆくのが私の夢だ。そうすればボタ山も社会的に生きよう。

この冊子に込められた思いを〈十八年間積み上げた文のボタ山の上に咲いた一輪の野の花です。この一輪の野草こそ私の象徴です〉と2号の表紙裏に書き込んでいた。

『みんなの文章』[22]発行の三ヶ月後に出した『ふだんぎ』4号の巻頭言要旨：

同じ知るでも、探求者や体験者から聞くのと、請け売りを聞くのとでは大分差がある。『みんなの文章』を既に三分の二は配ってしまった。さて幾人が読んだか。多

分五人くらいは読んだだろう。試して実行してみなければ読んだことにはならない。『みんなの文章』は、ごく少数の文章貴族といったものを作る意志は全くなく、多数の文章平民がねらいで、みんなが書く習慣を身につければ良い。上手と言われて「貴族」と自称するようになれば、もはや我々の仲間ではない。

詩集『雲の碑』[*14]は橋本義夫のいわば〝ふだん詩〟を選んで本にしたものである。編集は椚國男、中村甲太郎、発行所はみんなの文化研究会、後援が多摩文化研究会、八王子文化サロン、ふだんぎグループで六八年九月に刊行された。

義夫自身が後記に発行の経緯や思いを書いている：

夢想だにしなかった詩集が最晩年に出る。正に奇跡だ。若い友人達のおかげである。殊に椚國男氏の慫慂と援助は非常なものだった。多分椚氏なしにはこの詩集は世に出なかったであろう。

今までに広義の詩形式のものについては、十九歳の頃一年ほど短歌を作ったきり経験がない。ここに再録されたのは本やノートの末尾に落書きしたもので、言わば「落書きの詩」である。もう一つは五十歳過ぎて、碑を建てたりして、少ない文字で人や事を描かねばならず、窮してやむなく出来た「必要の詩」（実用の詩といってもいい）である。

教育も図書も、チャンスもみんなに行き渡った今日此頃、専門家だけの詩がまかり通り、後は無いという時代ではなかろう。専門家の詩があってよいように、みんなの詩もあってよいだろう。

出版されて間もない九月下旬、関係者数人が集まり須田静子宅で内祝いがあった。そこで、「生きていて良かった！」「来年を言う」と宣言したとノートに記している。義夫が自分を包む周囲の温かさを感じ、長い間持ち続けた厭世感に一区切りをつけたのはこの頃である。

出版記念会は義夫の活動を支える友人達によって企画され、十二月七日に井上、鈴木、色川、植竹、持田と義夫を応援してきた有力者が発起人となり、詩集『雲の碑』の発行を祝福し、あわせて、ふだんぎ文集の編集のご苦労に感謝する会を開いた（次頁写真参照）。色川は厚い表紙（ハードカバー）に義夫の写真も貼附した特装本を作らせ、当日参会者にサイン入り本として配った。椚國男がアルバムを作り、案内を出した人達から一筆されたはがきも貼付してあった。出席十九名[#2]のサインの入った色紙も残る。

四宮は〈持田先生が市役所内での義夫に対する評価について、橋本と呼び捨てであれには近づくなから、だんだん橋本さんと言うようになり、先生と言って声をかけてもらいたがっていると変わってきたことや、植竹市長が義夫の肩に手をかけ「運動を見つめます」と力を入れたこと〉など会の様子を書いている。[*5]

詩集『雲の碑』出版記念会に参加した義夫の活動を応援する友人達（1968）
前列左から相沢栄久、色川大吉、持田治郎、橋本義夫、植竹圓次、鈴木龍二、関山花子、松岡喬一、後列左から椚國男、大野聖二、須田静子、四宮さつき、井上郷太郎、後藤聰一、渡辺忠胤、中村甲太郎、田中紀子、大野弘子、沼謙吉

2　ふだん記運動二〜三年目の活動から

機関誌ふだんぎの発行は順調でこの二年間に十一冊、手作りから一部を印刷業者に頼む〝部分手作り〟へと発展した。テーマ文によるふだんぎ文集も年に一冊の発行が続く。また、ふだん記運動に参加した人の中から個人文集を出し、マスコミに取り上げられるものも現れた。

七〇年十月、立ち上がったばかりのふだんぎ運動のよき後援者でもあった多摩文化研究会鈴木龍二主幹が病没し、同会の活動が停止に近い状態となったこともあり、義夫はふだんぎ運動に没頭するようになっていった。地方新聞への投稿も減少し、七〇年十月以降はほとんど見られなくなった。

機関誌ふだんぎの発行と活動の中から

一九六九年は7号から12号、七〇年は13号から17号まで『ふだんぎ』誌を発行している。発行は13号から「みんなの文化研究会」が「ふだん記グループ」に名称変更した。8号から輪転機用の原紙に四宮らがガリ切りし、八王子印刷に頼んで刷るようになった。製本は大野弘子らが担当した。編集の義夫は自転車に乗り、八王子周辺「ふだんぎ」関係者宅へ原稿書きを督励したり、原稿を集めたり、配本したりで「ふだんぎの小使いさん」を自認する活動をしていた。

「ふだんぎなら誰でも文章が書ける」新人には文を書く喜びを味わわすこと、文章街道をつくることを標榜し、みんなが普通の文を書くための機関誌、書かせる機関誌を繰り返し書いている。

7号では第二年目の目標に「ふだん記」を掲げた。コラムに「ふだん記」と題し〈みんなの文章が全国に拡まるには、最も簡単な言葉が必要である。「ふだん記」、「ふだん記で書こう」をみんなでくりかえすことである。「みんながふだん書く文字や言葉でふだん書くこと」がその意味である〉と説明している。編集後記では個人文集五冊、みんなの文集二冊、ふだん記二百部が今年の目標と書いた。

義夫の文化運動に自転車は欠かせなかった
ふだん記の“小使いさん”を自認し自転車に乗って文友宅を回る

10号表紙裏に〈ふだんぎの実験は一応成功し、拡がる段階となった。みんなで集まろう〉と手書きしている。六九年九月に開いた「10号記念会」ではふだんぎ以前から義夫の文化活動に参加・協力・支援してきた人達や、ふだんぎ創刊後に書き始めた人達四十五人が参加した。椚國男は、この時のことを〈会場は和気と活気に満ちて楽しいスピーチがつづき、橋本さんへの感謝の気持ちをふくめてシャンソン「幸せを売る男」を合唱した〉と記している。[*3] 義夫は「幸せを配る男」と題し、周囲の温かい空気に昂揚した気持ちを〈シャンソンを歌ってくれたのを夢見るような気持ちで聞き、「幸せを配る男」になりたいねと答えた〉と綴っている。

この時の参加者の発言は多摩文化ニュース28号に掲載され、四宮の「十年　ふだんぎと共に」[*5]に再録されている。ふだんぎは働く姿、はだかの記録と11号表紙裏に手書きしている：

働きの姿（労働着）が「ふだんぎ」である。「ふだんぎ」はほぼ同じ裸形の上に社会的労働着をきせた、その着物を指すのである。このことはわれわれみんなの文章の象徴でもある。働く姿、はだかの記録、これが「ふだんぎ」の端的な筆法である。

七〇年六月『ふだん記通信』1号を発行した。投稿者が激増、原稿山積のため、急場しのぎに出したこと、〈狭い誌面にみんなの名前を出す。手紙のサロン〉とその狙いを書いている。最初の頁に10号記念会の集合写真、発刊の言葉、そして義夫の詩「雲」が載っている。以下、短文や「寸信」、「東西南北」文友からの手紙（住所も印刷）に対する義夫の短い応答や連絡事項などで、オフセット印刷B5判四頁。手作り機関誌では入れることの出来なかった写真が最初の頁に入り、活字は小さく情報量は多いものとなっている。ほぼ同様の構成で七〇年には6号まで発行、以降七一年四月の8号まで続いた。

16号誌（70・9）では、発行部数が二百部に伸び、オフセット印刷の検討を始めた。「ふだん記」がひろがるには〈みんなが喜んで書き、発表すること、みんなが新しい人に働きかけること／みんなが新しい人に手紙を出すこと、新聞に出ること／テレビに出ること〉と書き込みをしている。

この号の複数のコラムで義夫は老人問題を取り上げ、彼らに呼びかけている。要旨：

老人人口が増え、若い夫婦は別居する。技術の進歩と社会の変化は老人を無用とする。このため養老院や家の片隅が彼らの世界となる。愚痴や泣き言や、飲食やテレビに終日。これからの人の大部分はこうゆう運命であり、経験するときが来るだろう。どう有効に送るかは、社会としても老人としても重要な課題となるだろう。

老人が自由に文を書けたら救いになる。書くことは山ほどあり、頭の回転になる。急に書けるものではない。おそくも五十代に書く習慣を身につけはじめる必要がある。「ふだん記」はこの大仕事も一つの任務となったようだ。（70・8・27）

高齢者のみなさん「ふだん記」で全国に友を求め、広い夢を見る。これが現在および未来の文明的御詠歌であり、巡拝であり、後生楽であろう。そして多くの友を得、世に必要な文献を書き残す。これが高段階の老人の生き方だろう。これには手紙が大きな役割を果たす。そして文を書く。

17号（70・12）は手作り、手書き謄写刷り最終号となった。六十六篇百三十頁、印刷代四万円八王子印刷支払いの書き込みがあった。

編集後記ではグループが大きくなり、機関誌が厚くなり輸送費がかさんできたことをあげ、小活字の本にすることが解決の唯一の方法と変更理由を説明し、三年間ガリ版奉仕に努められた四宮さつきはじめ諸氏に感謝を捧げている。

テーマ文によるふだんぎ文集

みんなの文集として六八年『ふるさと』を皮切りに、六九年『ともだち』、七〇年には『喜怒哀楽』とオフセット印刷で毎年発行を続けた。隔月発行を続けた機関誌の別冊、テーマ文をまとめた特集号である。『ともだち』の巻頭に「この文集のねらい」がある：

機関誌『ふだんぎ』を発行してきたが、これに客（ゲスト）を加え、去年は文集『ふるさと』を出し好評、今年は『ともだち』を出す。締切日までに予定をはるかに越える始末。読む人々が「彼らでもこんなに書けるのか、私たちにも書ける！」と現実を直視して大いに文を書き始め、書き続けてほしいのだ。これが文集を出すねらいだ。

この文集の出版費は書いた人が応分の負担をし、喜捨に頼る機関誌とは別会計とした試みだった。

『ともだち』[*13]は義夫を含め男性二十七名、女性二十六名が投稿。男性は文化運動関係者や義夫の活動支持者[#3]、いわばふだん記の客（ゲスト）、女性は「ふだんぎ」創刊後に加わった人達が多い。発行はみんなの文化研究会、後援は多摩文化研究会、八王子文化サロンとなっている。

次の『喜怒哀楽』から発行はふだんぎグループとなり、後援は刷り込まれていない。投稿は大部分がふだんぎメンバーとなった。

個人文集

義夫は個人文集に対する考えを〈ある程度書けるようになった人がその上に伸びる。厚いものを作らない方がいい。厚いものは不可能感を与えるから〉とし、〈身辺のこと、内容がよい。みんなで応援して、費用を持ち、普及もし、記念会をして名誉を持たせる〉ことだ。さらに、〈ジャーナリズムや人の口の端にのせるにはスターつくりが必要であろう。この場合スターに重点を置いてはいけない、スターは新方法を会得した人でしかも技術がすぐれる必要がある。69・2・19〉とノートに書いている。

六九年に出した個人文集二冊は義夫にとって明と暗を分ける二冊となった。また、七〇年は二冊の個人文集が「ふだん記本」として刊行された。いずれもタイプ印刷で、表紙の色・デザインにも配慮したとしている。

『道はるかなれど　髙野清子文集』（ふだん記草紙10）の序文は刊行に至る経緯や狙いを書いている。要約すると、熱心に練習文を書き、私の「原稿ダム」は五百枚を越えた。夫が工場経営者の主婦で家事・育児・その他多忙な中を割いて書いた。我々には発表機関が僅かしか無い。手近な発表法として「文集」を出すことにした。選集ではなく練習文集である。この掘り出しっぱなしの「みんなの文章」こそいろいろ勉強になるだろう。

この本は好評で、後に続く人たちにも励みになり、編者は著者や家族からも感謝された。

ふだん記草紙から抹消された一冊がある。十三頁の小冊子で、一庶民の人生を聞き書きしたもの。これには義夫の序文やあとがきはないが、著者に相談され書かせ、数を決め刷らせた。ところが取り上げて書いてもらった当人が、発行部数、配布方法、費用、その他諸事不満で、義夫のところに怒鳴り込んできたのである。義夫はノートに〈誤解は誤解で良い。無理解もわかる。だが、ユスリ的に、スゴム。暴力団常習態度は許さない。いい勉強になった。別の世界の人〉と記し、抹消扱いとした。苦い思い出と共に記録の一冊が残る。

「ふだん記草紙」として番号を付して出していたが、苦い思いからか「草紙」を止め、七〇年から「ふだんぎ本」と名称を変え再スタートしている。最初から1と刷り込んで出したのが、義夫の『ふだん記について——万人の文章——』である。以降8までは、それ以前に発行された「ふだんぎ草紙」を「ふだん記本」と読み替えて刊行目録に載せている。

この年、ふだん記本と名称・番号入りで刷り込んだ個人文集二冊と集団文集が加わった。

一九七〇年に出した個人文集は小泉栄一の『多摩の丘かげ』と川畑秀子の『ジョンと思いでの浅草』である。

義夫は多摩丘陵に囲まれた静かな農村に代々住んだ農家の小泉栄一に、多摩ニュータウン開発で急激に変貌する村の以前の情景を書き残すように勧め、郷土史関係を除外し、小冊子とするため、やむなく三百枚の原稿から百枚を選んだ。〈社会はこの人を埋もらせては置くまい〉と書いている。サンケイ新聞に取り上げられた。

もう一つは三十八頁の小冊子。還暦近くなってふだん記グループに加わり、書き始めて一年の著者に義夫は〈うちうちの「ふだんぎ」の文で思いでを楽しく書く〉サンプルと期待した。

注目を浴びた二冊のふだんぎパンフレット

機関誌と同じように、ガリ版切りして印刷を頼み、手作り製本した二冊の小さな個人文集が一九七〇年二月と三月に出た。ふだんぎパンフレット1と2である。通例としては隔月発行の機関誌『ふだんぎ』に書き続け、練習を積み書き溜めたものを個人文集にと考えるところだが、この手作りパンフレットは全く異なる経緯で生まれた。

『つん留の話』とその反響

家を建て替えるために、大野宅に出入りしていた鳶職《かしら》尾股惣司の様子を義夫が見て、〈「大野さん、鳶職《かしら》に文を書かせてください。あの話し言葉でですよ」。尾股さんにそのことを伝えると、たちまち二、三篇書いてきました。その中の一つが、「つん留の話」という文です。ご覧になった先生はすぐさま「これをパンフレットにしましょう」とおっしゃって、四宮さんがすぐガリ版切りし、ホチキスでとめた二十頁のパンフレットを作りました〉と大野弘子が語っている。[*2]

義夫はその狙いをパンフレットの「はじめに一言」で書いている：

『ふだんぎ』では、会話や名称は使っている（いた）そのままを書くようにしているが、その効果はだんだん現れてきた。ここにサンプルとして取り上げる本文の筆者は鳶職である。大野さんのすすめで、先には「祭ばやし」を書き、今度は「つん留」を書いた。読者が驚き評判になったのは、その職業社会の言葉と精神そのもので書いているからである。みんないろいろな生き方をしている。だからいろいろな文があってよい。

この『つん留の話』が発行間もない一九七〇年二月十四日、朝日新聞夕刊の文化欄「標的」で「庶民の「ふだん記」」と題して記事となった。著者は〝魚の目〟こと色川大吉であった。事務局だった大野聖二方の住所が入っていたので、新聞に載った翌々日から、記事の反応と『つん留』送れが大野氏宛に多数あった。十七日には手紙四本、電話二〇、十八日手紙六本（以下略）、二十一日朝日新聞支局、二十四日週刊朝日から取材といった状況から、三月二日には『朝日』が東京全域を対象とした東京版に記事を載せ、六日には義夫宛三十七通、大野宛十四通（回送）が届き、まさにふだんぎ〝春一番〟という感じで、その応答に追われた。

さらに、三月九日にはNHKテレビでふだん記を取り上げた。

義夫は〈記事に対する反響の返事は

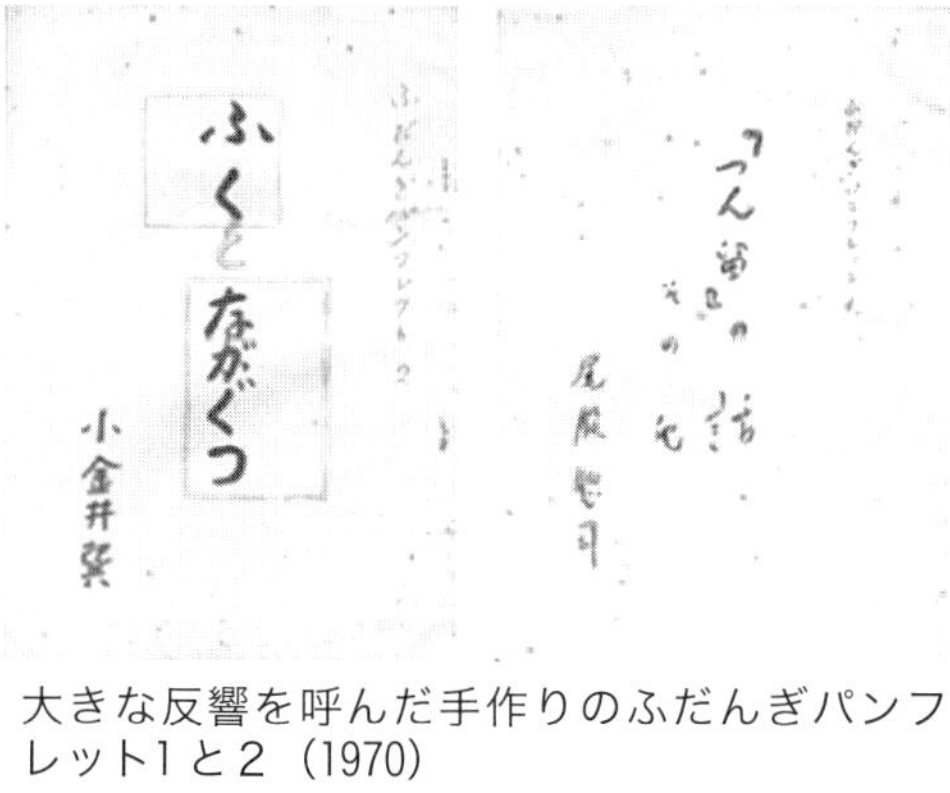

大きな反響を呼んだ手作りのふだんぎパンフレット1と2（1970）

私が責任を持って速やかに生きるように処理することにした。この処理を形式的にかたづけてしまって、折角のチャンスを失うとすればその責は大きく正に犯罪的といわねばならない。全力をつくそう。悔いのないように七〇、二、一七〉とノートに書き、これから多忙になると追記している。

七二年にはさらに書き加え、自筆の絵も入った『ある鳶職の記録』をふだん記本として刊行している。[#4]

裏表紙の内側に関係者の名前を書き込んでいた。〈助言奨励　四宮さつき氏、援助者　大野一家、経費援助　持田治郎氏、写真その他椚國男氏、下読み、うつし、校正　四宮さつき、金井ゆき子氏、印刷努力清水工房一家、協力者金井郁夫氏、ふだん記文友多数応援〉

『ふくとながぐつ』

『つん留の話』を出した一月半後、同様にガリ版刷り三十五頁の手作りパンフレット2『ふくとながぐつ』[#5]を発行し注目された。小さな八百屋を営む小金井巽が自身の幼・青年期を書いたものである。前者と異なる一つのサンプルとしている。義夫の記した「はじめに一こと」から抜粋：

文を書くと言っても、批評めいたものを書く場合には、教養とか読書とか旅行といった条件に恵まれる方が良いかもしれぬ。だが体験とか記録の場合には必ずしも恵まれた条件とは言えない。本書の筆者は悪条件の中に育ったが、それに負けることなく、道をひらき、明るく生き、多くの人から愛されてきた。この体験記を中心とした文集は、文章にすればどんな苦い体験でも一つの実験として社会の貴重な存在になり、価値を持つということが判る。自分の体験を通してどんどん書くべき時である。良き模範を示してくれた。

義夫はこの頃「各地往復通信（文章街道事始め）」と表記したノートに〈無名にしていと小さい存在の人々のために私は最後の力をふるって努めよう。70・3・14、文章は無力、不運、貧困、悪条件の人が生きる唯一の窓口である。70・3・17〉と書いているが、このパンフレットはその成果品でもあった。

身辺を語る文章
——心情と友人史を綴った「友の年輪」から

「友の年輪」はみんなの文集『ともだち』[*13]（六九年）に書いたもので、小学校時代からふだん記初期までの友人史と心情を書いている。以下はこの時代に関係深い部分の抜粋：

鈴木龍二氏が主幹となっている「多摩文化研究会」その他にも関係を持ち多くの友ができた。一九六三（昭和三十八）年井上郷太郎氏が陶芸を始めた。よい友ができたものだ。井上氏のコレクションがもとで、資料館運動が始まり、椚國男氏という良友を得た。椚氏は私の事を「幸せを売る男」だと云うが、私には椚氏こそ「幸せを売ってくれた男」になった。六七年、友人中村甲太郎氏が『多摩文化ニュース』を出した。これが新らしい友人の仲介者になった。

この年の暮れに『ふだんぎ』発行を企て、大野聖二氏夫妻をはじめ、多くの友を得た。翌年一月発行。老後の私も身の程を知り、『ふだんぎ』という『みんなの文章運動にしぼることにした。

老年なので文章運動一本にしぼったが、ねらいがピラミッド式でなく、国民みんなに書かせる平均的アップ運動であり、思想、宗教、職業、グループ、無関係で新人優先の運動だから、友達は末広がりに多くなってゆく。この文集の執筆者もみな親しい友人である。だから私は毎日のように友人達を自転車でたずね、配達と御用聞きに忙しい。原稿が毎日のように郵送され手紙がたくさん来る。友達は日に日に多くなってゆく。もともとにぎやかな事が好きな私だから楽しい。

考えてみると私は変な人間である。他人に聞く事を好まず、その代り自分で何かを考え、何かを行い、何かが可能になり、何かがよいことになると、これを自分一人でしまっておくことができず、人々に拡げる。そうしないとじっとして居られない。だから若い頃から、すべて「運動」となり、それも、経済的な生活に関係あるのでなく、いつも友情的なもので拡がり行くのが例であった。職業としてやるのではなく、又他人から宣伝されて、それを後生大事にするのでなく、自分なりに探求し前に進まなければ我慢できない癖がある。言わば探求屋で種蒔き屋なのである。だから時代時代に友の毛色が変わり、友はそのまま残り、いまもつづいている。だから私には、それが「友の年輪」のようにも見える。

十数年前恥をかくつもりで五十歳から書いた下手くそな文が縁で「ふだん記」が起こり、それがとりもつ縁で、配達や御用聞きにかけ走り、友人が多くなった。私には何にもないが（本もなし、金もなし、財産もなし、地位もなし）最晩年に厚い友情をもつ友人が最も多くなった。このことは何にもまして幸せである。

この頃は、私のことを心配して下さる友人が甚だ多くなり、古い言葉だが「もったい無い」気がする。

青年期以降経済観念が殆んど無くて、七十歳に垂んとしている。この欠陥の穴埋めになったのが友情だった。友情なしに私の青年期から今日まで、五十余年間の生活は無かった！

3　四年～十年目の活動から

マスコミに取り上げられる機会が増えるにつれ、ふだん記の活動に参加する人が、八王子とその周辺だけでなく、飛び火するように各地で現れ始めた。

義夫はふだん記運動最初の十年は実験期と捉えていた。七五年九月に出した40号の編集後記に〈ふだん記は実験団体であり、今後もそうでありたい。総て実験期がもっとも意義のある時代である〉と書いている。七六年三月発行の42号では、運動が普及期に入り始めたとの認識も持ち始めるなかで、「ふだんぎ各地グループ」を作ろうと呼びかけている。

一方、六九年にＧＮＰ（国民総生産）が世界第二位になるなど日本は高度成長期で、同時に環境破壊や公害問題が噴出してきた。義夫は地球環境破壊の黒い影を強く感じ、ふだん記運動の枠を越えてこの問題を考えるようになった。

機関誌ふだんぎの発行と活動の中から

一九七一年から七三年までは毎年五冊、七四年から七七年は三～五冊発行と変動しているが、頁数が増え厚みを増した。加えて、七四年まで毎年一冊テーマ文集を出している。七一年『てがみ』、七二年『ひと　文章集団の一つの試み』と続く。七三年『叱られた話　叱った話』では文章集団の一つの試みNo.6と表紙に刷り込まれている。七四年『ふるさと　思い出にしか無いものの記録』が「みんなの文集」の最後となった。

七二年十二月、27号から発行は「ふだん記全国グループ」の名称となり、住所は大野聖二宅から橋本義夫宅に変わった。

創刊から三年間17号まで続いた謄写版原紙に手書きしていたＢ５判の『ふだんぎ』は七一年二月発行の18号からオフセット印刷でＡ５判とサイズも小さくなった。六十三篇九十頁、裏表紙まで義夫の文が入っている。三百部印刷、五万五千円支払いと書き込み。印刷所は清水工房に変わり定着した。18号の表紙に書き込み：

三年着ふるした／　ガリのふだんぎをぬぎ／　タイプのふだんぎをきる
はじめはカッコよくなくても／　やがてなじむ／　みんなのふだんぎ

製作方針メモが残る。

将来他所でも参考になるような機関誌作りを目指す。編集上の注意ではコストを抑え、多くの人に書かせることを重視し〈かっこよく作らない。薄くてよい。安いことが必要、続けるのだから。どこの土地でも出来るようにする〉とし、原稿の下読みをしっかりして〈誤字をなくし、時をわかりやすくし、長いのを縮める。五枚を超えない。ただし、一つ例外を作る。全体の花。五枚以上でもいい。〉

18号編集後記：五島列島　玉之浦の漁村の婦人達の作文運動「浜ゆう」を読んで感動。漁村の婦人達が盛り上げる……「私共は指導者もなく、ただ自分達の生活をそのまま方言で白紙にぶっつけたまでです」浜ゆうからの手紙が胸にささる。

20号は七一年六月刊。「ふだんぎ小史」として、橋本義夫「未来のための過去」と橋本譜佐「ローカル紙発表の頃」はふだん記前史を、大野弘子「一号から」と四宮さつき「ふだんぎと共に」は三年のあゆみを回想している。

誌末に載る住所録では鹿児島県日置郡東市来町「エリカ」の八人、長崎県南松浦郡玉之浦「浜ゆう」の二人、北海道富良野市四人のグループがふだんぎに参加。その他各地で個人が加わり、拡がりを見せ始めている。

七一年八月、毎年一冊発行を続けるテーマ文集の四冊目『てがみ』を出した。手紙を重視する義夫の考えが率直に書かれている。序文の要旨：

現代の手紙は誰でも書ける手紙でなければ……文範的な枠はいらない。字の上手下手、表現の巧拙は問題ではない。時と場所とか、誰が何をと言ったことが的確であること、正直で真実で善意に充ちている、応答がスピーディである、等々が評価されるべき……ふだん記グループでは手紙の占める位置が高い。手紙こそまず入り口での加入条件、全国に友を求め、友情をつなげ、万人の文章が確実にひろがっていく。「書かないのが一番下手」と宣言したい。

七三年七月、20号から二年、30号記念に「三十号の表と裏と」を特集とし、創刊あるいはそれ以前から活動に加わった四人と七〇年から加わった山田サワエ（練馬区）、細川キクエ（札幌市）が書いている。

義夫は「三十号になった」で号数をあげて回想し、編集者としての希望も述べている：

機関誌は言わば動脈であり、みんながつながり、為にもなり、生長もし、面白くもあり、希望が持てるようにしなければ……

10号までは出さえすればよかった。それからは続けることだった。「集団文集」「個人文集」は花であり実である。20号以降はその成果として「個人文集」が世の注目を浴びるようになり、ここに勢力（エネルギー）が向けられた。

これから個人の「ふだんぎ小本」をもりもり出すべき時だと思う。ポケットマネーで写真も、絵もあり、感じのいい表紙で名刺代わりにもなる小本を出してみたい。

35号の編集が進む七四年七月、『中央公論』八月号に色川大吉の論文「昭和精神史序説　現代の常民　橋本義夫論」が発表された。それを受けて、八月末発行の同号はグラビアには義夫と色川を囲む少人数の記念小集会と中央公論表紙の写真が入り、その頁下に豊田タカの詩、誌末に四十四人からの反響を加えている。また、義夫の短文を入れるコラムには、タイ国に勤務中の息子鋼二からの私信を抜粋し「迷うことなく」の題をつけていた。その一部…

本日中央公論八月号入手、早速一読しました。これだけのものを書いてもらえたことを私も感謝します。ここまで自分の生き方を通してきたのですし、また、それを理解する人々が、居るようになったのですから、矢張りしあわせと言えると思います。もう道に迷うこともないでしょう。健康に留意されてなお進まれる様願っています。（下略）

翌七五年八月に、色川が中央公論社から出した『ある昭和史　自分史の試み』[*1]の中でも「ある常民の足跡」として義夫の半生が取り上げられた。この本はベストセラーとなり、七八年には中公文庫にもなった。この著作を読んで橋本義夫に注目し、ふだん記運動に加わった人も少なくない。

色川論文「現代の常民　橋本義夫論」を記念する夕べに集まった友人達（1974）
前列左から山本秀順、色川大吉、橋本義夫、後藤聰一、井上郷太郎、中列：椚國男、四宮さつき、堀江泰紹、田中紀子、大野弘子、金井ゆき子、後列：清水英雄、大野聖二、金井郁夫、池田和夫、小町和義、沼謙吉

35号編集後記：次々と出版準備、校正、出来、配本。それに「絹の道」〔自身が出るテレビ番組撮影〕騒ぎ。〔長崎県五島〕玉之浦漁協組から『海は私の絵本』増刷請求。色川先生御労作論文発表。『朝日』「論壇時評」紹介等慌ただしい夏であった。

義夫は七五年に発行した二冊の編集後記に、編集者の夢を書いている。

37号（75・2）ではいろいろな職人の姿を描いた『職人絵づくし』にならって『職人文づくし』を出したい。各職業人が自分達の言葉で会話を書き仲間を登場させ、道具を描けばいい。40号（75・9）では「蔦屋重三郎[#6]」でありたいと夢を持っている。「人を見抜き、社会の明日を知り、方向付け」をしたい。

普及期に近づく

マスコミに取り上げられる機会が増え、ふだん記運動が普及期に近づいたことを体感するようになった。七五年五月発行の38号巻頭言「探求期と普及期[*22]」要旨：

『ふだん記』十年間の歩みは探求時代だったようだ。大金の上にあぐらをかかず、有名人におんぶせず、官庁、役所に一銭たりとも援助を受けなかった。これは実験期の好条件であった。これで基礎ができた。機関誌発行はもとよりだが、文集見本の出版、方法解説書の編集と出版。文通、執筆、出版が全国的になることが予想できる。

実験期とちがい、無理はしないが、経済的にも、人的にも、社会的にも、面を拡げてよいだろう。

ふだん記運動がテレビなどのマスコミに登場することが多くなった。七五年十一月八日、第七回「逢う日話す日」の集会ではNHKの取材チームが三組（「文化展望」、「明るい農村」、「カメラリポート」）も来た。[*5]七六年一月放映の「文化展望」では「文学碑のある風景」をテーマに義夫が色川大吉とともに出演した。透谷碑建立の辛苦も取り上げられた。

また、七六年二月放映の「奥さんご一緒に」の時間に「わが家わがふるさと」のテーマで六人の婦人中ふだん記メンバー三人が登場した。[*5]

41号（75・12）編集後記で義夫は〈「明るい農村」で「ふだんぎ十年」を二十五分放送（75・11・18）。タイミングよし、プロデューサーよしで大きな反響。全国から問い合わせが殺到し、その応答に多忙。万人に文を書かせ、本までも出させる実験と普及の結果だ。嬉しい悲鳴であった。もとより営利でも、勢力誇示でも政治的野心でもないのだから、名利的評価にはならないが、これだけの成果を眠らせず日本中の庶民に分配し希望と喜びをつなぎたい〉と書いた。

42号（76・3）では〈新聞、放送がふだん記に注目する様になった。みなさんのつくる本は、事前に編集者に相談すること。原稿が出来上がってからではおそすぎる。編集者は企画者でもあるから遠慮なく相談してほしい〉と注文を出している。

この号は目次につづく頁で「ふだん記各地グループ」を作ろうと呼びかけている。八王子で発行する『ふだんぎ』に一極集中することなく、各地に地方グループを作ることが、ふだん記運動を進める上に重要との考えであった。

同じ七六年三月発行の『ふだん記案内』[*19]でも「各地にグループを」で説明文がある。抜粋：

「その土地よかれ、その人よかれ」が前々からの「ふだん記」の方針。庶民自身の文化だから、中央集権的でなく、地方分権的で、各地各地でいろいろな実験的方法を生み出すのがよい。地方地方が独立的に、地方色を出し、独創を生む素地にしたい。全国グループは実験開発に、連絡が仕事であって、各地グループが独立できるように常に努力する。地方独立は必要だが縄張り的な孤立を避け、全国の人々と交わることが必要。

三人の熱心家が協力すれば何処にでもできる。その地方の文友の原稿を集め、下読み、機関誌の発行や配本の手助け、小集会を開き、その土地に小さい印刷所を探し、これを育て、そこで文友の本の印刷ができるように生長させる。一方、その地方の図書館、学校その他に配本などの世話をする。当分は全国グループで印刷、発行その他をするが、できることから各地のグループが独歩するようにする。

48号（77・6）の巻頭言『万人可能の哲学』について一言[*22]――小冊を読む人に――の要旨：

人は誰でも、すごい進化的財産を持っている。生物最高の能力がある。誰でも、積み上げてゆけば、或る高さまでは可能である。この本は新しい理論です。読んだだけでは解りません。信じて実行してみるか、試みに或る期間実行してみることをおすすめいたします。或る時は模倣を遮蔽して、自らの持っている能力を生かし、実験して判断し、積み上げると、能力を生かすことができます。

ふだん記では「下手に書きなさい」「手紙は拙速に」という、万人の普通の技術を身につけることとのすすめをすると共に、個々の人の持っている大脳をひっくるめての能力を、高度に生かすことも仕事の一つと思っています。やがてこの種がはえ、伸び、花が咲き、実る時も来るでしょう。
49号（77・7）では「偉い人」お断りをグループ名で出している：

万人《ふつうじん》は「ふだん着」に向くが、自信があって自分を「偉い人」と思っている人は紋付きや礼装が向きで「ふだん記」には不向きです。「ふだん記」の門は新しい人のために何時も戸を開けておきたい。だがこの門に入るにも門鑑が必要である。それは「丸腰」という門鑑である。ぎょうさんなお荷物（「偉い人」と自分で信じている人）を持ち込もうとするとつかえる。

　この考えはふだん記運動が拡がりを見せるとともに、警鐘としてその後も巻頭言などで幾たびか繰り返し述べられている。

個人文集

　個人文集は六八年から発行をはじめ、試行を重ねながら進めている。七一年六月発行の20号の編集後記では〈ふだん記は文を書く、活字にする（機関誌）、集団文集にする。さらに個人文集にするという各段階があるが、個人文集（ふだんぎ本）は「ふだん記」の花であり、実だと思っている。この実りまで万人をもっていかないと安心でない〉、翌七二年二月発行の23号では〈今年は個人文集を十冊出す予定、そして来年もこのコースで行く。書かぬ文は本にならぬ。どんどん書きためること〉、24号では〈個人文集が軌道に乗り始めた。今年、来年は「ふだん記」のヤマらしい。お互いに全力を傾けて悔いの無いようにしたい〉と書いている。

　この頃から個人文集の頁数も増し、絵や写真の入ったグラビアページが見られるようになってきた。発行点数は、七一年四点、七二年六点、七三年九点、七四年八点（内一点は地方文化研究会名）、七五年、七六年は十八点とピークに達した。

　著者の居住地を見ると、八王子またはその近傍にとどまらず、北は北海道から南は九州まで拡がりを見せ始めた。まだ各地グループが定着していないので、印刷所は二点を除き八王子の清水工房が手がけている。

〈自著出版の希望のある方は〔義夫に〕相談してほしい。それも原稿を書き始めた時の方が好都合、内容は生活を書くほどよく、旅行記などあまり評価されない。各種の職業の事実や裏話がよい〉と書いている。

　初期の個人文集は、機関誌『ふだんぎ』などに書き続けているうちに、義夫から文集を出したらと勧められまとめたものが多い。七一年頃から原稿を持参または送付し、出版を相談する者も出てきた。初期のものはあまり厚くならないように、出された原稿を整理し、内容を絞るのに力を入れ編集している。〈みんなに劣等感や不可能感を持たせぬために、ぜいたく本は出さない〉という考え方であった。

〈書名と序文と表紙と配達が私の仕事〉といい、一九七七年頃まではほとんどすべての個人文集の編集者として本作りに関わり、序文または文末に「跋」の形で刊行の意義や感想などを書いている。七六年末までに発行した個人文集で義夫が書いた序文は一部引用の形で『書いて花咲く哲《ち》学《み》』の「ふだん記活動史」[*20]に掲載されている。

義夫が編集に関わった本では保存用の一ないし数冊の裏表紙裏面に原稿の受け取りから、費用の授受、支払い、配布・寄贈先や寄金やお祝いを受けたことなどを記していた。それに短い感想や本作りを手伝った人の名を書き込んでいる場合が少なくない。本文中に書き込みのあるものも散見される。

個人文集の編集メモや感想から

七一年からの七年間については発行点数が増加してきたので、編集・発行に至る義夫の考え方などが分かる幾つかを例示的に取り上げた。七三年頃までは編集経緯を書いている場合が多いが、その後は記載が少なくなっている。

◇私の履歴書（71・4刊）：具体的な記録。日記を何十年もつけ簡潔文を書き慣れている。これだけの内容を普通文で書いたら少なくとも三倍の厚さになったろう。成功者の伝は本になるが、失敗者は朽ち果てる。本書の著者は失敗者。失敗者の伝は得るところが多い。失敗者よ大いに書こう。（私も失敗者だ）見出しをつけ、下読みに夢中になり、からやかんをガスにかけ、ダメにした。

◇久慈川上流（71・5刊）：著者は茨城県に生まれ、福島県に嫁した人。「ふだんぎ」投稿を始めた娘に誘われて寄稿するようになり、書き溜めた三百枚の原稿を編集して出版にこぎ着けた。義夫は〈商品価値を目標とすれば、体裁と小さなキズが問題になるが、未来に価値を置けば小さいキズはあまり問題にならない。全国への「夢の小径」の初めての収穫であろう〉と書き込みをしていた。八王子周辺以外の人の文集がふだん記本になった。

この本を札幌に住む息子の嫁縁に送り〈一冊本が出ました。著者と娘さんに、はがきなり一本ずつ出してください。71・5・31〉とメッセージを添えていた。この本が契機になり二年後、茨城県に住む著者の母親が『八十歳を越えて』（73・6）を出し、さらに七九年には『九十才をこえて』を出している。

◇こどもと共に（72・8刊）：著者は千葉県の人。『山は見ていた』を手にし触発された。他山の石としても面白い。八王子の我々は、全国各地の著書をどんどん出版し他山の石とするつもりと地方紙に紹介記事を書いた。

◇どさんこ　小樽を故郷として（73・11刊）：著者は小樽生まれで札幌に住む。表紙がポプラに囲まれた北海道庁の写真だったのが不満。義夫は〈本州（内地）人達への報告書としてまとめたつもり、ひそかに、これで良しと自分に言い聞かせている〉。また、ふだん記本　津軽海峡を渡るの書き込みが残る。序文に〈北海道開拓史の貴重な資料となるであろう〉と記す。朝日新聞北海道札幌版に「どさんこ女の一代記」として大きく取り上げられた。

◇海は私の絵本（74・3刊）：海端俊子さんの手紙来る。彼女は生まれながらの詩人だと思った。「身辺小文」でわかるように、恵まれぬ星の下に育ち、家数二十戸の島に暮らし、七人の子を持つ主婦として日夜働き続けている。この条件で詩が生まれる。土地言葉でうたった、比類無き詩となる。本当の民衆の詩とはこうゆうものだと開眼される。

◇染職人（75・3刊）：織物産地八王子に生まれ、実際労働に従事した染職人。それまで、実際労働した職人、工女といった人々のいる本はほとんど無かった。各種職業人の生きた記録文を書かれる様におすすめする。

◇バス運転手の家（75／10刊）：書名は編者がふだん記創始以来待望していたもの。現代社会で広く庶民の生活にふれる重要な職業。朝日新聞に「庶民の生活史」として取り上げられた。庶民の文化の一歩。

◇寺田の百姓（75・3刊）：百姓として生きる著者の生活や炉辺談話等々を、自分の言葉で描く。こうゆう記録が後代に残るであろう。

◇流々転々（77・3刊）：著者は大阪の人。七五年十一月ＮＨＫ『明るい農村』で「ふだんぎ十年」を聞いて書き始めた。七六年一月　原稿を持ち来訪。十七の職歴を歩く、巧まざる、明るい、正直な記録。

◇ふだん記の花ひらく（78・4刊）：『八十歳を越えて』（吉成ウメ）、『海は私の絵本』（海端俊子）、『ちっちゃな八百屋』（小金井巽）、『ある鳶職の記録』（尾股惣司）、『沖永良部島』（西村

『ふだん記の花ひらく』（1978）に取り上げられた五人の個人文集

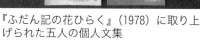

サキ）、五人の個人文集（前頁写真参照）から編集し一冊にまとめた。

義夫は序文「この本が『万人の文と本』の可能を教えてくれる！」で〈筆者等は従来の観念から言えば書ける条件のない人々である。だが血みどろな、生活による汗と、脂と、涙とはかえって記録する条件そのものである。庶民の中の真底の美。万人自らの労働着の下にある真実。汗と労苦と不運の中に潜む深い人間の尊厳を感じるだろう。それが新しい文化の一つの要素になるのだ〉と記している。

あとがきでは誰でも文が書ける、本が出せる、その見本として出したが、この本を読んだからとて、何もせずに文が書けたり、本になるという魔術はないからと筆まめに書くことを勧めている。

橋本義夫が出した著作から

一九七一年十月に『庶民の記録』、翌年一月『地方の記録』をふだん記本として出した。いずれも六〇年頃から地方紙に掲載した文を再録したもの。『庶民の記録』の「ひとこと」では〈何時、何所にでも材料があり、書いておけば社会に必要な記録となり、誰にでも書けることで小冊子にもなる。その見本〉とある。『地方の記録』は友人田村富之進の援助を得て言わば続編として出した。グラビアページに義夫の生家や両親の写真を入れ、執筆者年表をつけている。

ふだん記運動関連でまとめたものは四点ある。
◇短言[*15]（74・2刊）：機関誌『ふだんぎ』を発行する中で、多くの文の間に出来る空間を穴埋めと称し、パッキングのつもりで短い言葉を書き、その用に供したものを、他日出版にと四宮さつきが採録、これが世に出ることになった。
◇ふだん記案内　万人の書く本・出せる本（76・3刊）：七〇年に出した『ふだん記について　万人の文章』から大幅に書き足した。誰でも本が作れる、各地にグループを、高齢者へのすすめ、「ふだん詩」について、短言と短文簡潔文は大切です、雑文十余年、ふだん記小史などの項が加わった。本人用の冊子には謄写印刷した「ふだん記各地グループのすすめ」が貼り付けてあった。
◇書いて花咲く哲学《みち》（77・3刊）：初めての市販単行本。誰でも文章が書け、本が作れるとの持論に始まり、五章「ふだん記活動史」では、七六年年末までのふだん記刊行物を発行日別に並べ、機関誌は編集後記から抜粋、個人文集などの単行本については序文の部分引用などで活動の足跡としている。その後は七章にわたり自身の書いた文章などが載り、荒井勉が橋本義夫やふだんぎについて解説している。

◇詩集雲の碑（76・2刊）：六八年の初版『詩集雲の碑』と今回の『定本　詩集雲の碑』[*17]は内容が変わり、再版では十五篇が加わり、十七篇が外されて合計四十篇となっている。最初のグラビアページは自身のペン字を写した詩が載っている。〈万人に／　文を書かせたい／　万人に／　時おり／　ふだん詩を／　作らせたい〉

さらに最初の頁の「序詩」では〈今の夢は明日の詩／ふだん詩〉と結んでいる。また、最後に『ふだん詩』について」[*17]という文を加え、「みんなの作れる詩」〝ふだん詩〟を提唱している。発行後間もなく、朝日新聞「ひと」欄で「ふだん詩」を提唱する橋本義夫（3・15）と読売新聞「東風西風」欄でふだん詩についての色川大吉署名記事（3・23）が出た。

八二年十月、義夫は自著に〈八十歳を越えた。だからロマンが必要なのだ。詩が必要なのだ〉と署名入りで表紙裏に思いを書き込んでいる。

身辺を語るものは二点でいずれも再刊である。

◇村の母　橋本春子のこと[*16]（74・11刊）：六六年に『村の母　橋本春子のこと』として八王子文化サロンから刊行したものから、序文と年譜を割愛、誤植を訂正して再版した。

◇伽羅の木のある家　附　明治の末[*18]（76・12刊）：五九年に地方文化資料として『伽羅の木のある家　一農家の歴史』（百部限定）と同資料『明治の末　少年の思ひ出』に地方紙記事とした「村の伝説」を加えた。我が家のことなら文も書けるし、本にもなり、実例に示せば多くの文友も書きやすいだろう。「明治の末」は時の思い出を書かれたら良いと思って付け加えたとある。

史資料の復刻は二点である。

◇神奈川県第3区　衆議院議員撰（選）挙人名簿　南多摩郡　北多摩郡　西多摩郡（74・11刊）：一八九二（明治二十五）年、当時神奈川県だった多摩三郡一五七八人の有権者名簿で戦前義夫が生家から持ち出し手元に置いたものの復刻。解説を付し、ふだん記パンフレットとした。

◇関文月　北村透谷（73・5刊）：ソ連に抑留され病死した関文月の立正大学卒業論文「北村透谷論」を色川大吉は復刻に至る経緯を含め「埋もれた「北村透谷論」――関文月の遺業にふれて――」と題し『図書』一九七二年十二月号に発表した。この色川と関の論文の復刻に加えて、義夫自身は戦前に遡る透谷への関わりを「不思議な糸」の題で後記としている。

4 〝新人類文化〟の提唱

七〇年代半ばに、高度成長が生み出す巨大量の排泄物は地球を生物墓場にしてしまうという環境破壊の危機感を強く抱き、「抑制」は人類最大の課題となるだろうと考えるようになった。七五年六月『ふだんぎ』39号の巻頭言に「喜びつつ抑制する文化[*22]」を書いたのを始めとして、七六年八月『ふだんぎ』44号で「太陽と地球[*22]」を発表している。

また、七五年七月「多摩の自然を守る会」の講演会では「抑制の哲学」と題し、人間は抑制が苦手だが、喜びつつ抑制するのが最大の課題となる、ということを骨子とした話をした。

さらに、七七年一月、『ふだんぎ』46号の「〝新人類文化〟を若者に[*22]」を巻頭言に据え、七七年五月に小冊子『万人可能の哲学　附〝新人類文化〟の提唱[*21]』を「ふだん記新書」として出した。〝新人類文化〟という言葉を使い、「喜びつつ抑制する」という新しい価値観を核にした文化が日本の若者たちの中から生まれてくることを期待し結びとしている。そして、ふだん記運動はその一翼を担わねばならないと考えた。以下要旨：

◇喜びつつ抑制する文化（75・6）：自然は循環してバランスをとっていたが、ブレーキのきかぬ人間社会の大破壊と、循環せざる巨大量の排泄は地球を生物墓地への道を作っている。抑制は人類の最大課題となるであろう。元来人間は「抑制」の困難な動物である。だが如何にして困難を克服し、「喜びつつ抑制する」文化を築くだろうか？たとえ困難があろうとこの文化をつくらなければ人類は滅亡するだけである。

◇太陽と地球（76・6）：二十世紀にいたり「科学技術」を基礎とする工業時代に入った。その驚異的発展は、「食物連鎖」の自然循環さえも破壊し、空中、海洋、土中も変えるに至り、死滅の危機にまで陥らせることが分かった。地球は全生物の郷土である。太陽を父とし、大地を母とする新しい哲学こそが悲劇を救うことになろう。日本人の置かれた条件は、若い有能な世代が実験探求すべき場のような気がする。

◇「新人類文化」を若者に[*22]（77・1）：先進国と称する国々の国民殊に青少年層に反社会的行為が横行するようになった。これは豊富な時代の短絡（ショート）現象である。若者のエネルギーの正常なはけ口がないときに起こる。

人類は「新しい人類文化」を求めている。生産をあげ、豊富であればいいという方式では間に合わぬときが来た。

日本は実験国としての条件を備えている。日本人はそれを克服する素質を持っている。みんなして困難を越え、光栄ある道を作りたいものである。これを担うのは恐らく、今二十代十代の若者であろう。可能性が充ち充ちている。この若者が立ち上がり、その溢れるエネルギーを傾け、混迷の人類の道を切り拓き、光に満ちた人類社会が来るであろう。そのときに日本人がはじめて人類史に光栄ある記録を残すだろう。若者の上に「新人類文化」を求める！

◇万人可能の哲学《みち》*21（77・5）：世界中の国が日本が辿った道と同じような工業の発展を目指したら、大変なことになる。日本は先進国として文明の方向転換をはかることが必要と訴えている。工業の発展が即日本の発展であったが、諸国が同じ道を取り近代工業国になったら地球はどうなるか。文明の方向を変えなければ人類は滅亡する。文明の方向転換が必要。人類が永く保ち、他の生物をも必要以上に損なわぬこと。このためには必要以上に競争しないこと、抑制が最大の課題であるが、これは喜びつつ抑制することが条件で、みんなの喜び、つまり万人が人生讃歌を唱うようにしたい。生産をあげ、物が豊富であれば良いという方式では間に合わぬ。日本は模範国無き先進国になり、実験国としての条件を備えている。日本人はそれを克服するだけの能力素質を持ち可能性に充ちている。

第12章　注

#1　婦人文集の著者五人より若い、新たに加わった婦人達（四宮さつき、大野弘子ら）を指す。

#2　井上郷太郎（陶芸家）、鈴木龍二（『多摩文化』主宰）、色川大吉（歴史家）、植竹圓次（八王子市長）、持田治郎（八王子文化サロン主宰、病院長）、後藤聰一（八王子市教育長）。多摩文化研究会など文化運動関係：相沢栄久、椚國男、中村甲太郎、沼謙吉、松岡喬一、渡辺忠胤。ふだん記関係：大野聖二、大野弘子、四宮さつき、須田静子、関山花子、田中紀子

#3　井上郷太郎、色川大吉、植竹圓次、大石俊一、椚國男、小島善太郎、後藤聰一、杉山峰吉、中村甲太郎、持田治郎、松岡喬一、若林牧春ら。画家の小島善太郎は長編百枚を寄せたが、一部抜粋し掲載。

#4　千部印刷し一部は市内の書店で市販。案内のチラシやはがきが残る。また、七五年一月に『鳶職のうた』の題で丸の内出版から市販本。同年七月NHKラジオ「わたしの本棚」で柳家小三治が九回にわたって読み上げ紹介、その後、高座でも演じ、口演テープも販売された。

#5　一九七五年一月に『ちっちゃな八百屋』が文友荒川すみ子の挿絵入り六十四頁の冊子（ふだん記文書2）となっ

た。当初三百部だったが好評で、新聞・放送などマスコミにも取り上げられ、四ヶ月後に三百部増刷、再版には色川大吉の「庶民の良さ」と題する推薦文が入った。

#6　十八世紀江戸の出版人（版元）。浮世絵師の写楽や歌麿、作家の十返舎一九や曲亭馬琴を発見し、その才能を引き出した人としても知られる。企画・制作・流通・販売まで手掛ける名プロデューサーでもあった。

第12章　参考・引用文献

＊1　色川大吉、ある昭和史　自分史の試み、（ある常民の足跡）、中央公論社、一九七五、（中公文庫版は一九七八年初版）
＊2　大野弘子、ふだん記の始まった頃、ふだん記雲の碑18：199～、二〇〇六
＊3　椚國男、土の巨人　考古学を拓いた人たち、（十章　万人の文章　橋本義夫）、たましん地域文化財団、一九九六
＊4　椚國男、橋本義夫先生の詩について、ふだん記雲の碑5：130～、一九九九
＊5　四宮さつき、十年——ふだん記と共に——、ふだん記全国グループ、一九七六
＊6　四宮さつき、続十年——ふだん記と共に——、ふだん記全国グループ、一九八四
＊7　四宮さつき・香川節編、橋本義夫先生追想集、ふだん記全国グループ、一九八六
＊8　四宮さつき、続々十年——ふだん記と共に——、ふだん記全国グループ、一九九四
＊9　橋本義夫、平凡人の教育・文章、地方文化資料48集、地方文化研究会、一九六〇
＊10　橋本義夫編、多摩婦人文集1　十周年記念、八王子文化サロン、一九六七
＊11　橋本義夫、みんなの文章、みんなの文研究会、一九六八
＊12　橋本義夫・大野聖二編　ふだんぎ文集　ふるさと、みんなの文化研究会、一九六八
＊13　橋本義夫・大野聖二編　ふだんぎ文集　ともだち、みんなの文化研究会、一九六九
＊14　橋本義夫（椚國男・中村甲太郎編）、詩集　雲の碑、みんなの文化研究会、一九六八
＊15　橋本義夫、短言、ふだん記全国グループ、一九七四
＊16　橋本義夫、村の母　橋本春子のこと、ふだん記全国グループ、一九七四
＊17　橋本義夫、詩集　雲の碑、ふだん記全国グループ、一九七六

＊18　橋本義夫、伽羅の木のある家　附・明治の末、ふだん記全国グループ、一九七六
＊19　橋本義夫、ふだん記案内　万人の書く文・出せる本、ふだん記全国グループ、一九七六
＊20　橋本義夫、書いて花咲く哲学《みち》、欅出版、一九七七
＊21　橋本義夫、万人可能の哲学《みち》　附〝新人類文化〟の提唱、ふだん記全国グループ、一九七七
＊22　橋本義夫、万人の文章のために　ふだん記巻頭言集、ふだん記全国グループ、ふだん記茅ヶ崎グループ、一九七九
＊23　ふだんぎ北海道グループ合同編集、橋本義夫と北海道、ふだん記旭川グループ、一九八五

第13章　終わりに

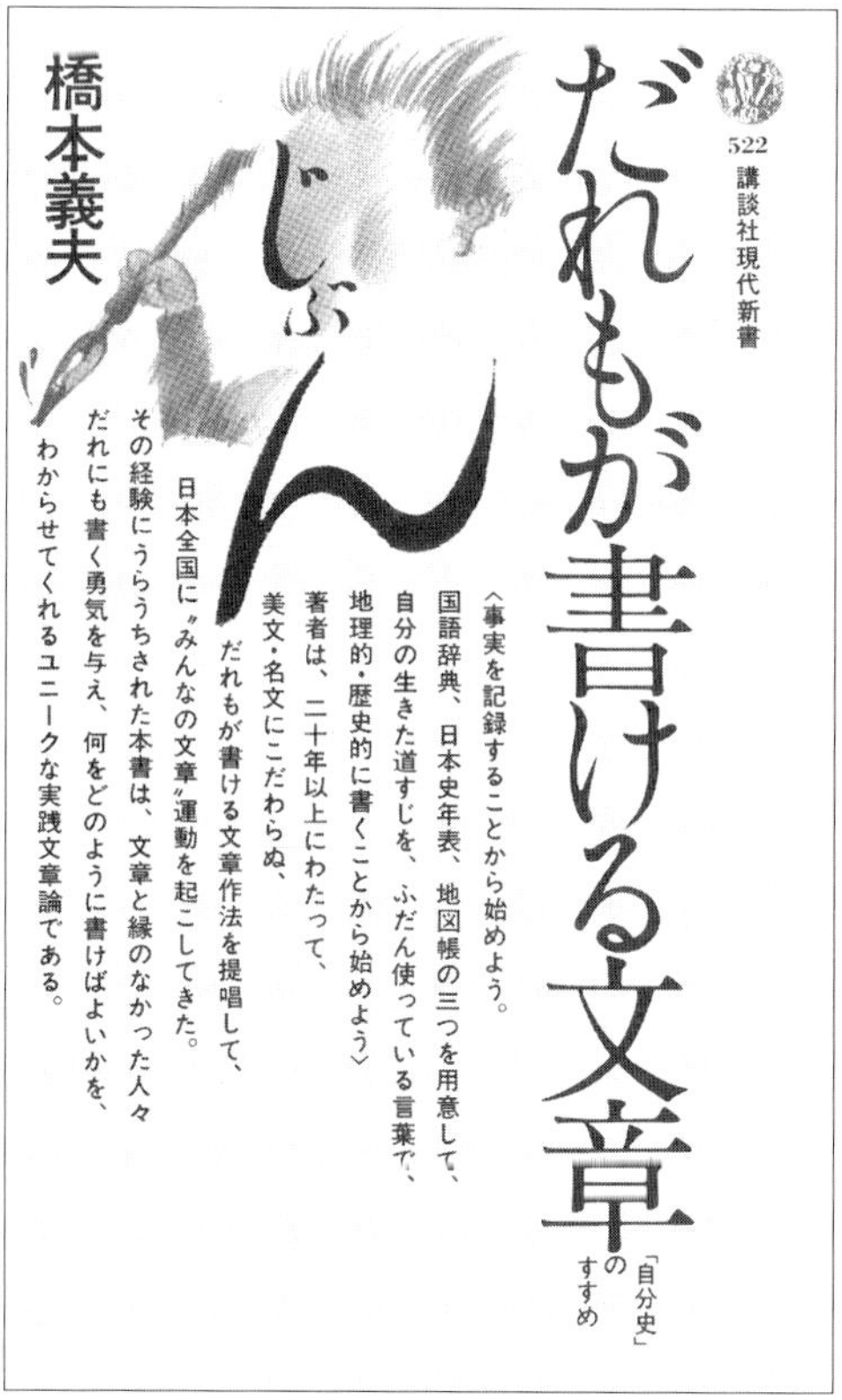

講談社現代新書として1978年10月初版、その後２年で６刷、８年で９刷を重ね、文章と縁のなかった人々に書く勇気を与えた

〈探求五十年　実験十年　普及五年　時八十歳　新人類文化　大拾得物　一九八二、一、一五　橋本義夫〉と自身のふだん記に至る道程を要約している。

ふだん記運動は一九七七年頃から各地にグループが誕生しはじめ、普及期に入っていく。八一年には八王子で発行を続けてきた『ふだんぎ』が発行回数を年四回から二回に減らし、各地で発行するふだん記誌への投稿を勧めている。

義夫はふだん記の〝小使いさん〟を自認し、自転車に乗り発行した印刷物を配本したり、各地へ送る小包作りなどにも汗を流してきたが、次第に老いが目立ってくる。各地ふだん記誌の巻頭言や個人文集の序文の執筆が多くなると共に、各地のグループ集会などに顔を出す機会も増してきた。そのハイライトが、大阪、北海道（旭川）、東北（青森県大鰐）で開いた大会であった。

一方、七〇年代後半から、高度工業社会の生み出す暗影に目を向け、新しい価値観を持つ文化の創造を期待する〝新人類文化〟という言葉を使い、「喜びつつ抑制する」ことをふだん記運動と重ねて考えるようになった。

八四年後半から義夫は体調を崩し外出も限られるようになり、翌年五月には入院、八月四日に他界した。

この章で取り上げるのは他界するまでのおよそ八年で、多くは義夫が考えたことや思いを書き残したものから抜粋している。

1　各地にふだん記グループを

一九七六年に各地グループを作るように呼びかけ、それに応じて七七年頃から各地にグループが出来た。八菅グループ（神奈川、77・5）に始まり、茅ヶ崎（神奈川、77・11）、関西（大阪、77・12）、士別（北海道、78・2）、春日部（埼玉、78・4）と続き、四年で二十五グループが創刊号を出した。義夫は幾つかの各地グループの集会に出席し、その盛り上がりを肌で感じたと書いている。

　ふだん記運動に共鳴して北海道で最初のグループを立ち上げた斎藤昌淳は、七八年六月発足満一年の「逢う日話す日」集会に義夫を招き、広く呼びかけふだん記講演会を開いた。士幌、釧路、富良野、など遠方からも参加者があった。斎藤の活動に触発されて、北海道のふだん記運動は真貝四郎（さいはて、79・2）、岡田勝美（旭川、80・9）が核になり、それぞれグループ誌を創刊した。彼らの活動でふだん記運動が根付いていく。義夫は北海道に特段の期待をしており、北海道がなければ、「ふだん記」は育たないと繰り返している。[*11]

　八〇年九月に八王子で開かれた「逢う日話す日の集会」では「ふだん記は各地グループの時代に入った」のスローガンを掲げている。

ふだん記は各地グループの時代に入った

関西大会とその後

八一年四月には、大阪中之島公会堂で共育林、四條畷、関西の三グループが世話役となり、「ふだん記春の集い」を開く。関東都県をはじめ、北海道、青森、長野、愛知、広島などからも参加者があり、八王子以外で開く初めての大きな集まりとなった。

　義夫は「関西大会の意義」[*4]で〈それまでの実験が開花結実した気がする。最も嬉しいのは、大阪でそれをみたことであり、八王子くんだりでないのがいい〉と評価し〈時と所を得た。次の段階への進展を意味す

大阪中之島で各地の文友を集めた「ふだん記春の集い」を開催（1981・4・18）

る。新しい実験が待っている。その大半はどう各地に定着させるかであろう〉とその後の方向を示している。

八二年には、普及期は全国各地が舞台と「実験地の推移」の題で寸感ノートに記していた…

実験期の実験地にはいろんな人が動員される。それで道があく。不必要な人はいなかった。そして普及期が到来する。普及期は全国各地が舞台となる。実験地はやがて過去となる。普及地は全国津々浦々となる。全国各地が主人となっていく。

全国各地が主人となる。小使いさん〈義夫自身〉の多忙なこと。有難いことである。

この大道の建設は着々と進む。これが判ってくると面白くなる。新しい道路建設もあり、インターチェンジ作りあり、その修復もある。その運営もある。道路は大、中、小、小径、いろいろあって、それがみんなつながる。そしてその道は万人の生きたものになる。（82・1・9未明）

北海道大会[6][11]**「新人類文化北海道に創まる」**

八一年八月旭川で士別、北見（さいはて）、旭川の三グループ合同の北海道集会が初めて開かれ、ここで翌年ふだん記北海道大会を開くことが決まった。連絡を受け、義夫は〈来年の大会が楽しみ、日本中を盛り上げるでしょう。文化運動の歴史的な場所になることでしょう〉と返事を送っている。[13]

八二年六月には、「新人類文化北海道に創まる」のスローガンを掲げ北海道旭川で大会、その後北見でも集会を開いた。本州から六十名も参加した。

3グループ合同の北海道集会（1981・8）
翌年旭川で大会を引き受けることを決める。立って説明しているのは岡田勝美（旭川）、右横に斎藤昌淳（士別）

大会を振り返り〈時が経つほどに成功が湧く。時が経つほどに、イメージが湧く。それが今度の旅だった。まことに大きな旅であった。大きな時であった〉と記している。〈北海道大会の成果は同一感文化の試みがもたらした大きな花であろう。同一感の気安さ、解放、たのしさ、安心、平和、心の躍動……それらが歓喜を生み、大讃歌を生んだのであろう。次の新人類文化の基礎こに道をあける〉と翌月その成果をまとめている。[*6] また、亡くなる五ヶ月前の八五年三月には「北海道に託する夢」という詩文を作った。[*13] 抜粋‥

所を得た
時を得た
人を得た
幸運をつかんだ……
『ふだん記』
『新人類文化』
夢をつかんだ……
北海道がなければ
『ふだん記』は育たない……
北海道がなければ
どこかの部落芸事で終わった……
例え『ふだん記』で命脈があっても
『新人類文化』にはならない

北海道旭川市で開かれた大会に参加した文友たち（1982・6・20）

東北大会[*12]「人間有用が人類の滅亡を救う」

普及期に入ったふだんぎ運動は各地に拡がり、八四年六月、青森県大鰐町で開かれた東北大会はふだんぎ運動のピークを象徴する集会となった。

義夫は「人間有用が人類の滅亡を救う」の題で、コンピューターや作業ロボットなどが進歩し人間以上の仕事をすることがかえって人間無用、人類の破滅の危機となる、人間を有用とするために人をほめることが重要などと、ふだん記運動と重ねて語っている。

義夫は大会後に多くの報告文を各地のふだんぎ誌に書き[*I]〝熱狂の大会〟となったと記している。

大会後に発行した『ふだんぎ』70号には大会での講演と義夫の誕生祝いでの話「新人類文化の誕生を祝う —— つくるよろ

青森県大鰐町で開かれた大会に参加した文友たち（1984・6・3）

こびを励ます――[*4*8]」をテープ起こしたものに加え、巻頭言「先進国の新例現象――東北大会　見てふれなければ判らない[*4*8]」や「『みんなの本』出版一千冊[*8]」が掲載されている。義夫は〈この70号で何でも尽きているわい。もう死んでもいい。これで仕事が終わった。これは遺言です。遺書です。こんなたのしい遺書、遺言もあるのに気がついた〉と書き残している。

八王子での動きから

八王子周辺の多くの文友は自著を持つと親しい人達で出版記念会を開くのが通例となっていた。下の写真は、一九七八年十二月義夫の『だれもが書ける文章』（講談社新書）と香川節の『多摩の空と台地に』正・続編（ふだん記本）出版記念会の時のもので、八王子近辺のふだん記運動に関わりの深い方々が多く写っている。

八王子で発行を続ける『ふだんぎ』は、57号（79・8）から編集が橋本、四宮二名連記、65号（82・2）から編集橋本、四宮、大野の三名連記となった。

発行は八〇年までは年四回だったが、各地のグループが発行するふだん記誌も増えたことを反映し、八一年から年二回に減らしている。義夫は『ふだんぎ』編集を四宮、大野らスタッフに委ねるようになっていった。68号（83・

親しい人たちが集う八王子での出版記念会（1978・12・9）
氏名の後に自著名などを加えた。前列左から伊東光江（幻の樺太）、大野あい志（しらうめ）、香川節（多摩の空と大地になど）、橋本義夫、相沢栄久（相沢日記6冊の刊行）、色川大吉（歴史家）、新井勝紘（歴史家）。中列；足立原美枝子（相州八菅山など）、青木利助、四宮さつき（ながれの中になど）、深瀬睦、城所明子、佐藤ぎん（山は見ていた）、金井ゆき子、大野弘子（丘の中の町にて）、椚國男（古墳の設計など）。後列左から立っている橋本譜佐（家の風土記）、新井俊夫、原嘉文（多摩のあゆみ・編集者）、山田元治（太平洋戦争軍艦生活日記）、清水英雄（清水工房）。後列座っている大貫いと（奥に蔵った行李をひらく）、沼謙吉（高校教諭・歴史家）、秦英一（ある小市民の記録　正続）

8）から表紙に「新人類文化」の文字が入った。

七七年六月四宮さつきがかつて暮らした富良野をはじめとして士別など各地を訪ね、友人知人に「ふだん記」参加を勧めた。北海道在住、もと在住の三十六人の文に義夫・四宮・大野の文を加えた『北海道のふだんぎ』（77・11）は義夫が編集し、八王子の清水工房で印刷・発行した。北海道にグループを作りたいという義夫の思いと期待のこもったものであった。やがて発刊された『士別のふだんぎ』は1号（78・2）と2号（78・6）を同様に八王子で印刷、編集は斎藤昌淳に加え義夫の名前も入った。

神奈川県愛甲郡愛川町の足立原美枝子が中心になって立ち上げた八菅グループは『八菅のふだんぎ』を1号（77・5）から3号（78・2）まで編集に義夫の名前も入れ、八王子の清水工房で印刷している。

両グループとも地元の印刷所で、独立した機関誌作りをするための助走であった。

2　普及期の執筆活動

義夫は一九七八年に講談社現代新書として『だれもが書ける文章「自分史」のすすめ』[*5]を出した。手軽な新書版で発行部数も多く、これを読んでふだんぎ文友となった方々も少なくない（第十三章扉写真参照）。

八〇年五月から、ふだん記文友で毎日新聞記者の永杉徹夫に執筆を勧められ月刊誌『青年』に「青年版「ふだん記」のすすめ」の連載を始めた。各回五枚、八二年六月まで二十五回続いた。

七七年末から各地グループ誌が続々誕生し、義夫はそのほとんどに巻頭言を書いている。しかも同じものを載せていない。〈文友が各地共通なので同じことを書くわけにはゆかぬ。それを避けるために三日間の出来事、所見、浮かんだこと以外は取り上げないことにして、生きの良さをまもる（82・12）〉とノートに書いている。八〇～八四年頃まで巻頭言だけで、年に四十～五十篇を数える。加えてふだん記個人文集の「序」や「跋」を書くことも頼まれると断らなかった。

八二年、〈八十歳を越え老衰期に入った、健康的に枯れるコースを進んでいる。「一日刻み」に「一時刻み」に生きると能率が良く、文章でも手紙でも浮かんだなりに綴る〉と老いが進む中での対応を記している。

八五年五月入院、七月に入り日に日に衰えが進んだが、この月でさえ、少なくとも四篇の巻頭言を書いている。絶筆は『みちのくふだんぎ』9号の巻頭言で、亡くなる九日前に書き上げた。

3　ふだん記は大きな拾い物だった

――生涯を振り返る――

八〇年代に入ると、自身の生涯を振り返ることが多くなり、思いを率直にノートなどに記していた。最後にふだん記という「大きな拾い物」をした、夢が達したと書き、また語るようになった。

◇私は八十年間、既成観念を捨てて暮らした。これは何十万人に一人いないかもしれぬ。私は大きな拾い物をした。これも何十万人に一人かも知れぬ。

大きな大きな拾い物をした。その上何の「賞」がほしいんですか？

大きな拾い物をしたら人の特長を生かして賞める。その人を生かせ、それが拾い物のおすそわけだろう。（82・1・16）

橋本義夫が講演した最後の「逢う日話す日」集会
(1984・10・21)

◇母の四十四回目の命日、「村の母」を出して改めて読む。よく書けている。書いておいてよかった。今更ながら感心した。（82・1・20夜）

社会がある人に大きく世話になったり、お陰をこうむっていることが多い。それをほとんどただで享受している人が大部分である。よく平気でいられたものと思う。

不平や愚痴ばかりいってわがままをのべる。作るほうにまわらぬ者たちはこうなる。でも、気のついた人が報いることをしなければ世の中の良さ、人間のほこり、生まれての喜びが消え失せる。私は気がついたらそれを（私のできる程度）やっておきたい。気のついたのが貧乏くじであるが、これも光栄ある貧乏くじである。（82・1・20）

◇何にもならず八十一歳にまでなった。かまぼこの板が表札で通した。八十一歳で老人の生き方を探求した。相変わらず小使いで配り屋、貧乏生活で何も所有するものがない。「一時預かり」をしているだけ。総合していくと、私も相当なものだわいと笑い出す。（83・3・26）

◇五十年以上かかった。万人の文、万人の本の道があいて来た。日本中に友ができる。これだけで夢が達したのだ。ありがたいことだ。（83・4・5）

◇序文には文友さんの本を借りて自分の告白をします。命がけでやる仕事。

五十年前も四十年前も、三十年前も二十年前も今の私と同じこと。ただ、人が耳を傾けなかっただけ。だが仮に三十年前に多くの人が私に耳を傾けていたら、多分名利に走っていたであろう。（83・4・9）
◇誕生祝いの集まりで語る[*48]（一部抜粋）八十二歳ですし、近く終わるだろうと思っています。〔六月の〕東北大会だけは這ってでも行きたいと思いますが……。実際、生命に危機を知っていながら、こんな明るい気持というのは何かというと、実は母親に逢えるという気がしているから、母親に逢って「お前、よくやったな！」と言われる、必ず言うだろうと思っています。「お前、よくやったねー！」と言われたい。こういう体験は三年前くらいまではなかったんです。（84・3・13）

4　病の中で

寸感ノートから

◇十一月二十五日夜より「帯状疱疹」とかで頭痛、偏頭痛、顔面片方はれあがり、痛みつづく。眠られない……。
◇今日はあの日から十七日いやな憂鬱な毎日であった。耐えるのに骨が折れた。ここ十年以上こんないやな日つづきはなかった。
どこにもいられず、布団の中に座し、このノートと取り組み読めるように直しながら読む。これは少なからぬ収穫であった。午前中は年賀状表書き。四百通の表書きだけは終わった。
毎日の暗い日もうあいてほしい。もうすぐ八十三歳だ。世の用は殆ど終わる。安息を求めることしきり。
幸に、所有の土地あるでなし。家があるでなし。財産があるでなし。名誉もなんにもない。家に後継者もなし。リレーするものはない。いとも気軽である。（84・12・12午後）
一日一とき　くばり屋の生き方がよい。配っておしまい。悔いも何もない。
◇思わぬ病気となり多くの人のお世話になった。文友田倉春代さん、清水英雄氏、その［外］おおぜいさんにお世話になった。（84・12・20）
◇なんでも恵みと思ってその盃をのめ、それは多くのものをうつ。（84・12・27）
［これから約七十日中断］
◇「ヘルペス」〔帯状疱疹〕騒ぎがどうやら終わりかけ、左目が回復やれやれと思ったら、次はシャックリが出て、食物は極少しか受け付けない。消化器系癌であろう。食道

癌胃癌かそこらであろう。いずれにしろ老衰による失調現象だろう。生命の終わる日が遠くあるまい。残りの時間の利用が最大課題となった。(85・3・17　雨)
◇三月十三日の八十三歳の誕生日まで生命があり、どうやら立っていられアタマも働きホッとした。後は残り時間の利用法だけ。(85・3・17　雨)

『老枯日記』などから

老枯日記[*9]は一九八五(昭和六十)年四月一日から七月三十一日まで一日も休まず書いている。身辺の世話やいろいろな手伝いをしていただいたふだん記関係者や見舞いに来てくださった多数の人の名前が毎日記入されていた。長文を綴っている日が多い。

晩年の橋本義夫(1985・3・3、83歳)

また、五月三日の記事にあるように、「旭川グループ」の岡田勝美がワープロで義夫の文や手紙をどんどん活字にして、プリント配布していたものを中心に、『宛名のない手紙[*10]』をまとめているので、一部引用した。その他に「短言[*1]」と表紙に書いたノートがあった。四月一日から七月二十五日まで時おり休む日があっても、書き続けている。こちらは、思いついたことを記すというスタイルである。補足的に引用し加えた。

いずれも部分引用で、記入されていた多くの方々の名前は一部を除き省略した。

◇老枯期に入り進行が早くなってきた。記録として日記をつけよう。(4・1)
◇始末がいそがしい。富塚清さん一家の〔文集の〕跋、72号巻頭言、大野弘子さん詩集序文、これだけを届けに自転車でやっとこ行く。(4・9)
◇ぜいたく言えばきりがない、八十三歳まで生かされ、ことに晩年十八年は順風であった。有難いことである。私の仕事もたくさんあるが、これだけさせていただき感謝である。

夕食はおかゆ、おみおつけを試みに、ほんのすこし量

を多く食べてみた。これは徹底的に調子を悪くした。唾液は止まらぬ、絶えず出る。そのたびに小洗面器に吐く。（4・18）

◇相変わらず横になれぬ、横になれば唾液が出て、嘔吐物を混ずる。決心する時が来た。まちがいなし、死病である。すこしでも食べればこの苦しみに攻められる。食べなければ生物原則で死ぬる。今日から始末をする時間にしよう。人に言うには全部遺言のつもりで、さりげなく言い、さりげなく書くこと。（4・25）

◇「旭川」の岡田勝美夫妻の努力、ことにワープロが、私の文や手紙をどんどん活字にして、プリントして配って下さる。これがふだん記（新人類文化）運動の現段階を全国的に変えていっているのであろう。「新人類文化ここ北海道に創まる」それが見事に現実になってきた。（5・3）

◇「士別」斎藤昌淳夫妻、「旭川」岡田勝美、文友大野弘子、尾股協子、伊東光江さん来宅、快談二時間あまり、北海道に「新人類文化」を花咲かせる話を主にする。[*9] 斎藤さんが別れの時、抱き合って、涙をこぼしながら何回も何回も頬ずりし「生きていて下さい」と言われた。いつ死ぬるか、その時まで、そしてそれが終わっても、この記録は残る。（5・5）

◇「易行道」が浮かぶ。「ふだん記」は易行道である、「新人類文化」は易行道である。探求者は絞りが仕事である。（病気のおかげで私自身の人生の絞りができた。ふだん記の絞りができた。新人類文化の絞りができた）これをやらなければ方向がきまらない。絞りができる絶好の条件だから、身を持っての体験、これこそ探求者の運命である。

岡田勝美さんみえる。「易行道文化」を話す。[*9] 鈴木政子さんと奥住喜重さん来る。「易行道文化」が新人類文化であると話をする。（5・7）

◇「難行道」は競争主義、勝つこと、制覇である。「易行道」の政治・教育は母性的な人が執行する。「易行文化」が「新人類文化」である。だれにでもできる。だれでも喜べる。[*1]（5・7）

◇今日も歴史的な時間であろう。「また逢うこともないだろう」と思って話すこと。

入院は明後日、準備は気がついたらどんどんやること。

「八菅」足立原美枝子、鈴木華子、佐藤優子、小室忠芳さん来る。快談。色川大吉先生、椚さん来る。快談、いろんなこと、正直ばなしする。[#2] 十二時前少し眠る、疲れがひどい、安眠のさまたげになる。（5・11）

◇入院の日だ、生まれて初めてだなあ、これも経験である。『橋本義夫と北海道』[*13] 良くできました。これで私は死んでいいです。私の病気は死病です。回復なき病気です。

（5・13）

◇「人を賞める」もっとも簡単で、最もできないものだ。「人に賞められる」うれしくならない人は一人もいない。この経験を知っていながら人を賞められないものだ。競争心がアタマをもちあげるからだ。（85・6・10）[*1]

◇午前中「序文」三つまとめ「編集後記」まとめ、すぐ発送、手紙十数通書いて出す。疲れた。何もやる勇気なし。（6・23）

◇妻は病院まで毎日通って介護してくれた。六月に入って、土曜に家に帰り所用を果たし、一泊して翌日帰院することにした。二十三日帰院する直前になって妻の様子がおかしくなる。[*9] 車は清水英雄氏の奉仕、妻の付き添いをやめさせ一人帰院。橋本フサ子さんから秋田の息子の家に通報、〔嫁の〕緑さんが駆けつけることに。（6・23）

◇十一時頃秋田の緑さんが来る。相談いたし二人入院という異例になった。（6・25）

◇女房は右手に麻痺が来ている。軽い脳溢血症状を呈している。「おしどり」入院、奇妙な経験である。困ったことがふってくる。これもチャンスである。（6・27）

◇朝「よいことわるいことの可能性」[*9] 五枚書いて旭川岡田さんに送る。（6・28）

◇鋼二が韓国に行くため羽田を発つ日、韓国の多くの人に彼の技術が大いに力を発揮せよ。私のことなど心配せぬでもよい。九月初めまではせいぜい生きるように努力しよう。（7・5）

◇「愛される老人　老人自身がそれを考えよう。書こう。話そう」[*1] を書き出す。一、感謝すること。二、賞めること。三、その人に希望を持たして伸ばすこと。四、功はわけること。（7・9）

◇仙台『みちのく』次号の巻頭言「表現を大きく」[#3] を書こう。『さきたま』[#3] は今日、巻頭言を書いて出して貰った。（7・22）

◇九月に鋼二〔韓国から〕帰る。それまで生命を保つ責任がある。九月退院する。家で最後の生活をして執筆し、生を終わる、これで私の生命がザ・エンド。（7・27）

◇老枯の進行はいよいよはげしくなった。足から始まり、手にも力がなくなってきた。あたまは生きているが、手とつながってこそ生きる。手とつなげられる時間が課題、あとは死を待つ。家に居て、そこで息を引き取ること。短い時間にしたい。流動物をつなげ、点滴で七月いっぱい保ったのだから、九月初旬まで、保つはず、あとは早く世を終わりたい。（7・28）

◇老化が足から腰に入り、横臥以外になし、生命の火、いよいよつきる。みんな親切ありがとう。今日のお客様〔見

舞いに来た人の名前列挙〕（7・31）〔老枯日記最後の日、部分〕

手帳に残る予定：日記が書けなくなってから三日目、酸素吸入や点滴などで声が出せなくなり見舞いに来た人に指で字を書き、感謝の気持を伝えた。翌四日午前十時十分没。息子鋼二は技術協力専門家として韓国に滞在中であった。

日記型手帳の予定欄には、九月三日鋼二韓国帰ると十月二十七日八王子大会の書き込みがあった。

朝日新聞　1985年(昭和60年)8月6日　火曜日　13版　社会　(22)

万人が書き「知る者」になろう

「学歴」文化に懸命な戦い挑む

ふだん記 橋本さん

文友150人がしのぶ

密葬　詩を朗読、めい福祈る

橋本語録

新聞の追悼記事から

写真は坂本龍彦編集委員の評伝と密葬の様子を伝える八月六日朝日新聞全国版記事である。

九月十六日八王子駅ビル市民ホールにて、親交の深かった友人市民、全国各地のふだん記文友が集まりお別れ会が開かれた。『橋本義夫先生追想集』[*3]として仮告別式、お別れ会、偲ぶ会などの記録や追悼文、グラビアには訃報を伝える幾つかの新聞記事などがまとめられている。

第13章　注

＃1　『みちのくふだんぎ』6号と『ふだん記津軽』12号は大会特集号、その他『共育林ふだんぎ』14号、『八菅のふだんぎ』19号、『ちがさきのふだんぎ』19号、『ふだんぎ関西』15号。

＃2　録音テープ残る。

＃3　『みちのく』9号「表現を大きく、表情は豊かに　それが文明の方向である」は七月二十六日に書いた。これが事実上の絶筆となった。『さきたま』13号は「総合集団処理方式」、いずれも八五年十二月刊。

第13章　参考・引用文献

＊1　岡田勝美編、加住の丘陵の星と日の出と　遺稿　橋本義夫病床見舞録、ふだん記旭川グループ、一九八七

＊2　四宮さつき　続十年――ふだん記と共に――、ふだん記全国グループ、一九八四

＊3　四宮さつき・香川節編、橋本義夫先生追想集、ふだん記全国グループ、一九八六

＊4　四宮さつき、続々十年――ふだん記と共に――、ふだん記全国グループ、一九九四

＊5　橋本義夫、だれもが書ける文章「自分史」のすすめ、講談社現代新書、講談社、一九七八（初版）

＊6　橋本義夫、ふだん記の花大きく開く　北海道大会成果、ふだん記全国グループ、一九八二

＊7　橋本義夫、新人類文化のすすめ（旧名：ふだん記文化のすすめ）、ふだん記旭川グループ・全国グループ、一九八三

＊8　橋本義夫、先進国の新例現象　東北大会　見てふれなければ判らない（巻頭言）、『新人類文化』について、新人類文化の誕生を祝う（誕生祝いでの講話テープ起こし）、人間有用が人類の滅亡を救う（東北大会講演のテープ起こし）、『みんなの本』出版一千冊、いずれも、ふだんぎ70、一九八四

＊9　橋本義夫、老枯日記、ふだん記新書175、ふだん記全国グループ、一九八五

＊10　橋本義夫（岡田勝美編）、宛名のない手紙、ふだん記旭川グループ、一九八五

＊11　ふだん記旭川グループ編集、（北海道大会　記録、大会参加の記、お便り抄）、北海道のふだんぎ2：2～、ふだんぎ士別・北見さいはて・ふだん記旭川グループ、一九八二

＊12　ふだん記津軽グループ編、（巻頭言、大会の記録、感想……、全国大会特集号）、ふだん記津軽12：ふだん記津軽グループ、一九八四

＊13　ふだんぎ北海道グループ合同編集、橋本義夫と北海道、ふだん記旭川グループ、一九八五

資料編

橋本義夫年譜

1902（明治35）　東京府南多摩郡川口村楢原に橋本喜市・春子の次男として出生
1908（明治41）　川口村犬目の陶鎔小学校に入学
1910（明治43）　大洪水、堤防各所で決壊。父の経営する土木請負業伸びる
1912（明治45・大正元）　明治天皇崩御。義夫ら五、六年生が初めて汽車に乗り、青山葬祭場など参拝。この頃から新聞を読むことに興味を持つ
1916（大正5）　川口高等小学校高等科卒業。私塾斯文学院に入学して一年在学するも馴染めず。吃音が始まる
1917（大正6）　東京府立農林学校（西多摩郡青梅町）に入学し、寄宿舎生活をする。文学好きとなり読書癖強まる。吃音症状進む。〔川口村に電灯つき始める。八王子市制をしく。第一次世界大戦終わる〕
1919（大正8）　トルストイの作品にふれる。父喜市郡会議員再選
1920（大正9）　東京府立農林学校卒業後家業（土木業、農業）を手伝う。武者小路作品愛読。この頃から母親の愛情と庇護を意識
1922（大正11）『白樺』を読む。有島武郎にひかれる。厭世的になる（1921〜24年）
1923（大正12）　校友会誌に「小さな希望」発表。自殺願望、ポールケラス著『仏陀の福音』を読む。在米十七年、叔父大沢昌寿帰国。〔関東大地震〕
1924（大正13）　念西庵を「教育の家」とよび、青年は読書会、児童には日曜学校などを開く
1925（大正14）　東京小石川の楽石社で二週間の吃音矯正。キリスト教に惹かれ、内村鑑三に傾倒する。弟重能農林学校卒業
1926（大正15）　青年を中心として生活改善、迷信打破（丙午迷信打破同盟会を組織）、融和等の諸運動を進める。排酒運動を始め、朝日新聞全国版に活動を伝える記事が載る。『愛知之自治』に「青年排酒運動について」を発表。農民自治会講習会に参加。桑都公会堂で「農民問題研究会」を開く。青年や子供らに文を書かせる回覧誌『自然人』、『揺籃』を作る
1927（昭和2）　日本カイロプラクティック協会会長大澤昌寿に招かれ、東京郊外（現中野区）で手伝い三ヶ月。滞在中都心で賀川豊彦の講演を聴くなど、農村では得難い体験をする
1928（昭和3）　八王子市内で書店揺籃社を開く。校友会誌に「真理を求めようではないか」を発表。父喜市、東京府会議員選挙に立候補・当選、書店は一時選挙事務所化。〔八

王子市内に多摩勤労中学（現八王子学園八王子高校）と八王子和洋裁縫女学校（現八王子実践高校）開校〕
1929（昭和4）井出定子と結婚
1931（昭和6）繁華街に店舗を移し、岩波書店の図書が棚に並ぶ。誰でも読める「ようらん社」を使い始める。長男行雄一歳半で夭折
1932（昭和7）国内の政情と社会状況に閉塞感を抱く（〜1937年）。左翼系活動家の弾圧が進む中で友人岸清次逮捕、投獄される
1933（昭和8）生家の古文書調べから、地方誌・紙に投稿・登載される（1933〜37年）。
1934（昭和9）北村透谷が川口村森下の秋山国三郎家に長期滞在していたことを知り、孫の得之を訪ね資料保存を頼む。第二子鋼二誕生
1935（昭和10）社会と自身の有り様に煩悶、ライプニッツの「理由なしになにごとも存在しない」という言葉に感銘、科学への開眼。小谷田隼人（従兄弟）・行子（妹）夫妻ら中毒死（後に無医村解消運動を始める動機付けになる）
1936（昭和11）二・二六事件に怒り右翼や軍国主義の本を店の床にたたきつける。彼らの暴挙に日日憂うつで、毎日のように子守をしながら市内の神社寺院をめぐる
1937（昭和12）この年を中心に前後三年武蔵毎夕新聞に寄稿多数（約百八十篇）。教育科学研究会城戸幡太郎・留岡清男等と結び活動の輪を拡げる。〔日中戦争始まる〕
1939（昭和14）八王子の北郊安土に新居建てる。母春子、父喜市死去。『教育』に「八王子に於ける教育運動――薫心会を中心として」発表
1940（昭和15）多摩郷土研究会・多摩教育研究会を創り、自宅を事務所とし集会にも開放。羽仁説子を自宅に招き集会。定子と離婚。野副婦美と再婚。恩方村の小学校を舞台の教育映画「村の学校図書館」に書店店主として出演、困民党塩野倉之助の上申書写しを孫の倉太から借りて筆写
1941（昭和16）由木村で無医村解消運動に取り組み、朝日、東京日日両紙が取り上げ全国に波及。七月には橋田文相が同村での農村集団診療視察。多摩郷土研究会・多摩教育研究会の名前で、学者・文化人らを招いて座談会、見学会を開く。研究会名、義夫名などで市民への呼びかけや、揺籃社十五年の回顧と感謝など多種のビラを印刷・配布（40／10〜42／12）太平洋戦争開戦（12／8）で諸活動停止
1942（昭和17）一月、市川英作らと大東亜黎明会を作り戦争協力を図るが、年末には日米の戦力を分析し解散。この間二月に陸海軍宛に金五百円ずつ、七月には金三百円を献金。年末には敗戦を予見し再び非戦論者となり、早期終戦を希求
1944（昭和19）治安維持法違反容疑で早稲田署に拘禁される（12月）。〔東京周辺の空襲始まる〕

1945（昭和20） 東京大空襲（2、3、4月）を留置場で体験。起訴猶予で放免（4月）。八王子大空襲で揺籃社と生家全焼（8／2）。〔終戦（8／15）〕戦争責任の明確化と処罰、関連組織などの解体要求について、敗戦三日後の「我が主張」から始まり八篇の文章（～1946年）を書く。また、戦後の復興と再建のために「何をなすべきか」と大空襲で壊滅的打撃を受けた八王子の復興策を考えた五篇の文書を残す

1946 「戦争犯罪自己調書」を記すとともに 戦後の復興に期待を寄せ「夢、実現されなければならぬ夢」を描く（2月）。戦後の復興は青年が中心と期待をかけ、青年救国運動を構想し多くの文を書く（～1947年）。自殺願望（～1947年）。妻婦美米軍基地に勤務（11月）。屋敷内に畑を拡げ食糧難に備える。配給食糧の遅配

1947 青年による平和運動、握手運動を計画するが失敗。キリスト教に傾倒し、回心の経験（～1948年）

1948 敗戦後も台湾大学教授を留任していた妻婦美の兄野副鐵男が家族を伴い帰国し、安土の家で三ヶ月過ごす

1949 復興の有力手段として「独創性素質者・天才」を役立てる研究に没頭する

1950 朝鮮戦争が始まり、ソ連の日本侵略、再戦場化を恐れ悩む。文を少しずつ書き始める

1951 地方文化研究会を作り、「文化的緑化計画」として建碑や謄写刷の資料出版を目指す

1952 科学的な地方史研究に目を向ける。建碑：偉農河合宗兵衛頌徳碑。小冊子『農村の学校 陶鎔学校七十五年』を出す

1953 困民党事件研究会、困民党70年祭を行う。建碑：御母讃の碑、林丈太郎墓碑。鋼二大学進学で家を離れ札幌に移る

1954 建碑：困民党首領塩野倉之助翁碑、万葉歌碑、三多摩壮士碑、平井鉄太郎図書塚。地方文化資料として謄写刷り冊子の発行を始める。古文書の編集・復刻で「国恩教諭 実能名留樹」を出版、「困民党事件」を『歴史評論』に発表

1955 謄写版の本（地方文化資料）として『鑓水商人』、『土地の性格』など五篇を出す。生家や村に残る古文書などから編集・復刻し謄写版刷りした冊子『村の古文書1』を出す（以降1960年までに六冊）。〔横山、元八王子、恩方、川口、加住、由井の各村が八王子市に編入〕

1956 地方紙（商工日日新聞）などに投稿急増し、以降十二年間で約二千百篇。丘陵地帯に建碑を計画し冊子『北村透谷 幻境』、『絹の道 多摩丘陵由木新名所案内』を出す。博物館建設趣意書を作り働きかけ。地方史新出発運動として八王子開市に関わる歴史の見直しと大久保長安の評価を進める（～1961年）。「鑓水商人」を『東京史談』に発表

1957 絹の道碑、北村透谷碑、近代先覚者讃碑、コックス親子三人の碑をもって建碑運動を終える。建碑に関連した冊子『絹の道 由木案内 丘への招待』、『八人の先覚者』発行

1958　ふだんぎの会を作る。婦人数人が参加し回覧誌を始める（～1967年）。妻婦美の兄野副鐵男文化勲章受章

1959　鈴木龍二を主宰に多摩文化研究会が発足し参加、『多摩文化』創刊。地方や身辺の記録をとりまとめ、地方文化資料七篇や多摩文庫七篇など合計十九篇の冊子として刊行。地方紙に「これからの文章　万人のもの」を書く

1960　自身が関わった戦後の文化・教育運動について二冊の冊子にまとめ刊行。温めていた『古代・中世地方史研究法稿』及び『天才　地方は天才を生むが育てない利用しない』を各限定五十部の冊子とする。地方文化研究会十周年・地方文化研究会資料50集記念の集いを開く。地方紙に「誰でも書ける　アマチュア文章」を書く。冊子『平凡人の教育・文章』でふだん記運動の根底となる考えを説く

1961　みんなが文を書き印刷して配る『友』誌発行の趣意書を作るが、実現に至らず。冊子『橋本喜市のこと』を出し、記録に残さねばならない人を全て書き終えたと記す。地方紙に明治・大正時代の八王子を取り上げた七篇（六十七回）の連載記事を書く。また、「職人技術と同じ　だれでも書ける文章」、「文章は誰でも書ける」などを寄稿

1962　ニュータウン計画で愛する丘陵の破壊が進むのを憂い、「丘君・雑木林君」の詩を作る。井上コレクションの見学会で椚國男と出会い、考古史料寄贈実現のための運動の世話人になる

1963　地方紙に「ふだん着の文」、「あたりまえの文　万人の文はこれだ」などを発表。持田治郎八王子文化サロンを作り、義夫らが企画する文化運動支援を続ける

1964　相沢栄久に父菊太郎の記した七十八年間の日記刊行を勧め、1965年以降逐次刊行されることになる。〔八王子開市に関わる歴史の見直しが進み、大久保石見守長安陣屋跡が八王子市史跡になる。東京オリンピック〕

1965　地方の産業人の記録を冊子三冊にまとめて刊行し、地方文化研究会名での活動を終える。ミニ季刊誌『雲の碑』を編集発行するも翌年三号で終刊

1966　『村の母　橋本春子のこと』を大幅に増補し再刊、これで死ねると記す。友人らの支援で地方紙寄稿文を選び『雲の碑　地方の人びと』として刊行

1967　息子夫婦を訪ね、北海道各地を旅行。「北海道紀行」を地方紙に連載、同題で写真入り冊子を出す。中村甲太郎「多摩文化ニュース」創刊、初期の編集に協力。ふだんぎの会五人の婦人達の文を中心に編集して『多摩婦人文集1』刊、その出版記念会が『ふだんぎ』創刊のきっかけになる。〔八王子市郷土資料館開館〕

1968　手作り五十部で『ふだんぎ』創刊。詩集『雲の碑』刊、「生きていて良かった！」「来年を云う」と宣言。NHKテレビ「村の百年」に色川大吉とともに出演。年一冊、テーマ文によるふだんぎ文集の発行（～1974年）。最初の個

人文集を編集・発行。『みんなの文章』、『詩集雲の碑』刊
1969　ふだんぎ10号記念会。個人文集発行に力を入れ、試行を重ねながらすすめる（～1973年）。
1970　手作りのふだんぎパンフレット「つん留の話」が朝日新聞で「庶民の「ふだん記」」と題して記事となり、その後TV、新聞などのマスコミ取材も増える。『みんなの文章』を補筆した冊子『ふだん記について』発行。鈴木龍二死去、『多摩文化』の事実上の終焉
1971　『ふだんぎ』18号からオフセット印刷。個人文集をまとめるように勧め、編集発行に力を入れる（～1978年）。『庶民の記録』刊
1972　ふだん記全国グループを発行所名とし、自宅を住所にする。『地方の記録』刊
1973　サンケイ新聞のふだん記記事で関西を中心に問い合わせ多数。NHKラジオ「趣味の手帳」で「横浜街道　日本のシルクロード」と題し講演。『地方の記録』刊
1974　「ふだん記も未来に向かって離陸しよう」と呼びかける（1月）。NHKテレビ「絹の道」に出演（2月）。色川大吉『中央公論』八月号に「現代の常民――橋本義夫論」発表（7月）。朝日新聞全国版に「広がる「ふだん記」運動」の記事（9月）。ふだん記新書として『短言』刊
1975　「多摩の自然を守る展」で「丘君・雑木林君」と題して講演、地球環境を守るためには喜びつつ抑制することが必要と訴える（7月）、その記録は『抑制の哲学』として刊。色川大吉著『ある昭和史　自分史の試み』の中で「ある常民の足跡」として義夫の半生が取り上げられ反響拡がる（8月）。『ちっちゃな八百屋』朝日全国版（2月）に、NHKラジオ「私の本棚」では九回にわたり「鳶職のうた」を柳家小三治が読む（7月）。NHKテレビ「明るい農村」で「ふだん記十年」放送され（11月）大きな反響。ふだん詩構想（12月）
1976　NHKテレビ「文学碑のある風景」に出演（1月）。朝日新聞連載記事「中年革命」でふだん記取り上げ反響大（1月）。ふだん記各地グループを作ろうと呼びかけ。朝日新聞と読売新聞で「ふだん詩」を提唱する義夫の記事出る（3月）。「抑制の哲学」講演（7月）、NHKラジオ「人生読本」で「ふだん記のすすめ」放送（7月）。創始十年「ふだん記五十号記念」大会（12月）。四宮さつき『十年　ふだん記と共に』刊（11月）。真鍋博と絹の道同道、翌年『生き方発見の旅』で取り上げられる。『定本　詩集雲の碑』『ふだん記案内　万人の書く本・出せる本』『伽羅の木のある家』刊。持田治郎死去（10月）
1977　新人類文化ということばを使い始める（1月）。ふだん記各地グループ（八菅、茅ケ崎、関西）がグループ誌を出し、1980年には二十五誌に達す。市販本として『書いて花咲く哲学』（欅出版）出す。『万人可能の哲学　附新人類

文化』（ふだん記新書）刊
1978　北海道士別のふだんぎ集会に出席（6月）、八王子市文化功労者表彰（10月）を受ける。市販本として『だれもが書ける文章――自分史のすすめ』（講談社現代新書）を出し以後1986年までに九刷、ふだん記運動波及に寄与。『ふだん記の大道　その道標』、文友五人の文から編集発行した『ふだん記の花ひらく』などをふだん記新書として刊
1979　NHK教育テレビ　明日の市民「自分たちの手で本作り」でふだん記の活動紹介（7月）。柳家小三治の「鳶職の歌」読み語りを聞きに文友らと上野鈴本へ行く（8月）。高橋三千綱来訪、『こんな人生もいいものだ』に取り上げられる。『何でも書いて験してみた　地方新聞執筆文目録』、『万人の文章のために　ふだん記巻頭言集』などをふだん記新書として刊行
1980　逢う日話す日の集会で「ふだん記は各地グループの時代に入った」のスローガンを掲げる（9月）。中学校公民教科書（学校図書）に詩「丘君・雑木林君」が掲載される。日本青年館月刊誌『青年』に「ふだん記の勧め」を二十五回連載。NHKラジオ「早起き鳥」に三日連続出演（8月）。読売新聞「いまなぜ心なのか　自分史を書く」で十回にわたりふだん記の紹介（8月〜9月）。『「時」の魔術師の手のひらに　五十才から十五年間の執筆』刊
1981　大阪中之島公会堂中集会室でふだん記春の集いを開き講演、広島の集いに出席（4月）。姉ショウの死去を受け、『姉・桶菊』をまとめて刊
1982　旭川市でふだん記北海道大会を開き講演。北見集会出席（6月）。毎日新聞多武・東京版「東京のまち　ふだん記素描」十五回連載記事（11月）
1983　個人文集や各地のふだん記誌に序文、巻頭言の執筆多数（〜1985）。静岡、あいちグループ集会に出席。『ふだん記文化のすすめ』（再版は『新人類文化のすすめ』に改題）他三冊刊
1984　青森県大鰐町でふだん記東北大会を開き講演（6月）。八王子で開く「逢う日・話す日」大会（10月）で「もう私のすることは全て終わった」と文友に語る。この頃から体調の衰え目立つ。四宮さつき『続十年　ふだん記と共に』刊。11月下旬に帯状疱疹発病し長期間苦しむ。市販本として四宮さつきとの共著『下手に書きなさい　ふだん記のすすめ』（大暢社）を出す
1985　『真友須田松兵衛』刊（2月）。帯状疱疹が治まると消化器系癌の症状が現れ、4月から病床で「老枯日記」つけ始める。8月4日死去。『沙漠に樹を――橋本義夫初期著作集』（揺籃社）が色川大吉、椚國男、清水英雄の編集で刊行（9月）
1986　妻婦美死去（6月）。有志により高尾山山中に「雲の碑」建つ（7月）

参考資料

参考資料1　自然人社の教育

一　目的：創造主の御意に適う人間とするのが教育の目的だと吾等は信ずる。

二　方法：創造主は吾等に異なりたる才能と、異なりたる境遇を与えられた。吾等は天賦の個性を障害なく発揮しなければならぬ。だから、或る人には天才教育と名付けられる方法もとられるだろう。又、或る場合には低能児教育とも呼ばれる方法も選ばれるだろう。其他特異の天分ある者には、芸術教育とか自由教育とか言う方法も施されるだろう。其の名称が何にもせよ、吾等には主義は無い。〔後略〕

三　教師：真の教師は創造主だ。教師と呼ばれる人々は創造主の小使いだと信ずる。吾等には定まりたる教師（俗に言う）は無い。知れるもの、優れたるもの、愛するもの、等は皆教師であると信ずる。それで、然らざるものは皆教えられるものだ。

吾等は「教師」或いは「先生」と呼ばれることを好まない。願わくは「兄」と呼ばれ「姉」と呼ばれたい。何故ならば前者は「智」によってつながり、後者は愛によって成立するからである。吾等は弟妹のために身骨を捧げる「兄」「姉」となりたいのだ。

四　学校：建築から言おう。吾等の学校は青空の下や樹木の繁るところや、農夫の耕しつつある田畑も、小川も海辺も、皆吾等の学校であり、吾等の校舎なのだ。門もなく、垣もなく、広漠たる自然が吾等の校庭である。〔後略〕

五　校舎：狭義の校舎である。露、寒暑を防ぐため夜間の教育をなさんために家が必要である。吾等は「教育の家」と呼ぶ。今の「教育の家」は小さい。古い堂（念西庵）や兄弟の一室（井上栄蔵君）を借りているが、多数の人員を収容するには余り狭すぎる。又寒さに対しては無抵抗なのでここに建築計画を立てる。其の「教育の家」は老若男女何人とも「教育の家」であり或る場合は最も楽しき「娯楽の家」にしたいと思っている。運動場も作りたいがそれは器械的、軍隊的なものでなく作物を栽培し、樹木を植え美しい花壇を作り、教育と娯楽と労働の三者を渾然と一にしたいものと思っている。出来るなら動物も飼育したい。

六　生徒：被教育者を生徒と呼ぶことは余り感心しない。誰でも生徒であり、誰でも先生なのだ。年齢も性別も何もない。等しく皆先生で生徒なのだ。

参考資料2　古文書調べから誌・紙に登載した標題一覧（著者名、標題、発行年、誌・紙名）

橋本喜市、後西天皇御宸筆発見について地頭長沢氏を語る、八王子教育12：67〜、一九三五／　橋本行雄、「日記抜粋」に

ついて、八王子教育10：50〜、一九三三、八王子教育会、〔原典：橋本三八郎　日記覚　文政四〜七（1821〜24）年、義夫の手で保全され現存〕／橋本行雄、聖堂素読御吟味筆記、八王子教育12：70〜、一九三五、八王子教育会、〔原典：橋本三八郎、同題、文政三（1820）年〕／橋本義夫、農民史料二つ三つ、東京府立農林学校校友会誌30：26〜、一九三六／橋本義夫、農民史料　家にあるものの中から、東京府立農林学校校友会誌31：四七〜五二、一九三七／　橋本義夫、「千人同心」と「千人隊」、〔昭和十年九月稿と本文中に記〕武蔵毎夕新聞　三回連載（1937・8）、同題で多麻史談八巻一号、二号、多麻史談会、一九四〇、に掲載／橋本義夫　千人同心五十人お咎、武蔵毎夕新聞（1937・10）、〔原文連載紹介、原典は橋本三八郎「千人同心五十人お咎め之明細」、文政七（1824）年〕

参考資料3－1　開戦直前から一年間に印刷したビラや文書一覧〔標題、発行年月日、発行者名〕
無題〔郷土に建設的な偉材を輩出させよう〕（41・11・1）多摩郷土研究会／　宣言　大東亜戦争と教育者（41・12・12）、多摩教育研究会／　無題（42・2・14）、無記名／　国の興亡と女性教育（42・3・10）、多摩教育研究会／　図書館・図書室を作りましょう（42・3・13）、多摩郷土研究会／　無題（4・11）、橋本義夫／　林保光君（42・6・17）、橋本義夫／「教育」素描（42・6・17）、多摩教育研究会／　習性・教育・研究所（42・6・19）、橋本義夫／　第三のもの　教育の基礎的法則（42・6・22）、橋本義夫／　習性の中を貫く巨大なる力（42・7・2）、橋本義夫／　愛国心は母の子を守る愛の如く（42・7・6）橋本義夫／　国のために法則を（42・7・10）、橋本義夫／「教育」断片（42・7・26）、橋本義夫／　事実が最も事実（42・8・21）橋本義夫／　郷土の科学者を探しましょう（42・9・8）、多摩教育研究会、多摩郷土研究会／　少青年よ偉大な人の言行録と伝記を学ぼう（42・9・29）、多摩郷土研究会／　勝つことが目的　他は一切手段（42・12・18）、橋本義夫／　無題（42・2・14）、無記名

参考資料3－2　昭和十六年九月中旬から揺籃社と身辺の整理を意識した印刷ビラ一覧〔標題、発行年月日、発行者名〕
無題（41・9・20）、無記名／　十五周年の感謝と告白（41・10・10）、橋本義夫／　感謝（41・10・15）、揺籃社　橋本義夫／　無題（41・10・15）、橋本義夫／　揺籃社の前進その他についての覚書（41・10・19夜）、橋本義夫／　修得塾創立略記（41・10・25）、無記名／　無題（41・11・6）、橋本義夫／　無題（42・4・11）、橋本義夫
〔いずれもゴシック体の標題は『暴風雨の中で』に文章を載録している。〕

参考資料４　戦争犯罪自己調書

住所　八王子市中野町安土二八〇　橋本義夫／　明治三十五年三月十三日生　　職業　書籍商　戦災後無職

第二次世界大戦は諸（外）国民に危害を加え、財産を掠奪し文化を破壊したるのみならず、日本人民に対して人命損傷し、都市民の家を焼き財産を奪い、生業を失わせ、苛斂誅求をつづけ、文化を破壊し、更に次代の人民に対して長く被害者たらしめる等、人類に対し日本人民に対し巨大なる損害を与えたり。橋本義夫は戦争挑発者には非ざるも、戦争協力者とし、又戦争の罪科を知りて止むるに努力足らざりしことについてその犯罪をまぬがるべからず。

事実と理由

一　明治三十五年生まれにて、当時は日露戦争に勝利を得るため国は挙げて戦争狂となりたる時代のこと故、好戦的なる感化を受け第一次大戦終了の時、即ち大正九年（十九才）頃まで熱心なる軍国主義者であった。

二　大正九年所謂戦争景気の反動となり恐慌のため工場閉鎖により失業者増加し、一般人民の困窮甚だしく一家心中の如き悲劇等が現出したること等を目撃したること、当時「トルストイ」の諸著書及び、基督教等の影響により反軍国主義者となったが大正十三年頃明治以来の非戦論者にして日本の宗教改革者たる内村鑑三の感化によって一層非戦論者となった。更に以後社会主義思想をいだきしため、帝国主義侵略戦争反対の態度を堅持し、昭和六年満州事変より翌七年上海事変、昭和十二年支那事変、又日ソ紛争等については絶対反対者として意思表示をなし、引き続き昭和十六年十二月第二次大戦参加直前までに至った。

三　昭和十六年十二月八日、突如として英米を相手として戦争行動を始めたのは全く寝耳に水で、狂気したのかとさえ感じられた。「事此処に至っては止むを得ない」敗戦となれば人民が惨苦を負担しなければならず真の亡国だと考え、大正九年以来の非戦主義を捨て戦争に対し防御的に協力することとなり、以来翌十七年十二月中旬まで一ヶ年間戦争協力者として行動した。

四　昭和十七年一月、八王子市民市川英作、梅沢生次等と共に大東亜黎明会なるものを起こし、南方進展策を企図したるも同年末に解散した。尚この会に対し、金壱百円を寄付した。

五　昭和十七年二月、戦争協力は単なる声援に終わるべからずとなし陸海軍宛に金五百円ずつ計一千円を、更に同年七月頃陸海軍宛に三百円を寄付したること。

六　昭和十七年十月、第三次ソロモン海戦を検討し、近代戦は生産力の戦争なることを知り、「リデルハート」「ボソニー」「ゼークト」等の著書を読み、「生産力が極度に差ある場合には戦略によってカバーし得ず」と確信し、この人戦は必ず日本の敗戦となることを予見し、友人、知人等に語り、且つ日記等に記録した。

七　昭和十七年十二月敗戦は確定的なるため、最後的対策をなせと、総理大臣東条英機に献策せんとしたるも果たさず。
八　昭和十七年十二月中旬以降は敗戦を確信したるため、もとの如く非戦論者、反戦主義者となり無条件降伏以後にまで及んだ。戦争不利となるや思想取り締まり、反戦論者取り締まり等厳重を極めたるため、その弾圧を避けんと努力したるも、昭和十九年十二月、治安維持法違反の名にて検挙され監禁されてしまった。
九　昭和三年以来職業が書籍商なるため、昭和十六年十二月より翌十七年十二月に至る一ヶ年間の戦争協力時代を除けば、自ら進みて軍国主義図書を販売せざるも、生活のために受動的に軍国主義、侵略主義、ファシズム、反動主義的図書を販売した。
十　軍国主義、侵略主義等の過誤を知りつつもこれが防止について義務に忠実でなかったこと。
十一　昭和二十年八月二日空襲によって、営業所、住居、家具、商品を失い、更に同日の空襲によって荷物疎開先なる南多摩郡川口村の生家が全焼し、家具家財蔵書を灰にしてしまった。此の実験により侵略戦争によって、支那及び南方各地の人民の惨苦を知ることができた。

懲罰

人類及び日本人民に与えたる損害について責任を負うべきこと、そのために左に諸項を守るべし。

一　戦争に反対し、以後次代の人々にしてこの惨苦を繰り返させぬこと。
二　最低の生活に甘んじ、勤労をなし、復興のため努力すること。
三　名誉職又は指導的立場に立たざること。
四　青年、少年、未来の人民等のために奉仕的なること。

以上

千九百四十六年二月五日

橋本義夫

参考資料５　複写罫紙に書かれた戦争責任関連の文章一覧〔標題、年月日〕

我が主張（45・8・18）／「何を清掃すべきか」（45・8・30）／何を建設すべきか（45・8・30）／正直話（45・9・21）／全国師範学校は即時廃校すべし（45・10・23）、多摩教育研究会／天皇制（帝政）の問題（46・3・23）、倒れない王政（46・6・14）、破壊なくして建設なし（46・3・26）、永遠の後悔を再び繰り返す勿れ（47・4・1）

〔ゴシック体の標題は『暴風雨の中で』に文章を載録しているもの〕

参考資料６－１　ふだんぎの会

「ふだんぎ」がほんとうの姿とも言えるでしょう。「よそゆき」

は芝居がかったものが少なくないでしょう。勿論「よそゆき」は必要ですが、「ふだんぎ」はその何十倍も大切です。「ふだんぎ」は生活そのものだからです。

ここに「ふだんぎ」といったのは、もとより着物ばかりでなく、生活すべてのシンボルを言います。少ない幸運な人でなく、誰も、皆という事、或一時でなく、常のあたりまえの時という事、ひっくるめて言えばみんなの世界と言う事にあたると思います。

私達は、「ふだんぎ」を健康な、しっかりした、よいものにし、皆の、しあわせに役立ちたいものと思います。

皆力をあわせ、大いに学び、ためし、光をみつめ、すすんで行きましょう。

「ふだんぎ」の生活をよくしよう。／「ふだんぎ」でつきあいたい。／「ふだんぎ」ではなしたい。／「ふだんぎ」でものをかきたい。

昭和三十三年　月　日

ふだんぎの会

参考資料6－2　『ふだんぎ』のきめ

一、なるべく、ひらがなを、元にして、ごちゃごちゃした漢字を少なくする。

二、手紙、詩、歌、その他、何でもよい。画入などもおもしろい。

三、みんなの言葉、みんなの字、ペン、鉛筆、なんで書いてもよい。

四、何年か後には、日本語も、ローマ字で書く時がくるだろう。そのためにも、かながきの文は必要と思う。

五、書いてまわす。

六、いちばん、おわりのひとは、つぎに書いてある、あてなのところにとどけること。

（編者〔橋本義夫〕記、原文は殆んどかなだが、読み易くするために漢字を入れた。）

参考資料7　『友』誌発行について

各地の友に逢うは楽しいものである。だが離れたり、お互に時間が許されなかったり、いろいろな条件のためになかなか逢えない。なかには、僅かに年賀状だけできずなをつないでいる場合もある。

二人で逢うのもよい。数人で逢うのもよい。多数が一堂に集まるのもよい。未来の夢を語り、現在の仕事や研究を語り、過ぎし日を語るのは楽しいものである。

多くの人々が友を得る機会を得て、仕事に新しい展開もあるし、ある場合には助けとなることもあるし、なぐさめとなる場合もある。

文を書き、消息を出し、その人なりを表現して、これを印刷にして配れば、これがサロンにもなれば、座談会場にもなるし、集会場にもなる。

こういうものが必要である。今のジャーナリズムは、一部の人だけが躍り、書くだけでみんなはつんぼ桟敷の日陰にいるばかりだ。

こんなわけで、みんなの『友』を発行することになった。「みんなの友」もいゝが「友誌」とよんでもよい。

記録・消息・論文・随筆・詩・短歌・俳句・手紙・夢等々なんでもよい。

みんなが集まると、語調・音声・内容・間等々がみんなの個性があって面白いが、ああいう具合にみんなの文がみんな自己流であって、いろいろな味や色があるほど面白い。美文や名文はここでは標準にはしない。

夢は大きい。けれども始めは小さい方がよい。厚いものよりも回数が大切であろう。始めうすっぺらで貧弱だと恥ずかしいので努力し、だんだんよくなるものだ。始め無理してほめれ、自慢するとあとがつづかない。投稿文も下手から出発がよい。

さて始めることにしよう。これは試みである。常に実験と心得、漸進で行こう。その途上に形がととのうであろう。

一九六一年六月一日

地方文化研究会　友誌発行所

＊　本会は創立十一年を経過し、困難の中に若干の仕事を成し遂げて来た。ここに新たに右の仕事を実行することにした。皆さんの御協力を願う。尚、こういう運動が各地に生まれることが望ましい。

参考資料8－1　橋本義夫編・著の冊子一覧（発行所名などに地方文化研究会を付したもの）

農村の学校　陶鎔学校七十五年、地方文化研究会、1952

国恩教諭　実能名留樹　磯間良甫著述、地方文化研究会、1954

平井鉄太郎、近代地方文化資料2集、地方文化研究会、1954

村の母　一家庭主婦の生涯、地方文化資料3、地方文化研究会、1954

村の古文書　一　東京都南多摩郡川口村楢原、地方文化資料17集、地方文化研究会、1955

藤田俊一先生　丘陵に種蒔く教育者、藤田俊一先生記念会・地方文化研究会、1955

土地の性格　八王子地方、地方文化資料18集、地方文化研究会、1955

鑓水商人　幕末及び明治初期多摩産業史資料、地方文化資料19集、多摩地方史研究団体連合会、1955

一都市の性格形成者　イミテーション産業其他、地方文化資料20集、多摩地方史研究団体連合会、1955

八王子千人同心、地方文化資料21集、多摩地方史研究団体連合会、1956

北村透谷記念文集　幻境、多摩文化団体連合会、1956
絹の道　多摩丘陵由木新名所案内、多摩地方史研究団体連合会、1956
大久保長安　日本近世初期開発の大先覚者、多摩地方史研究団体連合会、1956
由木案内　丘への招待、絹の道記念碑建設会、1957
常民の論語　近世末期頃に於ける教訓集、地方文化資料31集、多摩地方史研究団体連合会、1957
八人の先覚者、先覚者讃碑建設委員会・地方文化研究会、1957
メイラン神父　資料1、地方文化研究会、1959
メイラン神父　八王子に於ける言行、メイラン神父資料2、地方文化研究会、1959
大伝道者メイラン　メイラン神父第3集、地方研究資料37集、林副重記念会・地方文化研究会、1959
「横山根元記」の正体　八王子研究最大の障害物、地方文化研究資料35集、地方文化研究会、1959
地方の教育運動　昭和戦前の八王子と周辺、地方文化研究資料36集、地方文化研究会、1959
蝦夷地へ往った千人同心、多摩史料刊行会、1959
ひらたの比礼　近世後期に多摩入間地方に普及した農家経営基準書、地方文化資料38集、地方文化研究会、1959
洞水　生涯・作品・思い出、地方研究資料39集、地方文化研究会、1959
天然理心流、多摩芸能史資料第三、洞水記念会、1959
地方と芸能　一芸能家の追悼会、多摩芸能資料第四、洞水記念会、1959
伽羅の木のある家　一農家の歴史、地方文化資料41集、地方文化研究会他、1959
明治の末　少年の思ひで、地方文化資料42集、地方文化研究会、1959
林副重　多摩の政治家、地方文化資料43集、林副重記念会・地方文化研究会、1960
苗床型教育　一地方に於ける教育計画、地方文化研究資料47集、地方文化研究会、1960
沙漠に樹を　戦後地方文化運動記録、地方文化資料44集、地方文化研究会、1960
天才　地方は天才を生むが育てない利用しない、地方文化研究資料45集、地方文化研究会、1960
丘の雑木　地方文化運動記録（二）、地方文化資料50集、地方文化研究会、1960
古代・中世地方史研究法稿　未知は誘惑する、地方文化研究資料49、地方文化研究会、1960
平凡人の教育・文章、地方文化資料48集、地方文化研究会、1960
唐松日待帳　百八十年間の村落珍記録、地方文化研究資料51

集、地方文化研究会、１９６０

先覚者　小林浅洲、地方史学史資料1、多摩地方史研究団体連合会、１９６１

村田光彦、地方史学史資料2、多摩地方史研究団体連合会、１９６１

橋本喜市のこと、地方文化資料52集、地方文化研究会、１９６１

鯉の吉田定一、産業人物誌稿5、地方文化研究会、１９６５

名校長　森耕一、産業人物志誌稿、地方文化研究会、１９６５

忘れ得ぬ人　中村光流、季刊雲の碑増刊1、地方文化研究会、１９６５

参考資料８－２　橋本義夫編・著の冊子一覧（多摩文庫）

岡村保雄、社会運動の忠実な無名戦士、多摩文庫2、地方文化研究会・多摩文庫刊行会、１９５８

百助思い出話、多摩文庫3、地方文化研究会・多摩文庫刊行会、１９５８

大正時代の八王子の教育運動　薫心会、多摩文庫4、地方文化研究会・多摩文庫刊行会、１９５９

横山根元記、多摩文庫5、地方文化研究会、１９５９

小さな実験　監禁の記録、多摩文庫6、地方文化研究会・多摩文庫刊行会、１９５９

御衣公園のできるまで　渡辺長男と山口安兵ヱ、多摩文庫8、地方文化研究会他、１９５９

江戸時代の川口村　附　農村の学校、多摩文庫11、多摩文庫刊行会、１９５９

大久保石見守と長田作左ヱ衛門　八王子（横山）根元記の研究、多摩文庫9、地方文化研究会・多摩文庫刊行会、１９５９

農家の年中行事　東京多摩地方　明治末期から大正頃、多摩文庫14、地方文化研究会、１９５９

多摩奇人伝　1、多摩文庫21、多摩文庫刊行会・地方文化研究会・多摩丘陵文化協会、１９６１

参考資料８－３　橋本義夫編・著の冊子一覧（八王子文化サロン）

村の母　橋本春子のこと、八王子文化サロン、１９６６

多摩の材木商人　浜中儀作、八王子文化サロン、１９６７

北海道紀行、八王子文化サロン、１９６７

多摩婦人文集　十周年記念、八王子文化サロン、１９６７

最後にひとこと

橋本鋼二

老境に入り、父義夫の〝語り部〟役を下りる日が近づいている。また、残された様々な資料を管理するのも容易ではない。数年前から義夫に関わる資料や記憶が失われる前に、曲がりなりにも義夫のライフヒストリーを、整理しておこうかと考えるようになった。しかし既に義夫の生涯を取り上げた著作が三点あり、屋上屋を重ねるのではとの、たじろぎもあった。

その第一は中央公論に掲載された色川大吉先生の『昭和精神史序説　現代の常民　橋本義夫論』（一九七四）である。これは後に単行本あるいは中央公論文庫となった『ある昭和史』を構成する四章の一つ『ある常民の足跡』としてまとめられた。この書は義夫の存命中に出たもので、その後の彼の活動に自信と勇気を与えた。第二は椚國男先生が義夫の没後に書かれた多摩歴史叢書の『土の巨人』（一九九六）で、全十章の中二章を割いている。いずれも、義夫の生い立ちからふだん記に至る活動を取り上げている。橋本義夫との長年にわたるふれ合いが土台になっており、温かく見つめてきた証言者の記録ともなっている。

第三は、義夫と面識のない著者小倉英敬先生が義夫の書き残したものをベースに、青壮年期にあたる大正時代末期から敗戦直後までの二十数年を取り上げた『八王子デモクラシーの精神史――橋本義夫の半生』（日本経済評論社　二〇〇二）である。この著作には、私が父義夫の戦時の記録として遺された日記類やメモなどを整理し、『暴風雨の中で』（一九九六）をまとめたものが活かされている。

義夫は生前、私に「自分は死んでからいろいろな評価がされ、研究もされるのではないか」と言ったことがある。没後三十年余になるが、幾人かの方が義夫やふだん記運動を研究対象に取り上げ、現在に至っている。小倉先生の著書や義夫に面識のない世代の人々の中に彼の足跡に関心を持つ方が絶えないことが、私なりにやってみようという動機となり作業のエネルギー源ともなった。内容的には資料をベースに記録性を重視したので、読みにくいものとなっているのはそのためでもある。

どうまとめるか紆余曲折を経たが、刊行まで漕ぎ着けたのは、揺籃社（清水工房）の増沢航さんと妻緑の協力支援のお陰である。増沢さんとは彼が大学院生として橋本義夫を取り上げ研究したいとわが家の書庫に通い出してからのつきあいで、彼の論文は『記録の戦後史　橋本義夫が遺した記録』（二〇〇七）と題しふだん記創書ともなっている。本書の具体的な内容、まとめ方についても突っ込んだ話が出来た。緑は私の思いを理解し、背中を押し続けてくれた。加えて校正では『ふだん記雲の碑』の世話役として培った力が生かされた。二人の激励と支援にはお礼の言葉もないほどである。

本書がふだん記運動初期から深く関わってきた揺籃社（清水工房）から出版出来ることは、私にとっても大きな喜びである。清水英雄現相談役には本稿を目通ししていただいた。

最後になるが、本稿を見ていただき、温かい序文をお寄せくださった色川大吉先生には父の代から続くご厚意に深く深く感謝している。

二〇一七年三月

著者略歴

1934年生まれ。1957年北海道大学農学部卒。農林水産省の研究機関で稲、大豆などの試験研究や研究管理に従事、1994年退職後には国際協力事業団（JICA）が実施する技術協力プロジェクトのリーダーなどを務める。海外での研究・調査・指導は通算６年余。大豆の研究で農学博士。1996年『暴風雨の中で　橋本義夫著作集第２集　戦中戦後日記手記』をまとめ、ふだん記旭川グループから出版。ふだん記文友として橋本義夫関連の執筆多数。

万人に文を ── 橋本義夫のふだん記に至る道程 ──

2017年３月25日　印刷
2017年４月５日　発行

著　者　橋　本　鋼　二
〒192-0913　東京都八王子市北野台2-13-6
電話　042-636-8422

発　行　揺　　籃　　社
〒192-0056　東京都八王子市追分町10-4-101
㈱清水工房内　電話　042-620-2615
http://www.simizukobo.com/
印刷・製本／㈱清水工房

ISBN978-4-89708-382-7 C0023　乱丁本はお取り替えします。